二十世纪中期上海婚姻刑案研究

以1945—1947年上海部分婚姻刑案为例

上海市学术著作出版基金
博士文库

二十世纪中期上海婚姻刑案研究

以1945—1947年上海部分婚姻刑案为例

倪万英 著

世纪出版集团　上海人民出版社

从细微处观察法律生活的变化

——《二十世纪中期上海婚姻刑案研究》序

徐永康

一个事实非常显见:在任何时候,印在纸上的法律文本和现实的法律生活总有一定的距离,即便在同一时期,处于同一法律体系之下的不同地区的法制现实也可能出现很大的差别。这种现象为研究者提供了许多素材,在研究法律史和当代法律问题时都可以找到许多有价值的课题。而在研究法律史时,处于新旧法律观念交汇、不同法律制度冲突最先发生的地区无疑是分析法律文化转型的最值得关注的对象,因为这往往是最能反映风气变化、制度更替的地方。上海是中国最早接触西方法律文明的地区之一,经济和文化的快速发展,使得这一地区的人们法律观念的转变也较其他地方要快,许多具体的法律制度有其独特之处,可作细致的研究。

虽如此,几年前,当倪万英打算将20世纪中叶某一时段上海的婚姻刑案作为她博士论文的选题时,我心里还是有些担心的,因为作这样的研究,需要从大量的档案资料中梳耙整理、归类分析,路途劳累、坐冷板凳的辛苦自不待言,何况在阅读完相关的档案资料之前,很难判断可以从什么角度切入、对资料能作何种解读。而且她来上海的时间并不长,未通沪语,婚姻刑档中不少当事人的笔录、法庭记录等免不了有许多方言俗语，一些文字的写法与现在也有不少差异，这对理解案件的内容自然会造成某些障碍。但倪万英在分析了这些困难之后还是继续这一选题的研究，并且努力发挥自己多年研习民商法、婚姻法的优势，经过一千余个日夜的辛苦劳作之后，终于拿出了博士论文的稿子。

本书除了基本的理论准备外，主要的研究资料来源于上海市档案馆的婚姻家庭类刑事档案。作者对收集到的这些档案作了分析整理，本书最终的框架结构安排则是经过了反复思考以后才确定的。在叙述过程中，作者不拘泥于民国时期的法律、司法解释和判例对婚姻刑事案件的有关规定，而是注意挖掘婚姻刑事档案中的真实事例和案件内容，总结20世纪中期上海司法机构对婚姻刑事案件的操作方法，分析当时法院处理该类婚姻家庭刑案存在的问题和特点，剖析了法律规定、官方操作和民间处理等几个方面形成的某种默契。有意思的是，从当时婚姻刑案的受害人频繁提出精神损害赔偿的要求，婚姻刑案与离婚的关系，也可以看出在经济、文化、宗教和法律等因素的影响下上海人婚姻观念的变革。这些演变，经过这些年来潜移默化的影响，在当下的婚姻家庭法律生活中早已滋蔓开来，成为普遍的现象了。以此观之，本书对法律文化的研究是有裨益的。

当然，学术研究是没有止境的，本书中的遗憾和不足需要通过以后不间断的研究去弥补，这既是新的压力，也是新的希望。

二〇一三年二月十九日

内容摘要

随着上海从传统向现代的转型，男女之间的关系也发生了显著的变化，特别是夫妻关系发生了极大的改变，变得丰富多彩而且富有极强的流动性。这种变化反映在法律上，表现为出现了许多妨害婚姻家庭刑案。

20世纪中期，许多发达国家的法律已经进入现代化阶段。各国根据本国国情基本上给予了公民私权利方面较大的自由，对公民的个人私生活也更加宽容，具体到刑事领域，绝大多数发达国家对通奸等纯属个人私生活的事情已不再规定为犯罪。但在中国，尽管从清末时起已经进行了法律改革，从某种程度上说，中国的法律已经进入近代化，但是几千年传统思想的影响根深蒂固，尤其表现在婚姻家庭领域，民国刑法仍然将通奸及和诱等行为规定为犯罪。然而，当时已经有许多学者对此有不同看法。那么在开放的上海，官方处理该问题的态度如何呢？根据上海档案馆馆藏的婚姻刑案分析，在国际国内诸因素的影响下，当时上海的司法官员——特别是法官们，能够顺应时代潮流，在处理通奸等妨害婚姻家庭的犯罪时，已经在法律允许的范围内主动行使自由裁量权，具体表现为对此类案件均处以较短的刑期——一般为6个月以下有期徒刑，并且酌情准以易科罚金和判处缓刑，同时，允许当事人撤诉。通常在接到当事人的撤诉后，法院即以不受理判决结案。而上海民间对婚姻刑案的态度，相对于内地也是非常宽容的。他们处理该问题的方式讲究实惠，并不是因为传统思想的影响，而是更多地考虑实际生活。在有子女的情况下，尽管婚姻出现了裂痕，许多当事人还是选择维持原来的家庭，统计的结果是回归家庭的多、离异的少。这充分体现了上海人精明的性格，同时表现了上海人更新的婚姻观念，与全国其他城市有着不同的特点。

本书依据上海档案馆馆藏的20世纪中期的婚姻刑事档案，从法社会学的角度对这一时期的婚姻刑事案件进行了认真的解读，同时联系民国时期法律对婚姻刑案的规定，着力于分析归纳出当时上海婚姻刑案的一大特色——法律规定、官方操作和民间处理达成了某种默契，这种默契恰好符合传统的无讼理念。

全书除导言外，共分为四章。

导言部分主要叙述本书研究的缘起，介绍与本书相关的已有研究成果，概略介绍相关研究资料，并对20世纪中期的婚姻刑案的研究现状进行了简要评述，阐述作者的研究方法和研究思路，提出要达到的研究目标，并分析了婚姻刑事案件不同于其他类型案件的特征，运用综合法学研究方法——即法社会学的方法对20世纪中期上海的婚姻刑案进行细致的研究。

第一章主要按民国法律对婚姻刑案的分类，联系民国时期颁布的法律、司法解释和判例对婚姻刑事案件的有关规定进行了系统的梳理，重点在于说明现实生活中出现较多的重婚和通奸案件，并联系具体案例对相关问题作了分析和探讨。具体内容分为三节：第一节介绍了民国法律对重婚罪的规定。其中详细解读与评述了民国法律（包括司法解释和判例）对重婚纳妾的态度，分析了对重婚罪的认定依据；第二节阐述了民国法律对通奸罪的规定。在这一节中详细地研究了近代中国对通奸的态度转变，分析了民国法律（包括司法解释和判例)对通奸罪的认定依据;第三节介绍了民国法律对和诱罪及其他相关犯罪的规定。因为和诱罪在现实生活中较少发生,本节的其他相关犯罪在实际生活中更为罕见,而与这些犯罪相关的司法解释和判例也较少,所以将它们一并归纳到一个部分中加以简要论述。

第二章则系统地总结了20世纪中期上海司法机构对婚姻刑事案件的操作。具体包括上海警察对婚姻刑案的处理、上海法院对婚姻刑案的审判以及上海监狱对婚姻刑案的执行。本章共分四节:第一节分析了警察对婚姻刑案的处理主要有三项措施:一是及时地采取逮捕、拘留等强制措施;二是广泛地采用具保措施;三是拘提的补充使用。第二节结合具体案例,介绍了当时法院的四种判决方式即无罪判决、有罪判决、免诉判决和不受理判决,并结合具体案例对每一种判决的具体依据进行了进一步的分析,并进而归纳出法院审判婚姻刑事案件的六个特点。第三节阐述了监狱对婚姻刑案的执行。首先,介绍了民国法律对收监程序的规定;在对罪犯收监以后,在一定条件下,普遍运用保释措施;为减少监狱的压力并且有利于罪犯的改造,除了采用保释措施外,还规定了特定条件下对罪犯停止执行的情形;并尽力用20世纪中期上海发生的具体案例对此加以说明。上述官方的操作,一方面体现了其因时因地制宜的处理方法,在当时复杂的社会形势下,起到了一定的积极作用;另一方面也暴露出存在的三个问题,它们分别是:第一,法律尚未在全社会普及,百姓法律意识整体很差。具体到实际案例中,一些当事人连自己的行为是否构成犯罪这样的基本法律常识都没有;第二,社会秩序混乱,被告或犯罪嫌疑人因逃匿而被通缉的案件较多。当时虽然战争结束了,但是一切百废待兴,社会管理方面还是比较混乱的,一些人犯罪之后就溜之大吉,于是,检察官和法官不得不频繁地发布通缉令以使他们参加正常的法律程序,结果出现了许多被通缉的案件;第三,对人权的保护不力。具体地说,首先没有摆脱传统社会等级特权的影响,在案卷中存在着官员对百姓的歧视性用语,没有体现法律面前人人平等的原则;其次有刑讯逼供之嫌。虽然当时中国的法律已明文禁止刑讯逼供,但实际操作中仍然存在着违法的情况,刑讯逼供现象依然存在;再次,没有真正做到男女平等。虽然法律上早已赋予男女两性平等的法律地位,可是,即便司法公文所述也存在着歧视妇女的措辞,更不用说司法实践中了。最后在司法实践中,对人权的保护——特别是对妇女特定时期的保护严重不足。虽然民国中期理论界和司法界都已经重视对人权的保护,但是司法实践中的执行情况仍然不尽如人意。

第三章从具体的案例中归纳出上海民间对婚姻刑案中自诉案的处理方式。本章共分三节。第一节根据案件的审判事实总结出婚姻刑案的特点有二:第一,婚姻刑案多由男方提起自诉;第二,案件常以原告撤诉而告终。并且进一步归纳出婚姻刑案中自诉案的“传统背景”。第二节提出了民间处理的新时尚是:婚姻刑案的发生成为离婚的主要诱因。另外,指出当时婚姻刑案的受害人频繁地提出精神损害赔偿的要求。并进一步分析了新时尚的社会背景是上海人婚姻观念的更新。进而阐述了影响上海人婚姻观念更新的诸要素,包括经济、文化、宗教和法律等因素,这些要素是与上海这座城市的崛起以及当时上海的社会历史背景密切相关的。第三节分析了时尚与传统较量的结果仍然是传统占主导地位,进而分析了其原因。

第四章实际上是结论部分,这是本书的落脚点,它概括了前三章内容,总结出:民国时期的法律规定实际上贯穿了一个理念——“不告不理”的理念;探讨了官方的审判方式——古代官员起初往往用调解、劝和以及感化的方法,当这些方法无效时,则以压制讼师、拖延甚至拒绝的方法应付,而20世纪中期上海的法官则是采用依法尽量不受理的方法；指出上海民间的处理主要受三个因素的制约，它们分别是传统的厌讼情节的一定程度的影响、注重对讼的成本和利益的权衡、崇尚亲友调解。从这三个因素中归纳出民国时期的法律规定、民间处理和官方审判形成了一种微妙的默契，这种默契既符合传统，又符合当事人本身的利益，说明民国时期的法律和司法实践是基本符合当时社会发展要求的。

目　录

导　言

一、选题的意义

婚姻家庭中有许多问题值得研究。人类社会的婚姻，首先表现为两性结合的社会形式，但却不能理解为简单的两性结合，因为它要受到诸多限制，这种限制主要表现为夫妻之间的贞操义务的遵守。一般来说，在未开化的社会里，无所谓守贞义务的观念。按照缪勒利尔（F. Müller-Lyer，今译米勒莱尔）的说法，大洋洲土人以其妻为物品而严加看管，非得他的承认或允许，不得乱用或夺去，因此，其惩罚妻之通奸行为，不是由于两性的嫉妒，而是因为所有权被人侵犯。所以未开化民族的原始人，常常惩罚违反其意志的通奸，但却愿意以妻招待客人。由此可见，对贞操的漠视，是未开化民族两性生活的一种特征。[1]从人类社会的婚姻形态分析，对婚姻的限制最早是从群婚制开始的，经过对偶婚制直至一夫一妻制，因时代的变化进而演变为规定各异的婚姻制度、婚姻习俗和婚姻道德，从而对两性的婚姻结合带来诸多约束。值得注意的是，进入一夫一妻制以后，曾一度将守贞义务（这种守贞义务只针对女性而言）强调到无以复加的程度，在中国传统社会中更是如此。学者们从不同的角度对婚姻问题进行了研究。本书之所以选择上海地区婚姻刑事案件作为研究对象，是因为受到上海市档案馆保存的较为完整的婚姻刑事案件的原始档案的启发，这些现存的真实的婚姻刑事案例不仅反映了当时的法律规定和法院的审判方式，而且反映了当时社会的伦理道德规范。

按照一般理解，在婚姻家庭领域，民众的表现也应该是在法律、政策和伦理道德的制约之下，而实际状态又如何呢？即民众的实际行为与政策、法律的要求基本一致，还是和伦理道德的倡导基本一致呢？民众在婚姻家庭生活中是基本依照官方律令行事，还是依照习俗规范行事呢？对民众在婚姻家庭活动中的违禁之举，官方是如何处置的？这种研究能使我们认识政府法律制度和道德伦理在民间社会的运作效力，由此得到丰富而充实的婚姻家庭历史资料。档案资料为这一目的的实现提供了条件。因为档案中不仅有当事人对个人出身、职业和在家庭关系中的身份等社会背景的说明，而且有官方对触犯法律当事人的审判结论和理由以及案件的最终执行情况，从中我们可以探寻官方对律令的掌握程度和执行力度以及存在的社会问题。

所以，选择一个具有典型意义的特定历史时期，通过真实的案例，对妨害婚姻家庭犯罪及其当时法院的审判进行深入剖析是十分必要的。而这一认识的产生也与我在上海市档案馆所看到的大量婚姻家庭类刑事档案有关。鉴于目前婚姻家庭法律史研究的不足，我想把档案作为新资料开发的对象，从 2005 年至 2007 年，花了三年多时间在上海市档案馆收集二十世纪中期的上海婚姻家庭类刑事档案，共获得 1945 年至 1947 年三年间的个案资料五十余件。这些资料，对 20 世纪中期上海的婚姻家庭状况的反映不仅生动，而且准确地反映了当时人们的道德和法律观念。本书通过对上海市档案馆现存的 20 世纪中期的婚姻家庭刑案的研究，揭示了当时法律的规定，分析了官方对此类案件的操作，剖析了当时法院处理该类婚姻家庭刑案存在的问题，同时归纳出官方处理该类案件的特点，并对官方如何处理该类案件进行了评价和分析，从实际情况看，这些处理方式是非常有效的，足以防止同类案件的再度发生。

20 世纪中期，特别是 1945 年至 1947 年，中国发生了翻天覆地的巨大变化，中国共产党和国民党再度合作共同抗日取得了巨大的成功，中国人民经过八年艰苦卓绝的斗争终于取得了抗日战争的伟大胜利，结束了长期受外国侵略的屈辱历史。可见，20 世纪中期是中国社会由传统向现代转型的重要时期，也是各种社会矛盾激化的重要时期。正如美国学者塞缪尔·亨廷顿所说的："现代化意味着动乱、滋生着动乱或引起动乱。"[2]这句话的意思是，现代化是一场深刻的社会变革，它使一个国家社会生活的各个方面都发生深刻的变化。这句话同时也道出了社会转型的风险。在很多时候，社会动荡都是在社会变革和转型过程中发生的。转型是对原有秩序的破坏。在剧烈的社会转型过程中，一方面，人们的价值观念、生活方式等发生了重大变化，使整个社会充满生机和活力；另一方面，由于社会转型的加速、经济的快速发展，在社会变迁过程中产生的各种社会问题也表现得异常突出。走在这种巨变前沿的上海，在婚姻家庭领域，新旧婚姻观念发生了激烈的对抗和冲突，由此引发了不少刑事案件。

另外，20 世纪中期也是距离现在较近的历史阶段。研究 20 世纪中期的婚姻家庭的变动将加深我们对整个近代中国婚姻家庭状况变化的了解。

我之所以选择上海作为研究对象，是因为近代的上海在中国城市中确是个另类，无论是城市的形成过程、发展道路，还是外观风貌、人文内涵，抑或是民间风俗习惯等，都有自己鲜明的特点和个性。上海城市的最鲜明的特点和个性或许就是它的开放性。大量的历史经验都证明，"开放"与国家政治的健康、民族心态的强健、国家经济的良性运转，关系密切，互为因果。鸦片战争以后，中国锈蚀沉重的大门被迫在屈辱中打开。就是在这种情形之下，一个位于东海之滨，名为“上海”的市镇，却几乎没有保留地开放了。“开放”在催生一座现代城市迅速生成、开启一个城市命运玄机的同时，也很快成为它的一种文化性格，乃至很快融入了它的市民价值体系。[3]

研究表明，现在上海市的大部分地区，在六千多年以前，曾是汪洋一片。随着时间的推移，长江奔流不息地带来大量泥沙，以及大海的潮汐的淤积，形成了一片新的陆地，以打鱼为生的先民们开始来这里活动，并在这里逐渐发展起来。

到了宋代，上海开始设镇，元代立县，明代筑城，直至清代才崛起，目前已有七百多年的建城历史。

近代开埠以前，上海在中国的地位，还是一个普通的海滨县城，作为江苏省松江府下属的一个县，与直隶静海、浙江临海、广东澄海相差无几。然而上海因其位于太平洋西岸，地处中国最大河流——长江的入海口以及中国海岸线的中部，面向海洋、连接内陆的得天独厚的区位优势，以及奇异特别的政治格局，汇纳万国的建筑风格，复杂多样的社会组织，密集多质的移民人口，雄冠域中的经济实力，灵活善变的海派文化等因素的调和，汇成了近代上海远不同于任何其他城市的斑斓色彩：形形色色，斑驳陆离，蕴含丰富，深不可测。

上海这座全国最大的城市，它的另一个特色是移民城市。上海作为移民城市的历史，始于1843年上海开埠。开埠以后，移民上海成为一时之潮流。全国各地甚至世界上任何人都可以自由进出，有时甚至无需任何手续。外来人口的大量增加使上海的城市人口数量迅速地膨胀。据邹依仁的研究，1852年上海总人口为54万余人，到抗战前的1936年增长到381余万人，80余年间上海地区的人口增长了7倍以上。[4]其中除去人口自然增长的因素，有学者估计，这380余万人中至少有255万人属于由外地迁入而带来的机械增长。到了1948年年底，上海全市人口总数更高达540余万人，比1936年又增加了近160万人。其中，大量的是来自国内的移民，还有少量的是来自国外的移民[5]，据1950年1月的统计，上海人中有85%是外地移民，只有15%是本地人。上海开埠以后，难计其数的逃难者，投资者，冒险者，寻找出路者，追求理想者，有文化的，没文化的，陆续向上海涌来。上海成了容纳五湖四海各色人等的人的海洋。开埠以后，上海以超常速度发展，很快成为中国特大城市、远东第二大城市，也是仅次于伦敦、纽约、东京、柏林的世界第五大城市。[6]

然而从档案资料中可以看出，即使是这样一个城市，在20世纪的中期，也没有达到百姓普遍温饱的状态（有的人还是为了吃饭而犯罪，有的人则是为了吃饭而放弃了诉讼）。与内地相比，这里的人是开放的，西方的政治制度、经济制度、平等博爱的民主观念最早影响到这个城市，当然也毫不例外地影响到婚姻家庭。这里的市民受传统思想的影响极其有限，他们精明而注重实惠，许多人为温饱不惜对抗传统的势力、忍受世俗的眼光，甚至放弃个人的尊严。1945年抗战胜利后，国共两党的合作没有完全破裂，内战还没有爆发，国内的政治形势比较稳定。当时像上海这样工商业发达的城市，看起来经济发达、人民生活相对富庶而稳定。探讨这种形势下的婚姻家庭的变动较之政局动荡、战乱频繁的时代更具典型性、代表性，更能反映当时社会条件下中国社会婚姻家庭的真实状况。因为婚姻家庭行为虽然在很大程度上受制于自然因素，却也同社会因素密切相关。一般来说，在稳定的社会环境中，人们对待婚姻家庭的态度更能表现出传统社会大众的行为方式和思维方式的常态。一个社会婚姻观念的变动通常同一个社会的经济背景及时代状况密切相关。同样，社会家庭状况的变动也与时代发展紧密相连。通过对该阶段婚姻家庭行为的考察，可以帮助我们加深对当时社会道德观念的认识，进而更准确地把握该时期婚姻家庭情况的变动特征。笔者认为，观察这种状态下的婚姻家庭行为及当时法院对该类案件的审判，有助于了解现代上海婚姻家庭变动的真实背景及当时的法律规定、民间的处理及法官的审判方式，进一步分析总结其存在的问题，归纳其特点或长处，在某种程度上，甚至对我们今天仍有启示。

由于研究是建立在个案基础之上，对于个案汇总的归纳研究，当然阅读案件数量越多越好，因为这样会更加接近实际。而上海市档案馆所藏婚姻家庭类档案可谓卷帙浩繁，非短时期所能穷尽。统观上海市档案馆馆藏案卷，仅婚姻案卷，就有 818 条记录，除极少部分是新中国成立后的婚姻文件，绝大部分是民国时期的婚姻档案，而保存较为完整的是 20 世纪 40 年代的婚姻档案，1945 年至 1949 年期间的婚姻案卷则有 600 余件，其中有相当数量的是 1945 年至 1949 年的婚姻刑事案卷。另有离婚案卷共计 1 044 条记录，其中一小部分是关于离婚方面的文件，还有大量的外国人在华的离婚案卷以及少量的涉外离婚案卷，其余则是上海本地人的离婚案卷。这些案卷的每一本都是厚厚的一叠，全部都是当时的办案人员手写完成的，且使用正楷的很少，手写的不规范加上年代久远，有的字迹已经模糊，难以辨认，再加上方言俚语的使用，对我这个不能完全听懂上海话的人来说，必须耗费大量的时间和精力，非短时期内所能消化和理解，客观上为该课题的研究增加了难度，为了能够尽量地扬长避短，因此选择时间范围相对较短、资料比较集中的时期进行观察分析，也是一种切实可行的研究方法。同时，就我目前掌握的婚姻家庭类档案特征来看，抗战胜利后的档案较此前的档案数量多、大部分案卷的询问笔录以及法院的调查笔录记录得简洁且线条清晰(当然,有些案卷仍然是用铅笔书写,或者是用蓝色水笔书写,因年代久远等原因根本无法辨认)。在需要大量使用档案作婚姻家庭分析时,这一时期的档案也许更为可取。

本书研究的范围是1945年至1947年(即民国34年至民国36年)3年间上海地区发生的婚姻家庭类档案。之所以选择这3年的案卷来研究,是考虑到这一时期在20世纪中期是相对和平时期(抗战刚结束,内战尚未直接影响到上海),而和平时期较能反映百姓的婚姻家庭的常态。另外,还有一个更重要的原因是相对其他时期而言,这一时期案卷的保存相对完整。一本卷宗内,基本包含原告的诉状、警官的调查笔录、检察官对当事人的讯问笔录、检察官的起诉书、法院的传票、被告的答辩状、保状、法院的调查笔录、法院的判决书、最后的执行结果等多种底稿,基本可以提供某一案件的详细信息。当然,有些重要信息仅从司法文书(起诉书、判决书等)的辑录中是无法得到的,如当事人的真正诉求、案件的起因、诉讼前的状况、案情发展、案件最后的结果等。无论如何,纵观这一部分档案,基本上可以了解民国后期上海的婚姻刑案的一般情况和官方的处理态度,可以作为研究民国时期上海婚姻刑案的核心材料。

在研究的总共五十多个婚姻刑事案卷中,就数量而言,其中1945年发生的最少,1946年还不算太多,1947年发生的最多。如果对这些婚姻刑案加以分类,就我查阅的情况看,其中通奸案最多,有34件,约占婚姻刑案的67%,其中6件案卷因为被告逃逸被通缉(约占12%);其次是重婚案,有13件,约占25%;再次是妨害婚姻的案卷有3件,约占5.9%;还有妨害自由的有1件,约占2%;最后剩下的10件就是因重婚或通奸导致的离婚案了,约占20%。从以上情况看，妨害婚姻刑案中占绝大多数的是通奸和重婚，共计占案件总数的 90%以上。

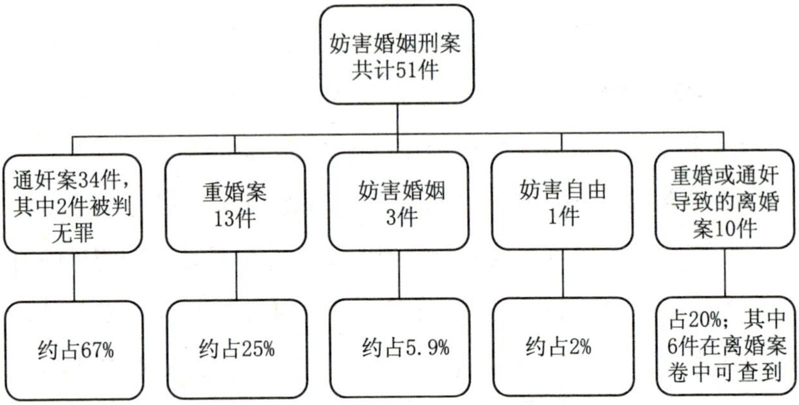

20 世纪中期妨害婚姻刑案种类及所占比例一览图

还有一点需要说明，我所收集的五十余件个案并非 1945 年至 1947 年(即民国 34 年至民国 36 年)3 年间婚姻家庭类档案的全部。因为其中有一定数量的档案是残卷(有的案卷是因当事人逃逸或未到庭等原因甚至连当事人的基本情况都不清楚，这是明显缺失；另有一部分案卷是当时的办案人员用铅笔或蓝色圆珠笔书写的，而这些资料中的字迹已基本无法辨认，所以也视为残卷)；还有一部分是重复的案卷，对于重复的案卷，在作个案汇总时，我只将其作为一件看待。将来有条件时可对 20 世纪中期上海所有的婚姻家庭刑案以及其他婚姻案件特别是离婚案件，再予探讨，在此基础上再作比较分析。

二、 本课题的研究现状

客观地说，有关婚姻问题的研究成果颇丰，学者们从不同的角度对婚姻问题进行了研究。从妇女地位的角度研究婚姻问题的，主要有李秀华的《妇女婚姻家庭法律地位实证研究》(知识产权出版社

2004年版)、伊庆春、陈玉华主编的《华人妇女家庭地位》(社会科学文献出版社2006年版);从法律史的角度进行探讨的,主要有王新宇的《民国时期婚姻法近代化研究》(中国法制出版社2006年版)、肖爱树的《20世纪中国婚姻制度研究》(知识产权出版社2005年版)、王跃生的《十八世纪中国婚姻家庭研究》(法律出版社2000年版)、陶毅、明欣的《中国婚姻家庭制度史》(东方出版社1994年版)、汪玢玲的《中国婚姻史》(上海人民出版社2001年版)、[芬兰]E. A. 韦斯特马克的《人类婚姻史》(商务印书馆2002年版);而英国杰克·多米尼安的《结婚·离婚——男人和女人神圣情感的隐痛》(陕西人民出版社1989年版)以及徐安琪、叶文振的《中国婚姻研究报告》(中国社会科学出版社2002年版)则是从社会学的角度对婚姻问题进行研究的;另外,台湾学者林秀雄的《婚姻家庭法之研究》(中国政法大学出版社2001年版)和史尚宽的《亲属法论》(中国政法大学出版社2000年版)则是从婚姻法的角度进行研究的。相关论文也很多,学者们从不同方面不同程度地对婚姻问题作了深入的研究。

但是,关于婚姻刑案的研究却很少,在婚姻刑案中,重婚是必述内容,出版的专著有宋凯楚的《违法婚姻论》(人民法院出版社1990年版),该书主要研究新中国成立后的违法婚姻问题,如重婚、早婚、强迫干涉婚、包办婚、事实婚等及其历史沿革,并且介绍了国外关于违法婚姻即无效婚和撤销婚的规定。但总体感觉是内容过于简单。苏长青、阴建峰主编的《侵犯公民民主权利和妨害婚姻家庭罪》(中国人民公安大学出版社2003年版),其内容也是基于新中国刑法的规定,其中的妨害婚姻家庭罪由概述、暴力干涉婚姻自由罪、重婚罪、破坏军婚罪、虐待罪、遗弃罪和拐骗儿童罪七个章节组成,叙述了该罪的概述、构成特征、司法认定和刑罚适用,完全是从刑法的角度介绍的。

然而,关于婚姻刑案的个案研究目前尚未发现有人涉及;针对上海地区婚姻刑案的个案研究，特别是20世纪中期的上海婚姻刑案至今尚无人问津。

三、 婚姻刑案的特征

本书所述的婚姻刑案主要是指涉案的当事人中一方或双方为已婚，又与他人同居或结婚的，或者当事人对于已婚者用非法手段使其脱离家庭，从而损害他人利益、经利害关系人告诉、检察机关提起公诉或当事人直接自诉的刑事案件。

所谓婚姻刑案的范围，是基于中华民国时期的刑法规定。即中华民国刑法分则第十七章“妨害婚姻及家庭罪”中明确规定的犯罪。其中第237条规定：“有配偶而重为婚姻或同时与二人以上结婚者，处五年以下有期徒刑。其相婚者亦同。”第238条规定：“以诈术缔结无效或得撤销之婚姻，因而致婚姻无效之裁判或撤销婚姻之裁判确定者，处三年以下有期徒刑。”第239条规定：“有配偶而与人通奸者，处一年以下有期徒刑。其相奸者亦同。”第240条规定：“和诱未满二十岁之男女脱离家庭或其他有监督权之人者，处三年以下有期徒刑。和诱有配偶之人脱离家庭者亦同。”第241条规定：“略诱未满二十岁之男女，脱离家庭或其他有监督权之人者，处一年以上七年以下有期徒刑。”刑法第242条规定：“移送前二条之被诱人出中华民国领域外者，处无期徒刑或七年以上有期徒刑。”第243条规定：“意图营利、或意图使第二百四十条或第二百四十一条之被诱人为猥亵之行为或奸淫，而收受、藏匿被诱人或使之隐避者，处六月以上五年以下有期徒刑，得并科五百元以下罚金。”[7]但实际生活中常见的主要包括中华民国刑法规定的重婚、通奸和和诱他人脱离家庭三种罪。

婚姻刑案不同于其他刑事案件，这种犯罪的加害人与受害人之间往往存在着某种特殊的关系，通常是近亲属关系。如重婚罪、通奸罪的被告与受害人一般是配偶关系，而且许多犯罪还属于不告不理，考虑到这种犯罪的特殊性，除了现实生活中比较罕见的“移送被诱人出国罪”最高可判无期徒刑外，还有略诱罪最高刑为 7 年以下有期徒刑外，其他犯罪的最高刑都是 5 年以下有期徒刑。实际判决中量刑就更轻了，根据在上海市档案馆查得的案卷，在所查到的重婚、通奸及和诱罪中，判决有罪的实际上都是处 1 年以下有期徒刑，如果当事人提出要求，法官还可以酌情以罚金代替徒刑或者判处缓刑；同时，这种犯罪又属不告不理，即无人提起告诉，法院一般不主动受理并追究当事人的法律责任；且在一定条件下，允许当事人撤回告诉，并且可以酌情适用罚金、缓刑和赦免。如秦×林等妨害婚姻案（案例 1）[8]。最后上海地方法院判决：两被告各处有期徒刑 2 个月，如易科罚金，以 500 元折算 1 日。后被执行罚金。状告王×莘妨害婚姻案（案例 2）。最后法院判决：王×莘有配偶与人通奸，处有期徒刑 4 个月。如易科罚金，以 400 元折算 1 日。沈×萍与有配偶人通奸，处有期徒刑 6 个月。准以 500 元折算 1 日，易科罚金。

婚姻刑案也不同于其他民事婚姻案件，它由检察机关介入[9]，一旦检察机关在侦查时认为应当构成犯罪，就应当起诉要求追究当事人的刑事责任。如果认为一审法院判决不公，当事人可以向上一级法院提起上诉，检察机关也可以提起抗诉，由上级法院作出二审裁判。

从上海市档案馆馆藏的实际案例看，20 世纪中期的婚姻刑案的告诉人一般都是受害人，多为被告一方的配偶，也有因对方隐瞒已婚事实而与已婚者结婚或同居的人。但在中国传统社会中，受害人是妻子的，多数选择了忍耐而沉默不语；而受害人是丈夫的，则选择告诉的较多，即使不是正式结婚的。如朱×生等妨害婚姻案（案例 3）。告诉人张×芳 45 岁，是做油桶生意的老板。第一被告朱×生 28 岁，是为张×芳打工的伙计。第二被告张×珍24岁，家务，与张×芳同住一起。第一被告的保人叫吕×绪，45岁，其职业为做国药生意的老板，与朱×生是邻居。（值得一提的是，保状原因写得很奇怪："判决宣示无罪"，既然判决无罪，为什么不立即释放，还要具保呢？这里显然存在着执法不规范的问题。）

张×芳与张×珍没有正式结婚，双方同居后也没有生育子女，仅仅收养了1个女儿。朱×生在为张×芳打工时与张×珍勾搭成奸，初通奸于张×珍房内，后住旅馆，为张×芳侦悉告诉到案。起诉后张×芳对张×珍撤回告诉。朱×生为家中长子，父亲已故，家里有3个弟弟及其母均靠其养活，其母选任律师为其辩护。

法院判决：朱×生无罪。理由：张×芳与张×珍系非正式夫妻，也是同居关系。物证为当时报纸，报上登载的启示证明张×珍曾登报声明与张×芳脱离同居关系，所以不构成妨害婚姻家庭罪。

另外值得一提的是，中华民国刑事诉讼法第75条规定："被告经合法传唤无正当之理由不到场者，得拘提之。"第76条："被告犯罪嫌疑重大而有左列情形之一者，得不经传唤，经行拘提。一、无一定之住居所者。二、逃亡或有逃亡之虞者。三、有湮灭、伪造、变造证据或勾串共犯或证人之虞者。四、所犯为死刑、无期徒刑或最轻本刑为五年以上有期徒刑之罪者。"第78条："拘提由司法警察或司法警察官执行。"由此可见，几乎每个婚姻刑案警察都会介入，对犯罪嫌疑人采取强制措施，而嫌疑人被采取强制措施后都允许他们立即寻找保人或者提供一定数额的保证金，然后由当事人填写保状，由侦察机关审查保人的保证资格或者保证金是否符合当时的法律规定，如果符合，即释放当事人。这种操作方法既可以有效地打击犯罪，又能及时地保护当事人的合法权益，今天依然值得研究。

注　释

[1] 参见[德]缪勒利尔:《婚姻进化史》,叶启芳译,商务印书馆 1935 年版,第 7—8 页。

[2] [美]塞缪尔・亨廷顿:《变化社会中的政治秩序》,王思华等译,三联书店 1989 年版,第 39 页。

[3] 参见《上海百年文化史》编辑委员会编:《上海百年文化史》,上海科学技术文献出版社 2002 年版,第 1660 页。

[4] 参见邹依仁:《旧上海人口变迁的研究》,上海人民出版社 1980 年版,第 90 页表 1 中的统计数字。

[5] 国际移民,包括素有"冒险家"之称的西方殖民者们和以白俄和欧洲犹太人为代表的难民。

[6] 参见熊月之:《上海通史》第 13 卷,上海人民出版社 1999 年版,第 3 页。

[7] 参见《六法全书》(《民国丛书》第三编 28),春明书店 1948 年版(上海书店影印本),第 222 页。

[8] 因本书涉及的五十多个案例材料在书中可能多次引用,为便于查找核对,避免重复,书末对本书所涉案例作了索引,介绍基本案情并列明该案例卷宗所在上海市档案馆馆藏资料的档案号。以下列举案件将用括号标明索引中的案例序号,而不再一一说明。

[9] 根据中华民国刑事诉讼法第 82 条:"审判长或检察官得开具拘票应记载之事项嘱托被告所在地之检察官拘提被告。如被告不在该地者,该检察官得转嘱托其所在地之检察官。"第 85 条第 3 款:"通缉书于侦查中由检察长或首席检察官,审判中由法院院长签名。"第 154 条:"法院或检察官因调查证据及犯罪情形,得实施勘验。"第 315 条:"同一案件经检察官终结侦查者,不得再行自诉。在终结侦查前检察官知有自诉者,应即停止侦查,将案件移送法院,但遇有急迫情形检察官仍应为必要之处分。"

第一章
民国法律对婚姻刑案的规定

根据1935年1月1日颁布、同年7月1日起实施的《中华民国刑法》[1]，其第17章从第237条到第245条共9条，除后面2条规定减刑之特例和本章告诉乃论之罪与不得告诉之情形外，其余7条将妨害婚姻家庭罪分为重婚罪，诈术结婚罪，通奸罪，和诱罪，略诱罪，移送被诱人出国罪和收受、藏匿被诱人或使之隐避罪七种。现分述如下：

第一节　民国法律对重婚罪的规定

民国法律关于重婚罪的定罪量刑有一个迂回曲折的演变过程，这个过程主要随民国法律对重婚纳妾的态度的转变而变化。

一、民国法律对重婚纳妾的态度

重婚罪因在当时的现实生活中出现得比较频繁，因而成为妨害婚姻刑案中最主要的犯罪形式。从上海档案馆馆藏资料看，民国时期发生的重婚，大多是因为当事人纳妾引起的。因为没有充分的法律宣传，加上当时市民的法律意识非常淡薄，在这些纳妾的当事人中，绝大多数并不知道自己的行为已经构成犯罪；而对少数知法者而言，民国婚姻法对妾的回避，实际上是暗护妾制，这在某种程度上助长了重婚纳妾的风气。

民国法律对妾的暧昧态度要从清末修律说起，虽然清末修律是中国法律史上法律近代化的一个重要里程碑，它在许多法律制度上都迅速地向法律近代化跨进，但是在其中的婚姻法草案中却保留了大量的封建残余，比如《大清民律草案》没有明文废弃纳妾制度，只在第 64 条规定："妻所生之子为嫡子"，第 71 条规定："非妻所生之子为庶子"。

北洋政府时期，当"男女平等"、"一夫一妻"、"废除妾制"的呼声出现并不断高涨时，法律对此并没有作出适当的回应，而是在继承传统的一夫一妻制的同时，仍然保留了妾制。只在《暂行新刑律》中规定了重婚罪。大理院统字第 29 号解释云："重婚为非亲告罪。"兼祧亦不可重娶。兼祧重娶系清代以来的现象。清高宗时，以律既禁异姓为后，又必令昭穆伦序相当，结果或竟无后可立，遂定兼祧之法，令一子兼承两房之嗣，此又为世人开一双娶之新径。[2] 民间亦渐成习俗。到了南京国民政府时期，这种习俗在民间比较普遍。

南京国民政府成立以后，传统上为法律和社会所准许的男子纳妾更是遭到猛烈抨击。1927 年，在潘光旦主持的《时事新报·学灯》关于婚姻家庭的调查中，对"男子厉行一夫一妻制，无论如何，不宜置妾"表赞成者达总数的 79.8%，反对者占 20.2%；对"艰于子息者，不妨置妾"赞成者占 29.6%，反对者占 70.4%；对"当兹过渡时期，婚姻多不美满者，此等人离婚既不便，重婚又不可，宜许其置妾"赞成者占 19.2%，反对者占 80.8%；对"或谓男性本多妻，且有妾制之社会，卖淫之风，不若无妾制者之甚；妾制既有调节生活之效用，宜任其自然"

表赞成者占9.9%，不赞成者占90.1%。[3]在潘光旦的这份问卷调查中，79.8%的信息反馈者普遍赞成一夫一妻制，一般不赞成置妾。

1928年至1929年，南京国民政府相继着手刑法与民法的修订，因为西风东渐的影响，加上当时社会上特别是妇女团体关于男女平等的呼声很高，1930年7月23日，国民党中央执行委员会第236次政治会议向立法院提交了关于亲属法的九点意见，其第7条即"妾之制度亟应废止，虽事实上尚有存在者，而法律上不容承认其存在，其地位如何无庸以法典及单行法特为规定"。[4]此后，民法与刑法的正文不再出现妾的字样。1930年12月，《中华民国民法》"亲属编"颁布。因"新民法"宣称男女平等，在当时及后来的正式文件和大部分法律著作中，都宣称"民国政府不承认妾制"、"确立了一夫一妻制"等。由此可见，至此至少在法律上已结束了妾的历史。[5]

然而，妾在现实生活中并未销声匿迹。南京国民政府时期虽然在法律正文中去除了关于妾的字样，但也没有明确禁止纳妾的条文。在司法实践中，妾不但具有合法的家属身份，而且司法院的司法解释和最高法院的许多判例都对妾给予了保护。

首先，关于妾的身份权问题。"关于夫妾关系，旧律认为系准配偶关系，但今日民法上并无有关妾之规定，而判例则认为纳妾是契约"(1944年上字第4412号)[6]；妾虽无冠姓义务，但有同居义务，只是在夫妾一方不履行同居义务时，他方不能提起履行同居义务之诉，只要一方不愿同居，可以随时终止夫妾关系。夫妾既非配偶关系，则纵令妾与他人通奸或结婚，亦不构成通奸或重婚(1934年院字第1136号)，所以妾无守贞义务。因此，妾得随时脱离夫妾关系而结婚。至于妾的财产，民法施行前，大理院判决例承认"妾得有私产，自勿容疑"(1915年上字第2052号)，[7]又谓："夫或家长给于妻或妾之衣饰，本所以供日常生活之用，自应认为妻妾所有"(1920年上字第

11号)。[8]

其次,关于夫妾的离异及其法律效果。传统社会的"七出三不去",只适用于妻,不适用于妾,清律斗殴、妻妾殴夫条、上栏辑注:"夫妻有愿离与不愿离之文,而妾与夫无者。盖夫妇乃敌体之亲,非犯七出不得擅离,而妾则微且贱矣,夫爱则留之,恶则遣之,无关轻重,自不得与正妻同论也。"[9]中华民国民法施行后,最高法院的判决与大理院的见解稍有不同,依1932年上字第1098号判决谓,为人妾者,不愿为妾时,准其自由离异,系基于男女平等原则,俾向处不平等地位之女子,得脱离其继续为妾之拘束,至若家长欲与其妾脱离关系,则仍须正当理由,方能准许。依此判决,妾得自由脱离夫妾关系,家长则须以有正当理由为限,始得为之。至于夫妾离异的效果,主要涉及赡养费的请求问题。民法第1057条规定,夫妻无过失之一方,因判决离婚而陷于生活困难者,他方纵无过失,亦应给予相当之赡养费。至于妾于终止夫妾关系后,是否亦得请求赡养费,而其请求之根据为何,实务上亦有明示。1932年上字第2099号判决称:"至妾于家长,虽无婚姻关系,然就其因脱离家属关系,致陷于生活困难之情形,则与夫妻离婚时无异,其脱离原因纵非由于家长之过失,该家长亦应酌给相当之赡养费,俾资生活",而肯定妾亦有赡养费请求权。1932年上字第2579号判决、1935年上字第2562号判决亦采同样的见解。

再次,关于妾所生子女的法律地位,因为自幼受其夫之抚育,应视为婚生子女(民国民法第1065条第1项),其权利义务关系,均与婚生子女相同。

最后,关于家长对于妾的扶养和遗产继承问题,1930年上字第55号判例谓:"家长对于其妾依法虽负有扶养之义务,而扶养之程度如果当事人无从协商,须由法院判定时,除斟酌扶养权利人之身份及需要外，并应调查扶养义务人之身份、财力，以定其标准。”妾非配偶，在夫死亡时，不得继承遗产，但得受遗赠，大理院判决例谓：“妾对于家主遗产固无当然承受或分析之权，然家主于自有财产相当范围内以遗赠行为授予其妾，则非法所不许”（1921 年上字第 539 号）。妾若未受遗赠，则是否有酌给遗产请求权，实务上持肯定观点，1947 年院解字第 3762 号解释称：“甲在万隆重婚，如别无无效原因，则在未撤销结婚前，该后妻仍有配偶之身份；惟其应继份，应与前妻各为法律所定配偶应继份之 1/2，倘其结婚不具备有效要件，而该后妻由甲生前继续扶养者，应由亲属会议，依其所受扶养之程度及其他关系，酌给遗产。”至于妾受酌给遗产的具体数额，则法无明文。但通常认为，不应比应继份少。[10]

总之，纳妾违背了夫妻互负贞操的义务。对此民国司法院 1931 年院字第 647 号解释认为，纳妾并非婚姻[11]，所以不构成重婚，但应构成通奸，民国最高法院判例认为：“夫之纳妾为与妾连续通奸之预备行为”（1940 年上字第 172 号），而“夫之与妾通奸，实为纳妾必然之结果”（1937 年上字第 794 号）。因此，妻虽不得以夫之纳妾为重婚而请求离婚，但得以通奸为由请求离婚（1933 年再字第 4 号）。

由此可见，民国法律对妾的保护在某种程度上甚至超过了对妻的保护，从而为妾提供了生存的空间。

二、关于重婚罪的认定依据

根据民国学者的学理解释：重婚罪为破坏婚姻制度之罪，故有配偶而重为婚姻者，或同时与二人以上结婚者，及知为有配偶之人而与为婚姻者，即相婚者，皆处罚之。惟本罪成立，必以婚姻成立与否为前提。而婚姻成立，专就刑法上解释，必须具备形式上之要件，即以举行相当礼式之日，例如旧礼式之迎娶入赘，新礼式之举行结婚，作为婚姻成立之日也。[12]

从民国刑法的相关法条规定，可见重婚罪的构成条件是：(1)有配偶而重为婚姻。(2)同时与二人以上结婚。(3)明知其为重婚或同时与二人以上结婚之人，仍与之结婚的。[13]以上三个条件只要具备其一，即构成重婚罪。这里的婚姻，是指男女双方基于自由意思以共同生活为目的的终生结合关系。这里的“有配偶”之人是指已经结婚而夫妻关系现尚存续者而言。[14]“正式结婚”是指根据民法第982条的规定具有公开仪式及二人以上之证人而缔结的婚姻。“公开仪式”是指结婚人双方当众举行正式结婚典礼。无论此项典礼之仪式如何，必须举行结婚礼节，其婚姻始成立。“重为婚姻”是指有配偶之人再与他人结婚。

相关的司法解释主要有：

(1)“(新例)夫妻之一方外出已逾三年，生死不明，如其未经受死亡之宣告，或他之一方，亦未依法诉经离婚者，其配偶关系仍在存续中，若与他人结婚，自应成立重婚之罪。”(司法院院字第2375号解释)[15]

该司法解释认为，夫妻一方失踪超过三年，在既没有被宣告死亡，其配偶也未起诉与其离婚的情况下，如果该失踪者又与他人结婚的，则构成重婚罪。该司法解释主要针对夫妻一方外出不归，对于家中的配偶没有任何交代，又在外重新组织家庭的情况。规定其行为构成重婚罪，是对其不负责任行为的一种约束。

(2)“已有配偶，而又与人举行相当之结婚仪式，无论后娶者，实际上是否为妾之待遇，均成立重婚罪。”(司法院院字第668号解释)[16]

该司法解释是从程序上界定重婚罪的构成要件，只要有配偶者“又与人举行相当之结婚仪式”的，即构成重婚罪。与民国民法规定结婚必须具备的“公开仪式”相吻合。

相关的判例[17]如下：

(1)“刑法第二百五十四条之重婚罪，只须有配偶而重为婚姻，即能成立，与相婚者是否知情无关，如知情而相与为婚，依该条后段规定，固应处相婚者以相当之刑，而与他方之重婚罪名并不生何影响。”(最高法院 1934 年上字第 1257 号判例)

该判例对重婚罪的构成作了详细界定：①只要有配偶者再与他人结婚就构成重婚罪，不论相婚者是否知情；②如果相婚者知情的，应对相婚者进行处罚，但不影响重婚者的罪名成立。

(2)“重婚罪之成立，必以婚姻成立为前提，婚姻成立，依民法第九百八十二条规定，应有公开之仪式及二人以上之证人，否则婚姻为无效，即不得以重婚论。”(最高法院 1934 年上字第 725 号判例)

该判例规定了构成重婚罪的重要前提是“婚姻成立”，而婚姻成立则是按照民国民法第 982 条规定的“应有公开之仪式及二人以上之证人”，否则婚姻不成立，当事人不构成重婚罪。这条规定在 20 世纪中期的上海法院审判重婚案件的起诉书和判决书中被频频引用，可见其具有极强的实用性。

(3)“重婚之犯罪行为，以举行婚仪而完成，其性质为即成犯。”(最高法院 1935 年上字第 469 号判例)

该判例认为重婚罪以举行结婚仪式为犯罪的既遂。如果未举行结婚仪式，则不构成重婚罪。

(4)“失踪人未经过相当期限受死亡之宣告者，该失踪人之配偶，仍为有配偶之人，如与他人重为婚姻，即应构成刑法(旧)第二五四条之罪。”(最高法院 1933 年非字第 121 号判例)[18]

该判例认为失踪人已经失踪一段时间，但没有经过法定期限，没有被宣告死亡，在这种情况下，失踪人的配偶仍然是有配偶之人，如果该人与他人结婚的，构成重婚罪。

(5)“已有正式配偶而又与人举行结婚仪式，无论后娶者实际上

是否受妻之待遇，均应成立重婚罪。”（最高法院 1933 年上字第 3785 号判例）[19]

该判例是解释因重婚纳妾引起的重婚罪名的成立问题。只要是已经有正式配偶的，又与他人“举行结婚仪式”，即使后娶者没有享受妻的待遇，也构成重婚罪。也就是说，重婚罪的构成与后娶者的地位无关。

（6）“重婚罪以举行相当仪式，为其构成要件，如结婚证书内，即载明正式行礼字样，并列有证人介绍人主婚人等姓名，显已举行结婚之仪式，自应成立上项罪名。”（最高法院 1933 年上字第 256 号判例）

该判例强调举行仪式是重婚罪最重要的构成要件。具体地说，在有结婚证书的情况下，只要结婚证书内记载有“正式行礼”字样，并列有证人、介绍人、主婚人等姓名的，就构成重婚罪。

此外，民国民法第 985 条规定：“有配偶者不得重婚。”

相关的判例如下：

（1）“有配偶者不得重婚，固为民法第九百八十五条之所明定，惟结婚违反此项规定者，依民法第九百九十二条之规定，仅得由利害关系人请求法院撤销，不在民法第九百八十八条所谓结婚无效之列，故有妻者重婚时，在其重婚未撤销前，不得否认其后妻之身分而指为妾。”（1938 年上字第 1709 号判例）

该判例表明了民国法律对妾的矛盾态度。既然法律上不承认妾，怎么还有“有妻者重婚时，在其重婚未撤销前，不得否认其后妻之身分而指为妾”呢？

（2）“刑法第二百五十四条所谓重婚及相婚，均指正式婚姻而言，如未正式结婚，纵令事实上有同居关系，仍难成立该罪。”（1935 年上字第 1229 号判例）

该判例强调了重婚罪的构成必须是“正式结婚”，如果仅有事实上的同居关系，则不构成重婚罪。

第二节　民国法律对通奸罪的规定

中国传统社会对于男女两性关系的规制是很严的，先民“设嫁娶以俪皮为质，正姓氏，通媒妁，以重人伦之本”[20]。男女两性的结合严格遵循着其特有的规范，不仅要有“父母之命，媒妁之言”，而且须履行严格的结婚仪式，否则是不被承认的。“婚姻之礼，所以防男女之别也”，不能不重视，因为“婚姻之礼废，则夫妇之道苦，而淫辟之道多矣”[21]，“夫礼，坊民所淫，章民之别……故男女无媒不交，无币不相见，恐男女之无别也。”[22]男女两性的交往，必须遵循“礼”的规制，“不待父母之命，媒妁之言，钻穴隙相窥，逾墙相从，则父母国人皆贱之”[23]。可见，违背“礼”的结合是不为传统社会所接受的。“通奸”自然更是为礼教所不准的了。但社会却是复杂的，各人的品行也不同，礼教并不能禁锢每个人的心灵。《礼记·坊记》:“以此坊民，民犹有自献其身者。”“通奸”的事从来史不绝书。到了民国时期的上海，通奸罪则因在现实中发生频率最高而成为妨害婚姻家庭犯罪之首。而民国法律关于通奸罪的定罪量刑却有一个不同于以前的巨大转变。

一、近代中国对通奸的态度转变

现代各国刑法已普遍认为通奸属个人行为，不再处以刑罚。尽管民国时期已有开明学者提出:英美等西方文明国家自始便不认通奸为犯罪，而现代各国立法之趋势亦皆倾向于此种义务之解放。主张我国也应顺应时代潮流，对通奸也不应规定为犯罪[24]。然而民国法律并未采纳。民国刑法之所以将通奸规定为犯罪并处以刑罚，是与中国传统社会礼教的根深蒂固的影响分不开的。这个观点可以从民国刑法对通奸罪主体的修订过程中得到证实。

简单地说，1935 年修订刑法以前，只有对妻适用的通奸罪即旧刑法第 256 条，而第 259 条又规定须本夫"告诉乃论"，修订以后改为适用于夫妻双方，但须配偶"告诉乃论"。而无论刑法修订前后，因为妾与家长不是婚姻关系，家长对妾的通奸都没有告诉权，故在刑法上妾的通奸罪名是不成立的。由此可见，妾要成为妻，必须举行公开的结婚仪式方为法律承认，这和前期"不拘于形式"的规定显然不同。据最高法院 1937 年上字第 544 号，尽管妾的通奸在刑法上不能成立，在民法上仍被认为是消灭家属身份的"正当理由"。

具体地分析，民国法律关于通奸罪的修改过程如下：

1927 年以前，"通奸"基本属于女子的罪责。

民国成立初期，国体虽然由君主制改变为共和制，但人们的思想却表现出极大的惰性，对妇女的贞操观念依然是根深蒂固。《暂行新刑律》删去了清暂行章程，无夫奸不再定罪，却为社会所抵制并排斥。这时的法律主要体现为男女间性的不平等，有夫之妇与人通奸要被科刑，而有妇之夫却不必。因为女子犯奸，有害夫权，所以告诉权赋予其夫。而这样的不平等的法律规定却是为社会所接受、所认可，因为不论是经济上，还是政治上，女子仍从属于男子。

虽然当时的知识界已开始认识到"妇女若不解放，社会无由发达"，但终究只是少数知识精英的意识，并不足以扭转整个社会风气，且思想的变化要影响及于社会，还须以政治的变革为奥援。南京国民政府成立以前，军阀混战，政权更迭频繁，国家统一尚不能，更遑谋政治之刷新，法律之变更。故《暂行新刑律》之暂行一直迄于 1928 年 9 月 1 日《中华民国刑法》之公布施行，而"通奸罪"以女子为犯罪主体，以夫权利益的保护为客体，女子须承受通奸之罪责，男子却可不必并专享有告诉权，是 1927 年以前的特色。简言之，这个时期刑法关于通奸罪的主体，立法本意是只针对女性而言，对妻采严格主义，对夫则取放任主义。

1928 年刑法第 256 条[25]规定“有夫之妇与人通奸者，处二年以下有期徒刑。其相奸者亦同。”立法院刑法起草委员认为这个条文显然有悖男女平等之义。后来，刑法的缺陷逐渐暴露，随着时势之变迁，自有其修改之必要。[26]1934 年立法院指定成立刑法起草委员会，草拟刑法修正案。其修正基础，一方面搜集世界最新法典，从事研究；另一方面向各司法机关律师团体征集意见。1933 年底，总则修改完竣，至次年 4 月，审查完毕。为力求刑法修正切合实际情形，便于实施，各起草委员又亲赴各省，调查各地司法机关状况及监狱情形，以供参考。7 月全部刑律修改完毕，再分发各法院、学院、律师团体、法学杂志社征集意见，1934 年 9 月修改工作全部完成。[27]修正案列“通奸罪”于“妨害家庭与婚姻罪”章，将“有夫之妇与人通奸”改为“有配偶而与人通奸”，后因刑法条文增加关系，将该条规定在新刑法第 239 条之下。

1934 年 10 月 25 日，立法院委员开会审议刑法修正案，会上部分委员声称第 239 条规定不当，主张取消“有配偶而与人通奸”的文句，恢复为“有夫之妇与人通奸……”，因多数委员赞成，决议通过，于是由“有配偶而与人通奸……”又改为“有夫之妇与人通奸……”。

这一修订激起了南京妇女界的强烈反抗，对第 239 条的内容，表达了强烈的不满。她们认为修改后的规定，片面强调女子义务，实属抑压女子、放纵男性。11 月 5 日，借南京女中开会之机，南京妇女各界决议通电反对，同时呈请中政会交立法院复议，并呈立法院院长孙科，请求予以纠正。同月 14 日，中政会召开第 433 次会议。会议议决：“关于立法院通过之刑法第 239 条，应依男女平等原则，交立法院复议。”同月 28 日，立法院刑法委员会与法制委员会举行联席会议，审查本案结果，又将“有夫之妇与人通奸……”改为“有配偶而与人通奸……”。30 日，立法院召开全体大会，审查案通过决定将“有夫之妇与人通奸”改回“有配偶而与人通奸”。[28]

经过妇女界不屈不挠的努力，最后刑法第 239 条规定：“有配偶而与人通奸者，处一年以下有期徒刑。其相奸者亦同。”刑事诉讼法第 234 条第 2 款对这一特种案件的告诉人作了规定：“刑法第二百三十九条之妨害婚姻及家庭罪，非配偶不得告诉。”刑事诉讼法第 239 条进一步规定了(告诉不可分原则)：“告诉乃论之罪，对于共犯之一人告诉或撤回告诉者，其效力及于其他共犯。但刑法第二百三十九条之罪，对于配偶撤回告诉者，其效力不及于相奸人。”

关于通奸行为的性质，各国立法不一。如：英国刑法中无规定处罚通奸行为的条文，认为夫妻之一方与人通奸，他方得根据民法请求离婚，不发生刑事责任问题。这种立法既不违背男女平等的原则，又符合民刑责任分立原理。但当时有学者提出不同主张：“以吾国现状观之，妻仍依夫为生，年届迟暮，夫有外遇，因法不为罪，彼尚安之，倘能处刑，必恃为要挟之具，甚且出首公庭，裸扬颂露，则夫妻之感情破裂，家庭之秩序混乱，而为之夫者，情不能堪，必致虐待遗弃，使其离绝而后已，则晚景凋残，适人不能，独维生计，孤苦伶仃，将极人世之悲惨矣，讵非法律界之厉乎？尚何保障女权足云耶？”[29] 也有人提出批判：“按照中国时下情形，女子还没有经济独立，担心如果男子犯奸，女子提出离婚，反而对于女子不利。所以将通奸条改为‘有配偶而与人通奸……’之规定一定要慎重。”[30]

二、关于通奸罪的认定依据

民国刑法第 239 条所称通奸罪，是指有配偶而与人发生非婚姻性性关系，或明知他人有配偶，而与之发生非婚姻性性关系的情况。本条后段的“相奸”，也以故意为要件，即明知对方为有配偶之人，仍与之发生非婚姻性性关系，即成立本罪。如非明知，欠缺故意，相奸人可不为罪。惟相奸者，若均为有配偶之人，亦成为通奸。即相奸者为娼妓，亦不能以行政上之允可，而解免刑责。[31] 当然，也有例外情况，下面的判例和真实案件正好可以说明这个问题。“刑法第二百四十五条第二项之不得告诉，以有告诉权之配偶，纵容他方与人通奸或相奸或加以宥恕者为限，若非第二百三十九条之通奸相奸罪，告诉者又非配偶，自无该项之适用。”（1941 年上字第 1814 号判例）

典型的案例如朱×生等妨害婚姻案（案例 3）。

案情：告诉人张×芳与被告朱×生是亲戚关系，张×芳是朱×生妹夫的哥哥，朱×生在张×芳店里做伙计。因与张×芳家人经常接触，朱×生与张×芳同居的年轻女人张×珍勾搭成奸，一开始两人在张×珍房内通奸，后来两人到旅馆通奸，被张×芳发现后报案。法院最后判决：朱×生无罪。判决的依据和理由是：张×芳与张×珍非正式夫妻，也是同居关系。就是说张×珍不是张×芳的配偶，且张×珍曾登报声明与张×芳脱离同居关系。依据的证据是一份当时的报纸，即 1946 年 4 月 18 日张×珍委托陈醒民律师登报声明与张×芳脱离同居关系的启事，法院据此认定张×珍与张×芳不是夫妻关系，判决该案不构成妨害婚姻家庭罪。

但如双方都未结婚，则不构成本罪。典型的例子是状告钱×阮妨害婚姻案（案例 4）。案情如下：1946 年 8 月 5 日，未婚男青年张×新乘女友徐×弟之母徐×氏离家外出，家中无人之际，与女友在钱家宅女友家中发生性行为。但他的几个邻居钱×阮、钱×甫等人看不惯，以为妨害风化，率众捉奸，并将两人捆绑。该女子的母亲徐×氏回家后以自己家中丢失贵重物品为由报告警局。1946 年 8 月 28 日，上海地方法院检察官以妨害自由罪提起公诉，徐×氏后来提出撤诉，但因妨害自由罪不属不告不理的范畴，所以法院依法审理作出有罪判决。法院经审理后认定，因二人均未婚，故不构成通奸罪，最后将他们的邻居钱×阮、钱×甫以妨害自由罪定罪判刑。

关于通奸罪的认定，除了上述民国刑法和刑事诉讼法的相关规定外，还有以下司法解释和判例：

"刑法第二百四十五条第二项之纵容与宥恕，其不得告诉之范围相同，如有告诉权人对于共犯中一人宥恕，按照告诉不可分之原则，对于其他共犯，自亦不得告诉。"（院字第 2261 号解释）

该解释认为，"有配偶者与人通奸的"，如果该行为是其"配偶纵容或宥恕的，不得告诉"。这里的有告诉权人只要对于共犯中一人宥恕的，那么对于其他被告诉人也丧失了告诉权。换言之，对自己的配偶有"纵容与宥恕"的行为，而只控告与配偶"相奸"的人，是法律不允许的，也就是"不得告诉"的。

相关判例如下：

（1）"告诉乃论之罪，除相对的亲告罪外，其告诉人之告诉，只须指明所告诉之犯罪事实及表示希望诉追之意思，即为已足，毋庸指明犯人，苟已指明犯罪事实，诉请究办，纵令犯人全未指明或误指他人，其告诉仍属有效。"（1935 年上字第 2193 号判例）

该判例认为告诉乃论之罪，只要指明了所要告诉的犯罪事实以及表示希望诉追的意思，告诉即有效，而不要求指明犯罪人是谁。

（2）"刑事诉讼法第二百十八条载，告诉乃论之罪，对于共犯之一人告诉或撤回告诉者，其效力及于其他共犯，但刑法第二百三十九条之罪，对于配偶撤回告诉者，其效力不及于相奸人，是该条前段规定，对于共犯之一人告诉或撤回告诉之效力，原则上及于其他共犯，而但书规定则属于例外，凡不合于例外之条件时，即仍适用原则，此为解释法令当然之结果，刑法第二百三十九条之罪，其有配偶而与人通奸，暨相奸之人，原属刑法上之必要共犯，前述但书既以对于配偶撤回告诉，其效力不及于相奸人为限，则对于相奸人撤回告诉，仍应从该条前段规定，其效力及于该必要共犯之配偶，实不待烦言而解。”（1938年非字第20号判例）

该判例认为，在通常情况下，“告诉乃论之罪，对于共犯之一人告诉或撤回告诉者，其效力及于其他共犯”，但“刑法第二百三十九条之罪，对于配偶撤回告诉者，其效力不及于相奸人”，也就是说，对于配偶可以不追究刑事责任，但对与其配偶通奸的“相奸之人”，仍可以追究刑事责任。

第三节　民国法律对和诱罪及其他相关犯罪的规定

除了在实际生活中发生较多的重婚罪和通奸罪以外，民国法律还对发案率较低的和诱罪、略诱罪、诈术结婚罪以及生活中较为罕见的移送被诱人出国罪和收受藏匿被诱人或使之隐匿罪作了规定，现分述如下：

一、民国法律对和诱罪的规定

根据中华民国刑法第240条的规定：“和诱未满二十岁之男女，脱离家庭或其他有监督权之人者，处三年以下有期徒刑。

“和诱有配偶之人脱离家庭者，亦同。

“意图营利，或意图使被诱人为猥亵之行为或奸淫，而犯前二项之罪者，处六月以上五年以下有期徒刑，得并科一千元以下罚金。

“前三项之未遂犯罚之。本条规定须告诉乃论。”

本条称“和诱”，是指以强暴胁迫或诈术以外之不正方法，得被诱人之同意或被诱人有自主之意思而引诱之，并置于自己支配之下。具体分为三种：

（1）和诱未满20岁之男女脱离家庭或其他有监督权之人。

（2）和诱有配偶之人脱离家庭。

（3）意图营利或意图使被诱人为猥亵之行为或奸淫而犯前二项之罪。[32]

关于和诱罪，状告顾×氏妨害家庭婚姻案（案例5）可谓典型的例子。

告诉人吴×良25岁，是军人[33]。告诉人吴×氏16岁，没有工作。案卷中前部分被告是顾×氏和顾×福，可是之后法院的点名单上非常简单地写着顾×福及其妻也是告诉人。被告只有一个，即顾×氏，41岁，是顾×福的继母。顾×氏委任的辩护人是吴德远律师。案子的证人是致远旅馆茶房方×发。案情是：顾×氏与吴×氏娘家是邻居，顾×氏于1945年8月28日探知吴×氏与其夫吴×良关系不睦，乘其回娘家之便，多方诱惑、帮助其子顾×福和诱该氏至天津路致远旅馆奸宿。顾×福在旅馆开了7天房，自己与吴×氏一起住了2天，然后顾×福应朋友邀请独自航海去了，将吴×氏一人丢在旅馆。于是，吴×氏回家哭诉。其夫吴×良报警，因顾×福外出航海不在家，将顾×氏一人解送前伪法院，后由上海地方法院接收，由上海地方法院检察官侦察起诉。

上海地方法院判决：顾×氏帮助奸淫和诱有配偶之人脱离家庭，处有期徒刑4个月。

根据对和诱罪的解释，本案确属和诱罪的第三种情况。然而本案判决的依据是什么？如果根据刑法第240条第3款的规定（“意图营利，或意图使被诱人为猥亵之行为或奸淫，而犯前二项之罪者，处六月以上五年以下有期徒刑，得并科一千元以下罚金”），则本案应判处至少 6 个月有期徒刑，而本案为什么只判处 4 个月有期徒刑呢？另外，本案被告没有任何应当减轻处罚的情节，而且，顾×氏还不太配合司法机关执行公务，在取保后有逃匿的情形。

顾×氏在本案中的行为已构成犯罪，这点毫无疑义，顾×福的妻子是丈夫和奸行为的受害人，她作为告诉人也是符合法律规定的。可本案的被告之子顾×福是和诱行为的实施人（本应同列为被告），为什么没有作为被告被提起公诉，反倒成为案件中的告诉人呢？这在案卷中没有交待。从法院调查笔录可知：顾×福，24 岁，非顾×氏亲生，系顾×氏丈夫顾×达前妻所生，顾×福及其父亲都在船上工作，顾×福是小轮船上的大副。本案证人是当时旅馆值班的茶房方×发，他证明吴×氏先去旅馆，顾×福后去，一起开房同居，顾×福付了房费，顾×氏翌日来过旅馆。顾×氏称：顾×福与吴×氏开房之前，吴×氏已与顾×福通过电话，约好同去旅馆，自己第二天去旅馆是去看吴×氏。案卷中有对顾×福的讯问，但未见讯问笔录。顾×氏曾在警察的调查笔录中承认自己劝过吴×氏做他儿子的老婆。作为一个成年人，顾×福本应对自己的行为负责，可是在上海地方法院的点名单中，顾×福不仅没有成为被告，反倒成为告诉人，案卷没有记载原因，看来这是一桩糊涂案了。这种情况，只能说明一个问题，那就是当时法院的判决存在着与法相悖的情况。

另外，相关的法规还对告诉人的资格作了规定。具体为刑事诉讼法第 234 条（专属告诉人）：“刑法第二百四十条第二项之妨害婚姻及家庭罪，非配偶不得告诉。”

二、 对和诱罪的认定依据与标准

关于和诱罪相关的司法解释有：

“出征军人之妻与人通奸或被人和诱脱离家庭，该军人不能亲行告诉，委托他人代行告诉，只须事实上足认其受有代行告诉之委托，不以提出代行告诉之证明函件为必要。”（院字第 2481 号解释）

该司法解释认为，出征军人之妻与人通奸或被人和诱脱离家庭，该军人委托他人代行告诉时，只要有委托的事实即可，而不须有委托代行告诉的证明函件。这是民国政府为保护军婚所作的规定。从上海市档案馆馆藏的案卷看，民国时期军人的婚姻很不稳定，军人配偶红杏出墙的很多，为稳定军人婚姻，司法院作出了这样的解释。但从实际生活看，这样的规定并不能解决根本问题。军人配偶与人通奸或同居的依然很多。如彭×源妨害婚姻案（案例 6）。案情：告诉人朱×友 21 岁，崇明人，是当兵的。其妻朱×喜现年 17 岁，也是崇明人。案卷中记载“朱×喜从小生活在未婚夫家”，按照中国传统社会的习惯，朱×喜应该是在朱×友家当童养媳的，朱×友与朱×喜结婚后夫妻感情不和，朱×喜离家出走，朱×友认为朱×喜是邻居彭×源（彭×源，男，33 岁，宿迁人，做小工，住浦东杨家渡，有窃盗前科）拐走的，于是朱×友将彭×源扭送杨家渡派出所（彭×源被拘捕后被其邻居面店店主保出）。因证据不足，法院判彭×源无罪。这是一对非常年轻的夫妻，因为夫妻关系不睦，而导致婚姻不幸福，年仅 21 岁的丈夫对 17 岁的妻子的离家出走非常恼怒，他没有从自身来寻找婚姻不和谐的原因，而是疑神疑鬼，怀疑别人将其妻拐走，但因证据不足，最终也不能将嫌疑人定罪。

其他相关判例如下：

(1)“刑法上之和诱，原系指得被诱人同意将其诱出置于自己支配力之下者而言，某妇虽自愿背夫与被告偕逃，而既系出自被告之引诱，要难谓与和诱之要件之不符。”（1940 年上字第 2442 号判例）

该判例认为，即使取得被诱人同意，只要是出于被告的引诱，即构成和诱罪。

(2)“某甲原系妓女，经上诉人由其领家某乙手内租来为娼，此于某甲既不发生使脱离家庭或其他有监督权人等之问题，除其转租行为，具备妨害自由罪之条件，应依各该法条论处外，并不构成意图营利和诱未满二十岁女子之罪。”(1935年上字第674号判例)

该判例认为，将妓女领回家不构成和诱罪，但将妓女转租他人则构成妨害自由罪，而不构成意图营利和诱未满20岁女子之罪。

(3)“上诉人既系意图奸淫而诱拐，则其使被诱人隐避，原为诱拐行为继续中应有之手段，自不另成意图奸淫而使被诱人隐匿之罪。”(1935年上字第2292号判例)

该判例认为，上诉人是“意图奸淫而诱拐”，那么这个诱拐行为是上述和诱罪的手段之一，所以，上诉人不另外构成“意图奸淫而使被诱人隐匿之罪”。也就是说，上诉人只构成和诱罪，不再构成其他犯罪。

(4)“旧刑事诉讼法第二百十五条第二项之本夫告诉权，不因嗣后失其本夫身份而受影响，与同法第二百十四条第一项之配偶告诉权，因失其配偶身份而消灭者迥异，故刑法第二百五十六条之犯罪成立后，其本夫因判决离婚而失其夫之身份者，仍非不得告诉。”(1936年非字第41号判例)

该判例认为旧刑事诉讼法第215条第2项关于“本夫告诉权”的规定，不同于同法第214条第1项的配偶告诉权丧失的情况，如果当事人在刑法第256条的犯罪成立后，犯罪人的原来丈夫因判决离婚而丧失了丈夫的身份的，配偶的告诉权并不丧失。也就是说，其前夫仍有权告诉。该判例的原意是为了保护丈夫的诉权。尽管当时已有人提出英美等国法律不认为通奸系犯罪。站在理性的角度思考，既然已经离婚，两人不再是配偶，法律依然赋予其告诉权还有什么意义呢？

三、民国法律对其他妨害婚姻家庭罪的规定

这里探讨的其他妨害婚姻家庭罪是指除了重婚、通奸与和诱罪以外的、在现实生活中发生较少的几种犯罪，主要包括诈术结婚罪、略诱罪、移送被诱人出国罪和收受藏匿被诱人或使之隐避罪四种犯罪。

（一）诈术结婚罪

刑法第238条规定："以诈术缔结无效或得撤销之婚姻，因而致婚姻无效之裁判或撤销婚姻之裁判确定者，处三年以下有期徒刑。"

本条称诈术结婚罪，也称骗婚罪。其构成如下：

（1）以诈术缔结无效或得撤销之婚姻。

（2）因而致婚姻无效之裁判或撤销婚姻之裁判确定而成立。

这里的"'诈术'是指以诈欺之方法使人陷于错误"。[34] 而且行为人主观上要有"诈术缔婚"的故意，否则不构成该罪。本条规定须告诉乃论。

这种犯罪，在司法实践中较少出现，也许是因为上海人非常精明的缘故，在上海市档案馆未见上海有这种犯罪，也未见相关的司法解释和判例。

（二）略诱罪

刑法第241条规定："略诱未满二十岁之男女，脱离家庭或其他有监督权之人者，处一年以上七年以下有期徒刑。

意图营利，或意图使被诱人为猥亵之行为或奸淫，而犯前项之罪者，处三年以上十年以下有期徒刑，得并科一千元以下罚金。

和诱未满十六岁之男女，以略诱论。

前三项之未遂犯罚之。"

这里所谓的"略诱"，是指"以强暴胁迫或诈术等不正手段拐诱之"[35]。

相关的判例如下：

(1)“略诱罪之成立，须以强暴、胁迫、诈术等不正之手段而拐取之者为要件，若被诱者有自主之意思，或并得其承诺，即属和诱范围，不能以略诱论。”(1931 年上字第 1309 号判例)

该判例主要界定略诱的犯罪构成要件，将略诱与和诱区别开来。

(2)“刑法第二百四十一条之略诱罪，以使被诱人脱离家庭或其他有监督权之人为其构成要件之一，故事实上须将被诱人移置于自己实力支配范围之内，而与其有监督权之人完全脱离关系，换言之，即使有监督权之人对于被诱人陷于不能行使监督权之状况，方与该项罪质相符。”(1935 年上字第 5247 号判例)

该判例认为，略诱罪必须是“使被诱人脱离家庭或其他有监督权之人”，使得“有监督权之人对于被诱人陷于不能行使监督权之状况”，才能构成。

(三) 移送被诱人出国罪

刑法第 242 条规定：“移送前二条之被诱人出中华民国领域外者，处无期徒刑或七年以上有期徒刑。

“前项之未遂犯罚之。”

关于这种犯罪，可能是在司法实践中很少出现或者非常罕见，未见相关的司法解释和判例。

(四) 收受藏匿被诱人或使之隐避罪

刑法第 243 条规定：“意图营利，或意图使第二百四十条或第二百四十一条之被诱人为猥亵之行为或奸淫，而收受、藏匿被诱人或使之隐避者，处六月以上五年以下有期徒刑，得并科五百元以下罚金。

“前项之未遂犯罚之。

“第二百三十八条、第二百三十九条之罪及第二百四十条第二项之罪，须告诉乃论。

"第二百三十九条之罪配偶纵容或宥恕者，不得告诉。"

相关的判例有：

"刑法第二百四十三条之罪，系指对于他人所诱出之人仅有收受、藏匿或使其隐避之行为者而言，若进而有其他之参加行为，即应就其参加之行为以共犯论，不容仅以本罪科处。"（1935 年上字第 3265 号判例）

该判例认为，收受藏匿被诱人或使之隐避罪是指对于他人所诱出之人仅有收受、藏匿或使其隐避的行为，如果进而有其他之参加行为，则与其他参加行为构成共同犯罪。这个判例解释了收受藏匿被诱人或使之隐避罪与其他犯罪的区别。

虽然民国刑法对妨害婚姻家庭犯罪规定了 7 种之多，但是，在上海市档案馆所查阅的五十余件妨害婚姻刑案中，实际发生的妨害婚姻家庭刑案只有重婚、通奸、和诱 3 种，未见其他 4 种刑案。在上述三种妨害婚姻家庭刑案中，以通奸最多，共 38 件；重婚的为 11 件；和诱的最少，仅 2 件；还有 2 件是没有构成犯罪的；其他的 4 件（这里的数字不包括重复的）。本书对于实践中经常出现的罪行如重婚罪和通奸罪进行了详细的论述，较少出现的和诱罪也进行了较为详细的论述，而对于 20 世纪中期上海很少或没有出现的罪行就没有进行进一步的探讨了。

注　释

［1］见中国法规刊行社：《最新六法全书》，上海春明书店 1948 年版。此后所引民国法律，除特别注明者外，均见此书。后面所涉及的民国以及民国以前的法条、司法解释和法律文书都是原文无标点符号，且系竖排。

［2］参见陈顾远：《中国婚姻史》，商务印书馆 1937 年版，第 58 页。

[3] 参见潘光旦:《中国之家庭问题》,载《潘光旦文集》第1卷,北京大学出版社1993年版,第113—114页。

[4]《立法院公报》第20期,南京出版社1989年版(影印本),第30页。

[5] 妾在我国传统社会的法律中多有规定,如《大明律卷第六·户律三》中妻妾失序条:"凡以妻为妾者,杖一百。妻在,以妾为妻者,杖九十,并改正。若有妻更娶妻者,亦杖九十,离异。其民年四十以上无字者,方许娶妾。"(怀效锋点校:《大明律》,法律出版社1999年版,第60页。)[清]沈之奇撰写的《大清律辑注·上》妻妾失序条:"凡以妻为妾者,杖一百。妻在,以妾为妻者,杖九十,并改正。若有妻更娶妻者,亦杖九十,后娶之妻归宗离异。其民年四十以上无字者,方听娶妾。"(怀效锋、李俊点校:《大清律辑注·上》,法律出版社2000年版,第258页。)大清律基本延续了大明律的规定,只是在语言上更加明确,利于执行。暂行刑律第291条:"娶妾不为婚姻。"1917年大理院判决例具体解释了:"娶妾不得谓为婚姻,故有妻复纳妾者,不成重婚之罪。"(1917年非字第151号)(见郭卫编:《大理院判决例全书》,出版者为万籁,上海法学编译社会文堂新记书局经销,1932年版,第507页。)

[6] 林秀雄:《婚姻家庭法之研究》,中国政法大学出版社2001年版,第343页。

[7] 郭卫编:《大理院判决例全书》,出版者为万籁,上海法学编译社会文堂新记书局1932年版,第209页。

[8] 同上书,第229页。

[9] 林秀雄:《婚姻家庭法之研究》,中国政法大学出版社2001年版,第348页。

[10] 同上书,第348—355页。

[11]《民法》亲属编第982条规定:"结婚应有公开之仪式及二人以上之证人。"第988条规定:"结婚有左列情形之一者,无效。一、不具备第九百八十二条之方式者……"而纳妾通常都是没有公开仪式的。所以,纳妾不算结婚。而同年院字第609号又解释:"娶妾如经正式结婚之仪式,即应构成重婚罪。"(参见俞钟骆、吴学鹏编:《国民政府统一解释法令汇编》,上海律师公会1932年印,第744、707页)

[12] 陈应性编著:《中华民国刑法解释图表及条文一册》,王云五1936年印,第198页。

[13][14] 参见赵琛:《刑法分则实用》第2分册,大东书局1947年版,第194页。

[15] 同上书,第196页。

[16] 同上书,第199页。

[17] 以下判例和司法解释除特别注明外,均见台湾地区现行"刑法"条文中的链接。

网址:http://www.6law.idv.tw/aa.htm S-link 六法电子全书。

[18] 赵琛:《刑法分则实用》第2分册,大东书局1947年版,第196页。

[19] 陈应性编著:《中华民国刑法解释图表及条文一册》,王云五1936年印,第199页。

[20]《通鉴外纪》。

[21]《礼记·经解》。

[22]《礼记·坊记》。

[23]《孟子·滕文公下》。

[24] 参见梅汝璈:《刑法修正案的八大要点述评》、江镇三:《我对于〈刑法修正案初稿〉之意见》,载何勤华、李秀清主编:《民国法学论文精萃》第4卷,法律出版社2004年版,第43—45、50—51页。

[25] 郭卫校勘:《袖珍六法全书》,1933年版,该条文也未见修改。

[26]《院字第一二四六号〈司法解释〉》,《法律评论》1935年第603期,第35页。

[27] 参见谢振民著、张知本校点:《中华民国立法史·下》中国政法大学出版社2000年版,第920—921页。

[28] 参见王新宇:《民国时期婚姻法近代化研究》,中国法制出版社2006年版,第210—211页。

[29] 郁嶷:《论夫妻贞操义务与合奸罪》,《法律评论》第11卷第12期。

[30] 王觐:《刑法修正案初稿批评》,《法律评论》第583期(1934年)。

[31] 参见陈焕生:《刑法分则实用》,台湾汉林出版社1979年版,第192—193页。

[32] 参见陈焕生:《刑法分则实用》,台湾汉林出版社1979年版,第194页。

[33] 中华民国时期上海档案中具有"军人"身份的,或记载为"当兵的"均指旧时期各色军人。

[34] 陈焕生:《刑法分则实用》,台湾汉林出版社1979年版,第191页。

[35] 同上书,第200页。

第二章
官方对婚姻刑案的操作

本章所探讨的"官方",主要指涉及、参加婚姻刑案处理的官员,包括警察机关、法院和监狱的相关官员,他们在婚姻刑案中的操作各有技巧、耐人寻味。

第一节　警察对婚姻刑案的处理

警察对婚姻刑案的处理主要体现在刑事强制措施的灵活运用。具体地说是运用刑事强制措施的同时运用保释制度作为补充。保释制度是强制性措施限制适用与适度原则的具体化,也是无罪推定原则的具体体现。该制度尽可能地使犯罪嫌疑人、被告人不被羁押[1]而享有人身自由,也就是"应当力求以最小的支出——少用甚至不用刑罚(而用其他刑罚替代措施)获取最大的社会效益——有效地预防和控制犯罪"[2]。虽然根据无罪推定原则,审前被羁押的被告人,在被证明有罪之前是无罪的,但他们承受着许多与那些被证明有罪的被羁押者同样的不利。经济上,他们通常失去工作;心理上,他们承受着重压和焦虑;身体上,他们置身于暴力氛围之中;社会关系上,他们不被人理解而备感孤独。

为了避免上述情况的发生,英国在 12 至 13 世纪首创了一种制度:郡长将被监禁者释放回家,但他的家人必须保证其在开庭时出庭受审。保证的方式通常表现为某种财产上的责任。这就是今天的保释制度的雏形。因为民国时期法律规定每个婚姻刑案都要涉及对被告采取逮捕等强制措施,不管是经过什么途径发案的,司法警察都会介入。在受害人直接报警的情况下,警察还要制作详细的调查笔录。从现存的婚姻刑案的案卷记载看,在 20 世纪中期的上海,这种保释制度已经被广泛采用了。

一、 及时采取强制措施

从上海市档案馆馆藏的属于"告诉乃论"的刑事案卷看,几乎每个案件的犯罪嫌疑人或被告人案发后都会被立即羁押。这里所说的羁押被告或犯罪嫌疑人,是指必要时,将被告或犯罪嫌疑人留置于看守所,拘束其自由。这些处于"在押"状态的犯罪嫌疑人或被告人,有的是经告诉,然后被捕的,也有司法机关依法逮捕的。为什么有的犯罪嫌疑人或被告人未经告诉也会"在押"? 这是因为在审判前的侦查、起诉阶段,与古代弹劾式诉讼相比,民国时期的法律不适用不告不理原则,而是实行国家追诉为主的原则,对于关系国家、社会利益的犯罪,即使没有受害人的告诉,没有一般群众的检举揭发,国家专门机关发现后也必须立案侦查,主动进行追究。也就是说,在刑事案件的审前阶段,不告不理原则是不存在的。这与现代的混合式诉讼的特征完全相符。

当时有的妨害婚姻家庭刑案并不是基于当事人的告诉,而是由警察作为一般的治安案件开始的。如徐×俊等妨害婚姻案(案例 8)。1946 年 6 月 15 日,徐×俊与徐×氏一起亲密地同行,恰好被徐×氏的丈夫徐×云撞见，徐×云上前质问徐×氏并斥责她，徐×氏不听，反与徐×云争吵、继而扭打在一起。这时徐×俊上前帮助徐×氏殴打徐×云，当时正好有警察到来，以为是打架斗殴，将他们一起带至警局。警方经调查认为徐×俊和徐×氏涉嫌通奸罪，将两人羁押。

关于对犯罪嫌疑人的羁押，民国刑事诉讼法[3]第10章第101条规定："被告经讯问后，认为有第76条所定之情形者，于必要时得羁押之。"[4]第76条所定的情形是：(1)无一定之住居所者。(2)逃亡或有逃亡之虞者。(3)有湮灭、伪造、变造证据或勾串共犯或证人之虞者。(4)所犯为死刑、无期徒刑或最轻本刑为5年以上有期徒刑之罪者。

为了防止羁押的滥用，民国刑事诉讼法进一步规定了羁押诸要件：

要件一，羁押被告应用押票。

押票应记载下列事项：(1)被告之名姓、性别及住居所。(2)案由。(3)羁押之理由。(4)应羁押之处所。

第71条第3项（应到之日时、处所）及第4项（无正当理由不到场者，得命拘提）之规定，于押票准用之。（第102条）

要件二，"执行羁押由司法警察将被告解送指定之看守所，该所长官验收后，应于押票附记解到之年、月、日、时并签名"。（第103条）

要件三，管束羁押之被告，应以维持羁押之目的及押所之秩序所必要者为限。

被告得自备饮食及日用必需物品，并与外人接见，通信受授书籍及其他物件。但押所得监视或检阅之，如有足致其逃脱或湮灭、伪造、变造证据或勾串共犯或证人之虞者，并得禁止或扣押之。

被告非有暴行或逃亡自杀之虞者，不得束缚其身体，束缚身体之处分由押所长官命令之，并应即时陈报该管法院或检察官核准。（第

105条)

还规定羁押于其原因消灭时,应即撤销,将被告释放。(第107条)

同时,对羁押的期限也作了限制:

羁押被告,侦查中不得逾2月,审判中不得逾3月。但有继续羁押之必要者,得于期间未满前,由法院裁定延长之。在侦查中延长羁押期间应由检察官声请所属法院裁定。

延长羁押期间,每次不得逾2月,侦查中以1次为限。如所犯最重本刑为3年以下有期徒刑以下之刑者,审判中以3次为限。

羁押期间已满,未经起诉或裁判者,视为撤销羁押。(第108条)

同时,对于强制措施的实施,法律也作了必要的限制。民国刑事诉讼法规定:案件经上诉者,被告羁押期间如已逾原审判决之刑期,除检察官为被告之不利益而上诉外,应即撤销羁押,将被告释放。(第109条)

二、 广泛地采用具保措施

根据民国学者的解释,"具保者,被告在羁押中随时由被告本人及得为被告辅佐人之人或其辩护人,提出相当保证,声请停止羁押,回复被告自由之法也"。[5]

诉讼中羁押被告,拘束被告的自由,无非为防止其逃亡起见,若无逃亡之虞,自应回复(已羁押者)或维持其自由(未羁押者),这就是刑事诉讼法中规定具保及责付的目的。

民国刑事诉讼法第110条规定:"被告及得为其辅佐人之人或辩护人,得随时具保,声请停止羁押。"根据当时案卷的记载,对婚姻刑案当事人采用"具保"措施的比例相当高,通常的程序是当事人被捕后,警方立即责令其提供担保,有时派警察跟被告一起出去寻觅保人,保人找到后,立即对保人进行调查,符合条件的,即准以具保,予以释放。也就是对被捕的被告及时广泛地采用取保候审[6]措施。取保，指犯罪嫌疑人或刑事被告人取得他人的担保而被释放，亦称“交保”。候审，即等待审判。

（一）具保的原因

具保即现在的取保候审，是强制措施的一种，具有保证犯罪嫌疑人不逃避、不妨碍诉讼的功能，同时也是保证犯罪嫌疑人以非羁押的方式等候审判、享有充分的人身权利和自由权利的重要措施之一。[7]

取保候审一般是对罪行比较轻微，不够逮捕条件，或者罪该逮捕，但采用取保候审的措施足以防止其发生社会危害性的被告人采用的。取保候审主要是让被告人找出保人，以保证其能随传随到，不逃避侦查和审判。对被告人采取取保候审的强制措施，应经主管部门批准，并制作取保候审决定书。执行人员应将决定书的内容向被告人宣读，并由被告人签名或者盖章。对于被告人找定的保人，应认真审查其是否符合担保条件。保证人必须有固定的职业和住所，愿意承担保证人的法律责任，并对被告人具有约束作用。保证人必须出具保证书，保证被告人在取保候审期间随传随到，候审不误。如发现被告人确有逃避审查、继续犯罪等行为，应立即报告；对于逃匿的被告人，有责任找回；如果是有意串通其逃跑，应视情况作出处理，直至追究刑事责任。对已经采取取保候审的，如条件发生变化需要撤销或变更时，应经主管领导人批准，发出撤销取保候审通知书，通知保证人、被告人等；需要逮捕的，应及时办理逮捕手续，予以逮捕。[8]

抗日战争刚刚结束的上海，百废待兴，社会秩序混乱，刑案发生后，犯罪嫌疑人逃匿的情况比较常见。而在当时的社会条件下，捉拿归案的可能性很小。在这种混乱的形势下，对犯罪嫌疑人采取具保措施不失为一种行之有效的方法。

（二）担保人的条件

为了保证犯罪嫌疑人能够遵照法律的规定，按时接受侦查和审讯，不致逃亡或隐匿，在允许其具保的同时，规定了保人必须具备的条件。

1. 必须具备一定的经济实力

民国刑事诉讼法第111条第2款规定："保证书以该管区域内殷实之人或商铺所具者为限，并应记载保证金额及依法缴纳之事由。"

由此可见，要担任保人是必须具备一定条件的，通常是要有一定的经济能力，即必须是"该管区域内殷实之人或商铺"，谭×贵妨害婚姻（家庭）案（案例9）中的一份司法警察所呈的"报告书"印证了这一问题：

报告书

呈为报告事窃奉

谕跟保被告孙×顺、王×修被诉妨害家庭一案，带同被告王×修等前往东长治路中虹桥××号义和煤栈，老板刘×玉愿保被告王×修等随传随到责任。该栈货物生财资本约值五六拾万元之谱。调查是实，理合报告。

谨呈

杨检察官鉴核

中华民国三十五年四月十七日

司法警察杨立山呈

下面有另一不同笔记的毛笔字"准保四、十七、"。

报告书中提到的保人是"煤栈老板"，而且这个老板的"货物生财资本约值五六拾万元之谱"。20世纪中期上海的司法警察所呈的

"报告书"几乎都涉及保人身份和财产数额的内容。由此可见，对保人的具体财产状况的调查足以说明保人必须具备一定的经济实力。

此外，在司法实践中，具体的保人人选通常是由被保人的关系密切的亲友担任。

当事人被捕后，通常只有具有经济实力的亲戚和朋友（从实例看，多为亲戚、朋友、同事和雇主）才能为其担保。因为中国传统社会家族观念的影响，对于那些有符合保人条件的亲戚的，当事人通常是非常愿意找他们帮忙的。如状告李×惠妨害婚姻案（案例10），第二被告潘×氏的保人是她的亲戚，一位从事油行业的老板。再如陈×兆等妨害婚姻案（案例7），第一被告曹×氏（即×淑贞）的保人系其丈夫。

对于那些没有亲戚能担保的，只能找朋友了。如王×根等妨害婚姻案（案例11），第一被告王×根的保人叫钱×堂，男，39岁，无锡人，职业为店主，自开新福皮鞋商店，家住山西北路××号，与被保人关系为"友谊"。第二被告翟×宝的保人叫陈×生，男，45岁，湖南人，职业为店主，在同和酒行当老板，住上海老北门侯家路××号，与被保人关系为"友谊"。状告李×惠妨害婚姻案（案例10），身为五金店学徒的被告李×惠，被捕后被另一五金店主（系同行，也可能是未来的雇主）保出，而该店主与被保人关系也是"友谊"。这一点可从案卷中的保状原件中看出。

2. 保人的责任明确而重大

在保状中，保人的责任是明确的，也是重大的。通常的要求是"负随传随到之全责"，如做不到，则由保人承担责任。有的在案卷中就作了明确规定。如吴×秀英等妨害婚姻案（案例12），第一被告吴×秀英的保人叫夏×赓，23岁，浙江镇海人，是个店主，家住金陵中路××号，与被保人关系为"友谊"。第二被告徐×顺的保人叫周×良，31岁，宁波人，职业为工厂厂主，自开一家名为谊华的工厂，厂址在徐家汇路817弄××号，与被保人关系为"友谊"。后两人分别由各自的保人保出。案卷中的拘票上写着："如拘不到本人可拘保人到案。"

由此可见，保人的责任明确而重大，所以保人必须很负责任。状告沈×挺等妨害婚姻案（案例13）就可以说明这一点。沈×挺与汤×生同业，汤×氏系汤×生之妻，汤×氏与沈×挺因经常接触遂致有染，1945年11月4日下午7时许，两人在海宁路世界大旅社开6号房间（用两人的市民证[9]号码登记）幽会一次。汤×生探悉后提起刑事附带民事诉讼，后由上海地方法院检察官侦察起诉。案发后，汤×氏在法院的调查笔录中承认两人通奸。但沈×挺矢口否认，声称因与汤×生关系不睦，被汤氏夫妇设计骗往旅社对他加以陷害。法院经调查认为沈×挺所述与该旅社茶房所称的"凡是客人来开房间的，方始要开市民证"等供语不符，"果如沈×挺所述被汤×氏骗往旅社，则当时汤×生既不在场，便应立时退出，纵令茶房要求开给市民证，亦当述明来意，拒其要求，不致与汤×氏共将市民证拿出给其抄写"。

法院判决书的理由是：

> 本件被告沈×挺虽据不认有相奸情事，然据供承（称）曾至世界大旅社六号房间不讳，其为故意避就显而易见，被告汤×氏供认与沈×挺通奸属实，是共同被告不利于己之供述自可采，为沈×挺论罪之根据，况沈×挺与汤×氏确于十一月四日下午七时同至世界大旅社开辟六号房间，据该旅社茶房陆×孚到案结证属实，并经本院审核该旅社循环簿上记载无异，且被告等之市民证复与该旅社抄录本院审核□无异，致是罪证明确可谓丝毫无疑，自应依妨害家庭罪论科。

据此法院判决，汤×氏有配偶与人通奸，沈×挺明知汤×氏有配偶而与之相奸各处有期徒刑4个月。附带民事诉讼原告（本书所引案例中，诉讼双方有告诉人与被告、原告与被告等不同称谓，在叙述特定案例时，不作改动。）之诉驳回。

该案中，汤×氏的保人是与其丈夫同业的业主（新泰肉店主）王×根，本案于1946年3月7日送执行后，却找不到被告汤×氏，保人王×根于1946年4月13日向上海地方法院提交“刑事声请”，内容是：

> 为被告汤×氏潜匿乡间、抗不到案，请求行文就地法院协提归案以便执行而清保责。事窃声请人担保被告汤×氏被地检处诉妨害家庭罪一案，业奉判决主文汤×氏……有配偶而与人通奸处徒刑四月等，因由声请人担保随传随到在案，惟被告汤×氏迄未到案，经声请人一再催其到庭，但被告狡猾异常，现仍避匿苏州昌门渡僧桥小猪弄××号，为特具状移文就地法院嘱记拘提归案，以清保责，不胜德便。谨状。

上海地方法院检察处于1946年5月7日向吴县地检处发出公函，函请协拘汤×氏。5月18日，江苏吴县地方法院检察官公函记载：案准。但是，吴县地检处派警会同该保甲长查拘未获，据汤×氏女儿说其母已返沪。于是，致函上海地方法院检察处，上海地方法院检察处于5月10日对汤×氏发出拘票，拘票上写着“如被拘人不能到案，即将保人王×根带案”。5月20日由一名黄姓检察官书写、两名司法警察签名的报告书上记载：

> 奉谕饬拘妨害家庭案被告汤×氏乙名，遂即按照票开地址

前往至山海关路北××号新泰号保人王×根处着其领拘，当即将被告拘提到处，理合具报，鉴核谨呈。

由此可见保人的责任和作用了。

因为保人的责任明确而重大，所以一般人如果不是很有把握，通常不愿为别人担保，就出现有的被告或犯罪嫌疑人找不到保人的情况。有的是开始时找不到保人，如沈×生等妨害婚姻案（案例14）；有的始终找不到保人，如郭×氏妨害婚姻案（案例15），因为第一被告郭×氏属屡犯（以前曾因通奸被处过刑罚），所以她无法找到保人，第二被告叶×根亦因有盗窃前科而未找到保人，本案的结局是两被告被执行徒刑。再如傅×泉等妨害婚姻案（案例16），第二被告吴×氏35岁，高邮人，没有工作，在家带小孩，被捕后觅保无着，法院责令其夫领回。

而在当时绝大部分婚姻刑案被告被捕后都能很快地找到保人，可见，当时的社会舆论以及一般人的心理对这类案件的女性犯罪嫌疑人或被告人是有不良看法的，所以没有人愿意为他们担保。

为了避免自己亲自承担法律后果，保人必须很负责任。对于有逃跑嫌疑的被告，保人通常将其直接扭送到法院等司法机构，而且有的保人从此不愿再为之担保，所以出现保人退保的情况，状告顾×氏妨害家庭婚姻案（案例5）是个典型的例子。

被告顾×氏被捕后由保人将其保出，可是很快便逃匿。对逃匿者，民国刑事诉讼法第118条规定："具保停止羁押之被告逃匿者，应命缴纳指定之保证金额，并没入之，不缴纳者，强制执行，保证金已缴纳者，没入其保证金。"顾×氏逃匿经通缉后，保人（孙×籥，男，28岁，盐城人，职业为店主，自开五福烟纸杂货号。系15区第三保第一甲甲长。家住北苏州路476弄××号，与被保人关系为"友谊"）将该被告扭送来院。在案卷第45页的点名单中记载:“顾×氏拘到,交铺保[10]并保证金拾万元整。”点名单下面的落款是:1946年3月15日值日法警。同日的报告书中记载,顾×氏觅保成功(保人孙×籲)并得准保。法律依据是民国刑事诉讼法第113条的规定:“许可停止羁押之声请者,应于接受保证书或保证金后停止羁押,将被告释放。”

1946年8月13日上海地方法院因顾×氏抗传发出拘票,依据民国刑事诉讼法第117条的规定:“停止羁押后有左列情形之一者,得命再执行羁押。

一、经合法传唤无正当之理由不到场者。

二、受住居之限制而违背者。

三、新发生第七十六条所定之情形者。”

1946年8月25日拘票的报告书记载:据保人孙×籲报告,“顾×氏已回乡一月有余,即日差人返乡须一星期,可来申后即行送案”。1946年9月2日,法院“前往拘逮未获,现据保人孙×籲带回被告顾×氏来院声称:不愿担保该被告负随传随到之责”,保人退保。退保的法律依据是民国刑事诉讼法第119条第2款规定:“具保证书或缴纳保证金之第三人将被告预备逃匿情形,于得以防止之际报告法院、检察官或司法警察官而声请退保者,得准其退保。”第3款规定:“免除具保之责任或经退保者,应将保证书注销或未没入之保证金发还。”

1946年9月10日,法院责令被告顾×氏追加10万元保证金。同时觅保人孙×明(男,59岁,盐城人,职业为店主,自开五福烟纸杂货号。家住北苏州路476弄五福公内××号,与被保人关系为“友谊”)将顾×氏保出。值得注意的是,顾×氏的前一任保人是孙×籲,后一名保人叫孙×明,两名保人的烟纸杂货店的店号都是“五福”,住处相邻,都姓孙,一个28岁,一个59岁,从上述信息分析,应该是父子关系，虽然儿子是15区第三保第一甲甲长，然而毕竟年轻，还没有足够高的威望能让顾×氏自觉履行具保约定的承诺，顾×氏照样逃匿。为了保证能让顾×氏自觉履行具保约定，也为了免除自己的责任，儿子不愿意再担保了，可是顾×氏又寻觅他家店铺请求为她担保，这时就由年长而德高望重的父亲出面担保了。

也许是法院预料到顾×氏的信用可能会有问题，所以她的担保比一般人要复杂，即除了要求有保人外，还另外增加了10万元保证金，也就是人保和财产保同时使用，因为被告顾×氏最终遵守了相关的法律规定，所以顾×氏后来所追缴的保证金被退还。而依据民国刑事诉讼法第118条的规定："具保停止羁押之被告逃匿者，应命缴纳指定之保证金额，并没入之，不缴纳者，强制执行，保证金已缴纳者，没入其保证金。"因为缴纳10万元保证金后，顾×氏没有逃避侦查和法院审判，所以，她的保证金依法退还了。

由此可见，当时的担保制度还是颇有成效的。

（三）具保的形式多样

在20世纪中期上海妨害婚姻家庭刑案中，几乎所有的被告被捕后都会"觅保"，根据被告的具体情况，凡是有经济实力的被告，除了责令其寻觅保人外，有的还责令他们提供保证书、交纳一定的保证金。也就是人保、书保和财产保同时使用。其法律依据是民国刑事诉讼法第111条第1款的规定："许可停止羁押之声请者，应命提出保证书，并指定相当之保证金额。"第2款规定："保证书以该管区域内殷实之人或商铺所具者为限，并应记载保证金额及依法缴纳之事由。"第3款规定："指定之保证金额如声请人愿缴纳或许由第三人缴纳者，免提出保证书。"第113条规定："许可停止羁押之声请者，应于接受保证书或保证金后停止羁押，将被告释放。"

陆×年等妨害婚姻案（案例17）正是典型的案例。第一被告陆×年有两名保人。前一保人叫沈×祥，49岁，浙江余姚人，是一名商店店主，住南黄陂路××号，与被保人关系为“友谊”。后一保人是郑×龙(隆)，24岁，杭州人，也是一名店主，自开森大祥五金号，住海口路××号，与被保人关系为“友谊”。除两名保人外，陆×年还附书面保证书写明保证金法币100万元。

书面保证书上写着：

> 立书面保证书人郑×隆今愿担负妨害家庭案内被告陆×年之书面保证金法币壹百万元整，如被保人倘有抗传逃亡情事，立保证书人甘愿先赔偿保证金壹百万元，绝无异议。特立此书证明。谨呈上海地方法院检察处公鉴。

陆×年被押后其母坐立不安，在案卷中多次出现有关记载，陆母几次据状要求释放其子。陆母的这种行为并不能使其子获得自由，只有保人、保证金和保证书才是陆×年被释放的原因。

在徐×俊等妨害婚姻案(案例8)中，也有类似情况。第一被告徐×俊的保人是徐×发，男，37岁，盐城人，职业为大戏院经理，住闸北大统路21弄××号闸北大戏院，与被保人关系为“友谊”。第二被告徐×氏的前一保人叫刘×财，45岁，盐城人，是一个自开茶社的店主，住闸北蒙古路××号，与被保人关系为“友谊”。后由另一保人(洪×衡，49岁，阜宁人，是个茶园主，自营耀泉茶园。家住闸北华盛路××号，与被保人关系为“友谊”)将其保出，同时付书面保证金30万元将其保外生产。

状告李×惠妨害婚姻案(案例10)的两被告均有保人，同时出具书面保证书将自己保出。又如江×元等妨害婚姻案(案例18)，第一被告江×元被捕后交现金20万元作为保证金，然后才获得人身自由。第二被告王×金，估计是没有经济实力，则是请保人——一个店主保出的。

对于那些没有经济实力的，只有让他们寻觅保人了。如傅×泉等妨害婚姻案（案例 16）。第一被告傅×泉 40 岁，以做小工谋生。保人叫刘×祥，也是 40 岁，职业为店主，与被保人的关系为“友谊”。朱×和妨害婚姻案（案例 19），第二被告任×氏为告诉人的妻子，与第一被告朱×和通奸，其具保人是徐×忠，34 岁，上海人，职业为店主，自开了一家徐万兴百货号，与被保人任×氏的关系为“友谊”。

当然，到底是采用保证金还是保人，最后取决于检察官[11]。有的案件，检察官似乎没有考虑到被告的经济实力，对于颇具经济实力的被告仍然可以责令其提供保人，甚至收押。如倪×亚等妨害婚姻案（案例 20），案卷中记载第一被告倪×亚自述自己的旧铁店月收入 40 000 元。倪×亚的保人叫蒋×金，50 岁，常州人，职业为店主，自开蒋德兴板箱店。住厦门路西贵州路口荣寿里××号，与被保人关系为“友谊”。第二被告陆×英的保人叫蒋×鑫，21 岁，常州人，职业为店主，自开蒋德兴板箱店。住厦门路西贵州路口荣寿里××号，与被保人关系为“友谊”。两个保人姓氏相同，住址相同，同为蒋德兴板箱店店主，应该是一家人，从年龄看，应该是父子关系，共同为两被告担保。被捕后经询问，警方将男的收押，女的交保。状告顾×宾妨害婚姻案（案例 21），两被告共同保人是施×屏，男，58 岁，江苏崇明人，职业为店主，自开施鸿记木器号。住上海东台路××号，与被保人关系为“友谊”。据案卷记载，顾×宾曾在上海五马路东南鸿庆酒楼结婚。结婚时有结婚证书。而且他的时年 7 岁刚到上学年龄的女儿，已经求学。由此可见，他应该属于富裕人家。

这两个案件的被告是颇具经济实力的，但当时的警官和检察官出于慎重和稳妥起见，还是责令其提供保人，甚至采用收押的方法。

三、 拘提的补充使用

拘提，相当于现在刑事诉讼法中的刑事拘传，是指在刑事诉讼中司法机关强制未被羁押的犯罪嫌疑人、被告人到指定地点接受讯问的强制方法，是所有强制措施中最轻微的一种。它只是在拘传途中和讯问的时候，才对未被羁押的犯罪嫌疑人、被告人的人身自由有所限制，但是其限制程度也只是暂时不许未被羁押的犯罪嫌疑人、被告人逃避讯问，一俟讯问完毕，即恢复其人身自由。

民国时期，法律规定对未被羁押的犯罪嫌疑人、刑事被告人，经过合法传唤，无正当理由拒不到案的，可以拘提。在一般的情况下，往往采用传唤犯罪嫌疑人、被告人接受讯问，对那些经传唤而无正当理由拒不到案的犯罪嫌疑人、被告人，才适用拘提。在有些婚姻刑案中可以见到这种情况。

另外，还严格规定了拘提的程序：拘提被告应用拘票，由司法警察官或司法警察执行。[12]

对于那些逃亡或藏匿的被告，还有一个办法，那就是通缉，再次被捕后就予以收押了。如周×刚妨害婚姻案(案例 22)，被告周×刚 32 岁，上海人，职业为书记。1946 年 5 月 1 日周×刚因抗传拒不到庭，法院对其发出拘票。同日，执行警员在拘票报告书记载：据周×刚之母面称“周×刚此人上月二十一日有要事至南京迄今未回，故未拘到”。上海地方法院点名单裁判“候通缉”。后警方发出通缉令。1947 年 3 月 19 日周×刚被收押。周×刚的前一保人是万春酱园店主，一名 50 岁的上海女性。后一保人叫陈×涛，男，56 岁，崇明人，职业为店主，住吕班路顾家弄××号，与被保人关系为“友谊”。两名保人都无法有效地为被告周×刚提供保证，最后警方只能通缉，捕获后将其收押。

通过研究民国警官对婚姻刑案案发后的处理，可以发现一个有趣的现象,那就是"具保"的及时使用。

"具保"相当于现在的取保候审,作为一种强制措施,在国外被认为诞生于公元前5世纪中叶,古罗马成文法典《十二表法》第一表《传唤》第9条规定:"保证人应当担保诉讼当事人于受审时按时出庭。"而1679年英国的《人身保护法》规定,请求准予保释是被羁押人的一种权利[13]。目前,英国保释制度被公认为在世界范围内是最成熟、最典型、影响最大、适用范围最广的一种制度,其价值取向也已经被国际人权公约所吸收和采纳。[14]

取保候审在我国也有悠久的历史,它至少可以追溯到西周。如《周礼·秋官·大司寇》记载:"使州里任(任,即'保任,担保')之,则宥(音同"又",意为宽恕,原谅)而舍之。"《疏》中记载:"仍恐司前,为非而不改,故使州长里军保任乃舍之。"

在20世纪中期的婚姻刑案中,一经当事人报案,司法机关就立即采取逮捕等强制措施,而一旦司法机关采取这些限制人身自由的强制措施后,又立即责令当事人自己设法提供保证金或者寻觅符合法定条件的保人将自己保出,这就是当时所称的"具保"[15]。逮捕与"具保"这些强制措施的及时采用与协调,反映了司法机关较高的工作效率,同时也表明了对当事人合法权益的重视和保护,既可避免犯罪嫌疑人逃匿,又可避免损害人权、出现羁押期与刑期倒挂的现象。

第二节　法院对婚姻刑案的审判

民国法律对于婚姻家庭刑案的审判有明确的规定。根据上海市档案馆馆藏档案资料,20世纪中期的上海法院适应了现代刑罚的轻缓化趋势,在各种具体的审判中,充分地体现了法官的自由裁量权。本节将探讨当时法院作出的各种判决、分析各种判决的具体依据,最后概括出法院审判此类案件的特点。

一、 法院的判决及依据

法院关于婚姻家庭刑案的判决主要有有罪判决、无罪判决、免诉判决和不受理判决四种。在这四种判决方式中，还可以作进一步的细分。下文将结合具体案例对每一种判决方式及其判决依据进行具体分析。

（一）无罪判决及判决依据

20世纪中期的上海法院，对于妨害婚姻家庭的犯罪，根据查明的案件事实、证据和法律规定，有的是直接作出确认被告人无罪的判决，有的案件经过审理，如果认为证据不足，指控的犯罪不能成立，也会作出宣告被告无罪的判决。

可见，民国时期的无罪判决分为两种不同情况：一是明确的无罪判决；二是证据不足，指控罪名不能成立的无罪判决。这两种判决虽然都是对被告人宣告无罪，但其含义并不相同。前一种判决是根据现有的证据足以证明被告人确实无罪；后一种判决则是根据“疑罪从无”的原则，在指控犯罪的证据并不充分的情况下，宣告被告人无罪。

虽然理论上把无罪判决分为两种情况，但是，从民国时期上海法院的实际审判来看，基本上还是以明确的无罪判决为主的。这可以卢小×子妨害婚姻案（案例23）来说明。

本案告诉人蔡×顺35岁，盐城人，是个小商人。第一被告卢小×子（即卢×奎）25岁，盐城人，住西康路，是拉车的车夫。第二被告蔡×氏（即×招弟）37岁，盐城人，住大自鸣钟。[16]

案情如下：蔡×顺于1939年3月26日，以公开仪式娶被告蔡×氏为妻，婚后关系还算和睦，育有一个男孩，已经四岁。因为家中住房紧张，蔡×顺与妻子分开居住，倒也相安无事。蔡×顺于旧历10

月13日外出经商，卢小×子与蔡×氏乘机通奸。蔡×氏将蔡×顺室内所有细软席卷潜逃，后被蔡×顺发现并报警。

该案法院最后的判决是："卢小×子与蔡×氏无罪。"从案件的具体情况看，这是明确的无罪判决。

对于某些妨害婚姻家庭刑案，法院进行审理后，作出了无罪判决，其判决依据不同案件不尽相同，下面对此具体分析：如卢小×子妨害婚姻案（案例23），法院最后作出无罪判决的依据是什么？

告诉人蔡×顺在诉状中说：

> 告诉人蔡×顺于民国二十八年三月二十六日以公开仪式婚娶被告蔡×氏为妻……告诉人于旧历十月十三日离家营业，乃被告卢小×子与×氏乘机通奸。忽将告诉人室内所有细软席卷潜逃……

在上海地方法院检察处1946年4月15日的讯问笔录中，检察官问蔡×氏："你与蔡×顺是结婚的吗？"蔡×氏答："在（民国）二十八年结婚的，但他一年多不养我，连消息都没有。"问卢小×子："你知道蔡×氏有丈夫吗？"答："我不知道。"在上海地方法院检察官起诉书中记载："蔡×顺与×氏结婚有年，育一子现已四岁，讵蔡×氏因生活艰苦，乘其夫离沪期间，于去冬旧历十一月初六日复与卢小×子成婚，嗣经蔡×顺具状来案。"

在法院的审判笔录中，卢小×子答辩称：他没有和蔡×氏结婚，"是蔡×氏父亲和丈夫蔡×顺，因他们没有吃（的），（把蔡×氏）送给我了，（我）就养他们"。而且"没有（拜堂），是蔡×顺送来的"。后来，在法院询问笔录中，法官问："蔡×氏今日为什么不到？"卢小×子答："检察官问过后，我把他（蔡×氏）送回去了。"

本案中卢小×子的辩解有二，一是没有（拜堂），二是对方送来。其中第二条是对自己作了无罪辩护。根据民国刑法："第二百三十九条（（通奸罪）【告诉乃论】）之罪配偶纵容或宥恕者，不得告诉。"另据司法解释："纵容配偶与人通奸，告诉权即已丧失，不能因嗣后翻悔而回复。又所谓纵容，但有容许其配偶与人通奸之行为即足。至相奸之人，原不必经其容许，故原举两问，均不得再行告诉。"（院字第1605号解释）

如果卢小×子的辩解被法院采信的话，法院应当判决他无罪。然而从本案判决书记载的判决结果及判决的理由看，显然，卢小×子的辩称没有被法院采信。

从本案案情看，至少卢小×子的第一条辩解是应该采信的，而没有拜堂只能证明没有构成重婚罪，构成通奸罪应该毫无疑义。然而法院最后的判决是："卢小×子与蔡×氏无罪。"而判决的理由则是："查刑法第二百三十七条重婚罪之成立以有配偶而重为婚姻为构成要件。所谓婚姻须有公开之仪式及二人以上为证人方为合法。本件被告蔡×氏系蔡×顺之妻（因为他们的婚姻符合当时的法律规定，系合法婚姻），因生活窘迫复与卢小×子结婚为被告卢小×子承认"，但未举行仪式（没有拜堂，也没有宴客），故法律上不认可其为婚姻。而告诉人蔡×顺又具状撤回告诉，不愿追究。故作出上述判决。

可见，此案最后作出判决无罪是与告诉人蔡×顺复具状撤回告诉有关（因为此罪属不告不理的范畴），否则也可构成通奸罪。

再如陈×方妨害婚姻案（案例24）。

告诉人陈×氏，又名×小三子，现年26岁，盐城人，住康定路。第一被告陈×方25岁，盐城人，住其美路*蒋家桥。第二被告王×

---

* 1950年其美路改名四平路。

25 岁,盐城人,住址同第一被告。陈×氏幼年丧父,依母生活。13 岁经母舅为媒到陈×方家做童养媳,19 岁时与陈×方正式结婚。婚后育有一子,年已 4 岁。近年因夫妻关系恶化,陈×方又与王×在本市蒋家桥的居所结婚,于是陈×氏以妨害婚姻为由将两被告向法院提起告诉。

上海地方法院经审理后判决:陈×方有配偶而重为婚姻,王×与有配偶之人相婚,各处有期徒刑 5 个月。后两被告选任律师张劼为辩护人,向上海高等法院提起上诉,上海高等法院以其未举行公开仪式(即未拜天地)为由撤销原判,改判两被告无罪。

上海高等法院的判决理由是:结婚应有公开之仪式,本案没有证据证明其举行过公开仪式,也无其他证据参证。最后撤销原判,改判两被告无罪。这也是明确的无罪判决。

上海高等法院撤销原判,改判两被告无罪的依据是什么,下面对此具体分析:

首先,看陈×氏在诉状(请撰状律师书写的)中的诉讼理由:

> 原告陈×氏幼年失父依母生活,年十三经母舅为媒,许字陈×方为妻,比即过门为童养媳,十九岁时由翁陈×爱主持正式结婚。夫妻感情尚称和睦,育有一子年已四岁。但陈×方近年常在外寻花问柳,并对陈×氏渐生厌恶,陈×氏隐忍未较,陈×方得寸进尺,竟与王×在本市蒋家桥其居所举行结婚,之后王×经常动手殴辱陈×氏致其遍体伤痕,众目共见。陈×氏遭此凶残势难安身,不得已暂避兄家。[17]

在上海地方法院检察处 1946 年 4 月 30 日的第一份讯问笔录中,陈×方承认自己和王×结婚,并请客,并说陈×氏也知道,但说没有拜堂。

于是，上海地方法院检察官起诉书确认：陈×方先与陈×氏结婚，已生一子，年已4岁，至1946年1月13日又与王×在本市蒋家桥其居所举行结婚，王×明知其有妻室复与结婚，经陈×氏告诉到院[18]。证据：被告承认，另有结婚请帖。

从上海地方法院刑事判决书看，法官采信了上海地方法院检察官起诉书提供的证据：

> 陈×方先与陈×氏结婚业已多年，至本年一月十三日复与王×结婚，王×知陈×方已有配偶仍与相婚，经陈×氏告由本院检察官侦查起诉。

而法院在判决书中认定的事实为：陈×方对曾与陈×氏结婚多年、后于1946年1月13日与王×结婚时曾请客百余人并发有结婚请帖等情供认不讳，并有结婚时之请帖在卷可查。王×经传不到，核以其结婚在陈×方之家中一节显系其明知他人已有配偶，故上海地方法院判决：陈×方有配偶而重为婚姻、王×与有配偶之人相婚，各处有期徒刑5个月。

陈×方和王×不服一审判决，在法定期限内选任律师张劼为辩护人向上海高等法院提起上诉，上诉的理由有二：一是陈×方和王×同居“已非一年”，且为陈×氏所素知；二是没有公开举行结婚仪式。辩称自己不识字，不知请帖是如何书写的，在上海高等法院的审判笔录中，两被告都说没有拜过天地。

两被告的第一条上诉理由实际上是为自己作了无罪辩护。因为根据民国刑法“第二百三十九条((通奸罪)【告诉乃论】)之罪配偶纵容或宥恕者，不得告诉。”另据司法解释：“纵容配偶与人通奸，告诉权即已丧失，不能因嗣后翻悔而回复。又所谓纵容，但有容许其配偶与人通奸之行为即足。”（1936年12月25日，院字第1605号）从本案案情看，正好符合这个理由。

上海高等法院以其“未举行公开仪式（即未拜天地）”为由撤销原判，改判两被告无罪。理由是：“结婚应有公开之仪式，本案没有证据证明其举行过公开仪式，也无其他证据参证。”可见，被告的第二条上诉理由被二审法院采信了。

根据当时的法律，结婚的条件之一是必须具有公开仪式，拜天地是中国传统婚礼仪式的重要要件，如果仅仅请客而未拜天地就不能认为是公开举行结婚仪式的。如果仅仅因为“结婚应有公开之仪式，本案没有证据证明其举行过公开仪式，也无其他证据参证”，这个理由只能证明被告没有构成重婚罪，为什么法院没有判决被告构成通奸罪呢？这里显然是法院采信了被告陈×方和王×的第一条上诉理由即“陈×方和王×同居‘已非一年’，且为告诉人陈×氏所素知”。本来告诉人陈×氏与王×是和平共处的，只是因为后来关系恶化，陈×氏才向法院提起告诉的。而根据民国刑法：“第二百三十九条（〔通奸罪〕【告诉乃论】）之罪配偶纵容或宥恕者，不得告诉。”以及院字第1605号司法解释，所以，上海高等法院最后据此撤销原判，改判两被告无罪。可是，判决书却没有写明这个理由。使人感觉法院判决是有问题的。

（二）有罪判决及判决依据

有罪判决的情况则更为常见，如果被告确系有罪，法院根据查明的案件事实、证据以及法律规定，依法作出追究其刑事责任的判决。被告人被判决有罪后，具体的执行方式有有期徒刑、易处罚金和缓刑。

1. 有期徒刑

在上海市档案馆馆藏的这一时期的婚姻家庭刑案中，总的来说，执行徒刑的并不多。这说明当时的法院是非常务实的。有期徒刑用得少,是很好理解的,男的关起来了,家人的生活费怎么办?政府给救济吗?女的关起来,孩子、家务谁管?在这种情况下,不执行徒刑、"恢复原状"当然就是最好的结果了。

在查阅的11件重婚案卷的执行案卷中,执行徒刑的只有2件;在32件通奸案中,执行徒刑的只有8件;在3件妨害婚姻家庭案中,执行徒刑的只有1件。[19]而且婚姻刑案实际判决的有期徒刑,不管是重婚(当时法定刑是5年以下)还是通奸(当时法定刑是1年以下)案件,一般来说,实际判决的刑期都比较短(均为6个月以下)。

下面以徐×俊等妨害婚姻案(案例8)为例具体分析。

本案第一被告徐×俊29岁,盐城人,是汽车司机,住槟榔路* 锦绣里。第二被告徐×氏,又名×根弟,22岁,扬州人,女工,住海昌路。

徐×氏的丈夫徐×云先来上海谋生,然后音信全无,徐×氏在家乡听人传说丈夫在沪另觅新欢,又听人传说丈夫在沪另娶妻室,于是来沪寻夫。然而到沪后却找不到丈夫,恰好有同乡人介绍徐×氏到纱厂做工。在沪的无聊日子里,徐×氏住在娘家[20],与同住锦绣里的徐×俊经常见面,两人认识后,一起去看过几次戏。闲谈中,徐×氏说自己并无丈夫,目前单身来沪,贫病交加,要求徐×俊接济自己。徐×俊同意后,徐×氏"乃与之苟合"。1946年6月15日,徐×俊与徐×氏两人同行,恰巧被徐×氏的丈夫徐×云撞见,徐×氏的丈夫上前质问并对徐×氏进行斥责,徐×氏不听,反与丈夫争吵、继则扭殴。徐×俊即帮助徐×氏殴打徐×云,当时正好有警察到来将他们带至警局,于是案发。

---

* 槟榔路西段即今安远路。

一审法院判决：徐×氏有配偶而与人连续通奸，徐×俊连续与有配偶人相奸，各处有期徒刑3个月。上诉后，二审法院当庭驳回了上诉。

纵观本案事实，法院是根据以下事实作出判决的：

首先看1946年6月15日的告诉人讯问笔录，告诉人徐×云说"我今天下午四时许在广肇路苏州河边遇见我妻徐×根弟与一不识男子同行，我即上前质问我妻并斥责他，他不听，反与我争吵、继则扭殴，斯时该不识男子即帮助我妻殴打我，嗣有警察到来将我等带至警局。"并说："我娶他四年有余，他常常借故外出、行为不好。"

其次分析1946年6月15日的嫌疑人讯问笔录。

徐×氏述说："民国三十一年冬月十九日在槟榔路锦绣里二弄××号我母亲家里与徐×云正式结婚的，今年古历正月同弄徐×俊因常常见面，大家认识以后去看过数次戏，本年一月十二日，我与徐×俊在麦根路*麦根旅馆初次发生关系，以后时常至该旅馆幽会，四月十二日连续开了两个多月的房间，今天下午四时许，我与徐×俊一同在广肇路经过被我丈夫看见，向吾质问，当时我无言答对，被丈夫打了一个耳光，报告警士，将我与徐×俊拖至警局来的。"

徐×俊答："我住锦绣里七弄，徐×氏住锦绣里二弄，今年一月（日子记不清楚）早晚时常见面，所以认识，我与她常至沪西高升戏院看过几次戏后，就发生肉体关系的，今天下午我与徐×氏在闸北广肇路遇见她的丈夫（指徐×云），将我扭获，由警士带局的。"

两名嫌疑人述说的基本事实及通奸的地点大致相同。

在1946年6月16日侦查案卷的调查报告书中，警察出具的书面证据是："顷巡逻行广肇路苏州河边瞥见彼等互相殴打诘悉有妨害

---

* 麦根路，今石门二路底，淮安路、康定东路、西苏州路之间。

家庭罪嫌，将其一并带局，请查讯等情。”据告诉人徐×云述称：“与徐×氏结婚已四年余，(徐×氏)常外出不归，今日在途遇见与一不识男子偕行，乃上前质问，讵知吾妻(徐×氏)反与吾争吵继即扭打，另一不识男子帮同凶殴，嗣有警察到来，将我等带局……(后有四个便衣警士的签名，下有其私章印。)”

在 1946 年 6 月 17 日上海地方法院检察处的讯问笔录中，当事人所述基本同前述，这些与侦查案卷的调查报告书中认定的事实以及起诉书认定的关于被告通奸的事实相互印证。

据此，上海地方法院检察官于 1946 年 6 月 26 日在起诉书中认定：“徐×氏与本夫徐×云结婚已四载余，徐×云常外出不归，在本年正月间徐×氏即与徐×俊通奸并在麦根旅馆辟室屡屡作幽会之所，本年六月十五日下午被徐×云在途间撞获，被告等皆(偕)行，状甚狎昵，遂上前双双抓获报警投闸北分局告诉移解来案。”

在上海地方法院的审判笔录中，徐×氏答通奸的理由：“因丈夫不顾我生活，我回娘家，进厂做工。认识徐×俊遂发生关系。”并说：“他若顾我生活，我愿意跟他回去。”

关于认识的过程，徐×俊说：看戏认识，后来她说并无丈夫，向我借钱。

法官问徐×云：“你妻愿意跟你回家，你还要求办他们么?”答：“他们通奸与我面子有关，请依法办他。”

徐×氏在随后的刑事答辩状中，自诉：丈夫先来上海，然后音信全无，听说丈夫在沪另觅新欢，后又听说其丈夫已另娶妻室。其来沪寻夫不着，同乡人介绍到纱厂做工。不见丈夫，又逢生病，生活无着。为解决生活困难，所以与徐×俊苟合。

徐×俊在刑事答辩状中答辩说：“与徐×氏素昧平生，居住亦属甚远。”缘看戏认识，徐×氏说自己并无丈夫，目前单身来沪，贫病交加。要求自己接济，后“乃与之苟合”，后闻之有丈夫，则不与其见面，然徐×氏“依依不舍，四出寻访”，辩诉人于 1946 年 6 月 15 日与徐×氏途中相遇，结果被其丈夫撞见。

本案的证人是周×章，37 岁，苏州人，住淮安路××号，系麦根路麦根旅馆老板。证明旅客徐×俊及徐×氏到其旅馆多次开过房间。有具体的时间及房间号码。

根据以上事实，上海地方法院于 1946 年 8 月 16 日在刑事判决书中认定：

> “徐×氏系徐×云之妻，于本年正月间徐×氏与徐×俊通奸，并屡在本市麦根路旅馆幽会，经徐×云告由上海市警察局闸北分局转送本院检察官侦查起诉。”
>
> “查被告徐×氏徐×俊对于上开事实业经分别自认不讳，被告徐×氏曾告知被告徐×俊已与徐×云结婚之事实，既经徐×氏供明是被告徐×俊明知徐×氏为有配偶之人而仍与之相奸……”

上海地方法院据此作出一审判决：徐×氏有配偶而与人连续通奸，徐×俊连续与有配偶人相奸，各处有期徒刑 3 个月。

徐×俊不服一审判决，提起上诉为自己作了无罪辩护，称自己不知徐×氏为有夫之妇，先是经济上接济她，后与之通奸，当知道她为有夫之妇后，即与之断绝关系。强调自己不知情，所以不应被判罪。

徐×氏提起上诉，称自己不知法，且为生计所迫，是丈夫不尽夫道于先，自己不守妇道在后，请求撤销原判，宣告缓刑。

上诉法院审判笔录：徐×俊所述与上诉状相同。

上诉法院审判笔录：徐×氏说丈夫是大菜师傅。一周回来一次。

丈夫不找她了，请求宽恕。

检察官称：原判并无不当，请求驳回上诉。

第一被告徐×俊提起上诉后，选任辩护人金植之律师。辩护人金植之律师辩称：被告徐×俊不知徐×氏为有夫之妇，所以被告无犯罪意思，再者被告之老母妻儿均依靠被告生活，请求从轻发落。

被告的上诉请求没有被法院采纳，二审法院当庭宣判：上诉驳回。

以下是 1946 年 10 月 19 日的上海高等法院刑事判决：

> 本件上诉人徐×俊自本年度古历正月起即与徐×云之妻即上诉人徐×氏姘识，常在麦根路旅馆幽会，业据自白不讳，并经本市警察局闸北分局派警赴麦根旅馆调查属实。虽据徐×俊辩称“至二月下旬始知徐×氏系有夫之妇已与脱离关系”，徐×氏所供亦同，然查本年六月间徐×氏仍外出不归，且与徐×俊皆行时被徐×云撞获，口角之余共同于徐×云互相扭打，经警当场拘获，有该分局调查报告书可稽，足见其通奸仍在连续中，原审依刑法第二百三十九条、第五十六条各处有期徒刑三月询属允当，上诉无理由。

从二审判决的理由可知，法官判决的依据是根据事实和法律，运用自由心证原则的结果，对当事人的口供没有采信。

值得一提的是，虽然法院对两被告的判决相同，然而执行方式则不同，在执行案卷中可见，徐×俊妨害家庭被执行徒刑，期满开释；徐×氏被赦免。这里显然是考虑到徐×氏即将临产而作出的较为灵活的处理。

又如状告沈×挺等妨害婚姻案(案例 13)。

原告汤×生 37 岁，常州人，住山海关路。第一被告沈×挺 27 岁，宁波人，住大同路。第二被告汤×氏 36 岁，常州人，住山海关路。以上当事人均无前科。汤×氏系汤×生之妻，沈×挺与汤×生同业，汤×氏与沈×挺易于接触遂致有染。1945 年 11 月 4 日下午 7 时许，两人在海宁路世界大旅社开房奸宿，经汤×生告诉并附带民事诉讼，由检察官侦察起诉。

法院判决：汤×氏有配偶与人通奸，沈×挺相奸，各处有期徒刑 4 个月。附带民事诉讼原告之诉驳回。

后被告上诉，但上诉被驳回，只是允许其以钱代刑："如易科罚金，以五百元折算一日。"

下面具体分析此案的判决依据：

首先，根据 1945 年 12 月 22 日上海地方法院检察官起诉书认定的事实：

> 沈×挺与汤×生之妻汤×氏有染，曾于上月四日下午七时前往海宁路世界大旅社开辟第六号房间幽会一次，经汤×生在该旅舍之循环簿上查出两人之市民证号数，具状诉案。讯据沈×挺虽不承认有通奸事实并辩称那天是因汤×氏对吾说汤×生在旅馆开房间赌钱叫吾去白相，谁知到了那里，汤×生并不在场，茶房便叫我抄市民证号数，吾不知道即把市民证给他抄了云云。此不但核与该旅社茶房陆×孚所称："凡是客人来开房间的，方始要开市民证"等语之供语不符，果如沈×挺所述被汤×氏骗往旅社，则当时汤×生既不在场，便应立时退出，纵令茶房要求开给市民证，亦当述明来意，拒其要求，不致与汤×氏共将市民证拿出给其抄写。所辩显系狡饰，不足采纳……

其次，上海地方法院在其判决书中，根据案件事实，从而得出判决的理由是：

本件被告沈×挺虽狡不认有相奸情事，然据供承（称）曾至世界大旅社六号房间不讳，其为故意避就显而易见，被告汤×氏供认与沈×挺通奸属实，是共同被告不利于己之供述自可采为沈×挺论罪之根据，况沈×挺与汤×氏确于十一月四日下午七时同至世界大旅社开辟六号房间，据该旅社茶房陆×孚到案结证属实，并经本院审核该旅社循环簿上记载无异，且被告等之市民证复与该旅社抄录本院审核亦无异，致是罪证明确可谓丝毫无疑，自应依妨害家庭罪论科。兹际世风日下、廉耻丧尽之秋，量刑未便过轻，藉以挽救颓风。

证据：因为两人在海宁路大世界旅社开6号房间奸宿，有两人的市民证号码登记为证，所以法院判决两人构成通奸罪，对两被告判处有期徒刑。

法院判决原文："汤×氏有配偶与人通奸，沈×挺相奸，各处有期徒刑四月。附带民事诉讼原告之诉驳回。"

沈×挺不服一审法院判决提起上诉，理由是自己与汤×氏的丈夫汤×生是同事，但相互有矛盾，于是汤×生唆使其妻对他进行陷害，二审法院经过调查，没有采信沈×挺的辩解，其认定的事实和理由基本与一审法院相同，上诉被驳回，只是允许当事人"如易科罚金，以五百元折算一日"。

结果，沈×挺交了罚金易科刑罚，汤×氏在监狱服刑。本案中的汤×氏案发后即向警方承认并交待了她与沈×挺通奸的事实，而沈×挺则一开始不承认通奸，后来又辩称汤×氏与其丈夫一同陷害他。然而汤×氏良好的认罪态度并未能减轻她的刑罚。从案件的执行结果看，汤×氏显然既没有经济实力，也没有得到家人的谅解，甚至也没有得到法官的同情，最后只能在监狱中服刑。沈×挺也许是因为年轻，他的行为显然受到了同情，所以二审法院允许其易科罚金，虽说"有一家老幼八口靠其养活"[21]，因为他是有工作的，他还是有能力交纳罚金的。

再如张×氏等妨害婚姻案(案例 25)。

告诉人张×道 28 岁，浦东人，是皮鞋匠，住老西门进修路。第一被告张×氏，又名×小妹，25 岁，浦东人，住江苏路[22]。第二被告朱×荣 35 岁，南翔人，是个木匠，住忆定盘路* 赵家径。张×氏 16 岁时与张×道在原籍南汇乡间举行旧式婚礼，婚后居住乡下，曾生育子女二人，均于早日夭亡。因夫妻关系不睦，1945 年 10 月张×氏以谋生为由来上海帮人绣花，于 1946 年 2 月与朱×荣姘识，即租赁江苏路××号同居，很快就被张×道侦悉并向法院提起告诉。

上海地方法院判决：张×氏有配偶而连续与人通奸，朱×荣与有配偶人通奸，各处有期徒刑 2 个月。

法院之所以这样判决，表明民国时期对于重婚这样的婚姻刑案，虽然法律规定的处罚较重，但是在当时国人心目中(当然也包括法官)，并不是什么了不得的大事；而对于通奸这样的婚姻刑案，也已经非常宽容了，法官在具体案件的判决中，通过行使自由裁量权作出了较轻的刑罚，是合乎时宜的。

该案判决的事实和依据如下：

最初依据上海市警察局静安寺分局的犯罪事实报告书，可知本案的犯罪事实大致是："两嫌疑人于本年二月中旬某夜在林森中路**

* 忆定盘路 1943 年改名江苏路。

** 林森中路 1950 年改名淮海中路。

恩派亚大戏院附近某小旅馆通奸，继于本年五月初至六月七日之间又在江苏路曹家堰××号连续通奸。”

本案的犯罪动机及状况：“第一嫌疑人因其夫时常宿娼与舞女姘居，并受虐待，离家出外（来沪）帮佣，后因问路而与第二嫌疑人相识而成奸。”

上海市警察局静安寺分局1946年6月7日的《调查报告书第一号》：

> 缘本件告诉人张×道来局报称于民国二十七年农历十一月二十一日在原籍南汇乡间与嫌疑人张×氏举行旧式婚礼，同居乡间向安无事，情感尚佳，且生子女二名，均于早日夭亡，直至去年（三十四年）十一月间诿称至上海帮人绣花以维生计，从此出走后即未返家。

以下是1946年6月7日上海市警察局静安寺分局的嫌疑人讯问笔（录）的具体讯问内容：

> 问（张×氏）：“你为何事在何时何处被何人逮捕来局？”
>
> 答：“在本日上午六时许，因为我与朱×荣合（和）奸，被结婚夫名张×道发觉，是在江苏路曹家堰××号将我两一齐带局。”
>
> 问：“何时与张×道结婚在何处举行婚礼？”
>
> 答：“是在民国二十七年旧历十一月二十一日于南汇潘家桥（浦东）张家宅张×道家中举行结婚。”
>
> 问：“你结婚后住何处，为何到上海、投宿何处、在什么时候？”
>
> 答：“结婚后即住浦东张家宅，后因丈夫不养活我，故时生争

吵，至民国三十四年十月间由表姐介绍到上海斜桥虹福里学绣花与表姐住于上记处所，故即投宿该处。”

问：“你来上海时通知过张×道吗？”

答：“通知过。”

问：“你何时怎样认识朱×荣？”

答：“于本年二月初我拟至北车站行至汉口路因不知车站去路，当遇朱×荣由问去车站，二去问而相识，当时乘同一路电车，在车内朱姓称现于汉口路慈友里内做木匠，若后有时间可至处一游。后隔两日去寻而遇，当日同至恩派戏院看戏后，……当晚共发生肉体(关系)一次，次晨分别。”

问：“你与朱×荣先后共开过几次房间、如何同居？”

答：“我与朱×荣即开一次房间，后仍至汉口路寻会，称我现在江苏路××号租得房子一间，可到我处住，后经几次□其，而朱×荣约隔数日即实行同居至今。”

问：“你与朱×荣同居你夫张×道知道吗？”

答：“起初并未与张×道说过，后经我向本夫张×道声明已与他人同居二十几天，其称应将结婚手续废了，再可自由他人同住，不料至本日上午六时许将我两一并扭局。”

在以上的嫌疑人讯问笔(录)中可知张×氏无前科。江苏路××号的房子是张×氏租赁的，但同居的一切生活费用均由朱×荣承担，朱×荣初不知道张×氏为有夫之妇，得知实情后曾劝其返家，张×氏拒绝，其余事实同张×氏所述。

在上海地方法院检察处的讯问笔录中，先是讯问张×氏，后是朱×荣，回答内容一致。

问:“你为什么同朱×荣同居?”

答:“我丈夫有小老婆并常常打我,才出来的。”

问:“你丈夫如何晓得你住处?”

答:“我向他说过。”

在1946年6月12日上海地方法院检察官起诉书中记载:缘张×氏与其夫张×道不睦,张×氏于1945年10月间自南汇原籍来沪帮人绣花度活,1946年2月初与朱×荣姘识旋租赁江苏路××号同居,俨如夫妇,旋为张×道侦悉报警移送到案。

上海地方法院的审判笔录确认:当事人陈述的事实与前述基本一致。没有矛盾。

于是,上海地方法院在其1946年7月16日的刑事判决中认定:

张×氏为张×道之妻,去年十月自南汇原籍来沪,本年二月初与朱×荣结识即租赁江苏路××号同居,为时俨如夫妇,旋为张×道侦悉,诉由上海市警察局转送本院检察官侦查起诉。

据此法院作出了对两被告各处有期徒刑2个月的判决。结果:执行徒刑,刑满释放。1946年6月7日被捕,1946年8月5日释放。

再以严×鸿妨害婚姻案(案例26)为例。

告诉人严×氏25岁,阜宁人,住星加坡路新名余姚路仁和祥丝厂对过。[23]第一被告严×鸿24岁,阜宁人,住哈尔滨路瑞兴里。第二被告严×鸿的后娶妻子施×萍23岁,山东人,同严×鸿住在一起。开始时,告诉人严×氏只告诉其夫严×鸿一人,后来,告诉人又续状将严×鸿及其后娶妻子一起向法院提起告诉。严×鸿原配严×氏于19岁时由父母做主凭媒嫁与严×鸿,次年生一小孩,现已夭亡。在告诉人诉状中称初感情尚“融洽”，第一被告趁来沪打工期间又凭媒另娶施×萍为妻，当时施×萍19岁，与严×鸿结婚时施×萍并不知道严×鸿是有妇之夫，现在两人已经共同生活4年。最近，严×鸿的原配来沪，发现上述事实，将其告诉。法院判决：严×鸿有配偶而重为婚姻，处有期徒刑3个月。附带民事诉讼被驳回。严×鸿6月6日被捕，9月6日执行徒刑期满庭谕开释。

纵观本案，因通奸被起诉而以判决重婚告终。

第一被告在答辩状中声称，续娶施×萍是事先征得严×氏的同意的，而且也照顾到严×氏的生活了。他以为这样自己就不需负刑事责任了。可见，正如被告自己承认的是因“知识浅薄误解自由因而犯罪”。严还因此得到法官的同情而减轻处罚。

上海地方法院检察官起诉书认定的事实是：

> 严×鸿于民国三十一年八月起在沪与施×萍姘居迄今四载有余，育有一子，近因严×鸿之原配严×氏由阜宁乡间来沪探悉前情告诉来院。质之被告严×鸿及施×萍对于姘居之事实供认不讳，惟诱称事前得严×氏之同意，但据严×氏供称事前绝不知情云云，证之事实堪可认定，除施×屏(萍)因不知对方有配偶而与之姘居应予免议外，被告严×鸿核有刑法第五十六条第二百三十九条罪嫌，合依刑事诉讼法第二百三十□条第一项提起公诉此致本院刑事庭。

根据本案事实[24]，严×鸿的确是两次结婚，第一次与严×氏结婚，“由父母做主凭媒”，第二次与施×萍又是凭媒娶的，有两个媒人，只不过因家贫未请酒。可见严×鸿确系重婚，判决有期徒刑3个月。而施×萍因不知情，对其不起诉。在判决书中，将其列为证人地位。

法院判决的依据是当事人一致承认的事实，这样的判决并无不妥。

在本案中，还有一个特殊的情况是：起诉书为一份，法院的刑事判决书为两份。一份是由法院检察官提起公诉的，判决有期徒刑3个月。另一份是严×氏作为附带民事诉讼原告提起诉讼的，被法院驳回。这应该就是那份被驳回的后续之诉[25]。附带民事诉讼被驳回的理由是："本件原告于本案第一审辩论终结后未经提起上诉，以前提起附带民事诉讼与刑事诉讼法第四百九十二条之规定不符，诉不合法，应予驳回。"虽然告诉人的附带民事诉讼最终被驳回了，但这确是表明了告诉人是用一种比较理性的心态处理婚姻案件的。诉之法律，要求被告对其错误行为提供经济补偿，这即使在今天看来也是明智的。

1947年7月26日，严×鸿的妻子严×氏向上海地方法院请求民事调解与其夫离婚。因为双方当事人均未到，庭谕本案视为调解不成立。[26]

2. 易处罚金

刑法理论上对罚金(Geldstrafe, fine)有多种不同的解释。其一，"罚金是以剥夺一定数额的金钱为内容的财产刑"[27]。其二，"罚金乃是法院在刑事法律规定的情形下和范围内所判处的金钱处罚"[28]。其三，"罚金刑乃判令犯人缴纳一定数额金钱的刑罚"[29]。此外，还有其他的一些表述。尽管文字表述上有所不同，但对罚金所下定义是基本一致的，反映出罚金刑的性质、适用对象和基本内容。

20世纪中期，有的国家在刑法典中对罚金的定义明文加以规定。1961年《蒙古人民共和国刑法》第23条规定："罚金是法院在法律规定的情况下和在法律的范围内判处的金钱处罚。"1940年《巴西联邦共和国刑法》第35条规定："罚金，就是用惩罚性质的印花，缴纳判决书中所规定的款额。"

可见，达成共识的是：罚金是法院依法强制犯罪人向国家缴纳一定数额金钱的刑罚方法。

易科罚金制是指“法定刑本为自由刑而受短期自由刑之宣告者，因受刑人的个人因素，执行后显然对受刑人有极其不良的后果时所变更科处的罚金刑”。[30]

在20世纪中期的婚姻刑案中，易科罚金的比较多，而且罚金的数额都比当时法条规定的高，而且基本都是1935年刑法第41条规定的情形，其他情况没有发现。这是因为在当时的中国，上海是经济最发达的城市，人民生活相对富裕，所以根据上海这个城市的特点作出判决，表现了当时上海的法院法官判决是非常灵活的。

秦×林（在刑事申请中又写着“霖”）等妨害婚姻案（案例1）就是典型的例子。

告诉人周×43岁，无锡人，是个纸掮客，住慈溪路。第一被告秦×林35岁，镇江人，在钱庄工作。第二被告何×英36岁，汉口人，住池浜路。第一被告秦×林的委任人叫秦×邦，是其弟弟，26岁，镇江人，是个商人，住蓬莱路九如里。秦×邦为秦×林委任了两位律师，为其辩护。两被告的共同保人叫秦×二，42岁，镇江人，在英租界金隆街做板箱生意。两人与被保人的关系为“友谊”。以上当事人均无前科。

周×与何×英凭媒在上海结婚，婚后育有四女，现存活三个，因夫妻感情恶劣，周×已向法院提出离婚申请。周×诉称：其长期在外谋生，婚后11年某日回家时，得知其妻何×英与人通奸，而且借姊氏寓所幽会，遂报警。上海地方法院最后判决：各处有期徒刑2个月，如易科罚金，准以500元折算1日。后被执行罚金。在案卷中有上海地方法院检察处罚金执行通知书回证2份，此外还有两被告的缴纳罚金的相当于收据性质的证据（在案件1第19页，即原来的执行案卷中)。

判决理由如下:

> 本件被告等被警拘获时,同衾共枕,均衣短衫短裤,不特告诉人周×指证历历,即被告等亦均供承不讳,并有警局送案文件可稽查。被告等同枕共衾,其有通奸之行为,堪资认定,虽被告等谓当时尚有××氏同榻,并未奸淫云云,饰词狡辩,显无可采,应予依法论处。据上论结,应依刑事诉讼法第二百九十八条前段、刑法第二百三十九条、第四十八条、罚金罚锾提高标准条例第二条判决如主文。

两个来自富裕的家庭,一个还是拥有丰厚收入职业的被告,既然有钱吸食鸦片,就是有钱人,所以对他们科以罚金是非常合适的,当然要罚得多些,一则是让他们为国家做点贡献,二则才能对他们起到应有的惩罚作用。

又如朱×和妨害婚姻案(案例 19)。

告诉人任×章 33 岁,盐城人,船主。有时住船上,有时住维而蒙路寓所。第一被告朱×和 36 岁,是船夫,平时住船上,第二被告任×氏 30 岁,盐城人,船娘,住船上。以上当事人均无前科。

任×章凭媒与任×氏结婚,现已 11 年,至今未育子女。4 年前任×章雇朱×和在船上摇船[31]。因任×章经常不在船上,寂寞的妻子主动勾引伙计,两人一拍即合,连续通奸多次。任×章发觉后,因打不过伙计朱×和,所以通奸关系从未中断。1946 年 2 月 13 日两人又通奸时被任×章发觉,任×章报告水上警察,将两人捕送归案。

上海地方法院最后判决:二人通奸,各处有期徒刑 3 个月。如易科罚金，以500元折算1日。任×氏交了罚金易刑，朱×和被执行徒刑，期满后被开释。判处罚金的理由是：

> 右叙犯罪事实质之被告朱×和任×氏分别承认不讳，查任×氏为有夫之妇竟与他人奸淫，朱×和明知任×氏为有夫之妇亦公然与之相奸，自属罪无可□(赦)，应即依法论科。据上论结，应依刑事诉讼法第二百九十一条前段、刑法第二百三十九条、第四十二条第二项第四项、第五十六条前段、《战时罚金罚锾提高标准条例》第一条前段、第二条判决如主文。

在案卷中有上海地方法院检察处罚金执行通知书1份及罚金执行通知书回证3份，此外还有任×氏的缴纳罚金的相当于收据性质的证据。在执行案卷中的刑事执行笔录中，任×氏带了罚金易刑。在点名单中记载：任×氏被饬缴罚金。可见，任×氏最后缴纳了罚金易刑。

罚金的判决依据为：

根据1935年1月1日国民政府制定公布的刑法第41条："犯最重本刑为三年以下有期徒刑以下之刑之罪，而受六月以下有期徒刑或拘役之宣告，因身体、教育、职业或家庭之关系，执行显有困难者，得以一元*以上三元以下折算一日，易科罚金。"

第42条："罚金应于裁判确定后两个月内完纳。期满而不完纳者，强制执行。其无力完纳者，易服劳役。

易服劳役以一元以上三元以下，折算一日。但劳役期限不得逾六个月。

---

* 此处的元为银元，一元即为一银元。

罚金总额折算逾六个月之日数者，以罚金总额与六个月之日数比例折算。

科罚金之裁判，应依前二项之规定，载明折算一日之额数。

易服劳役不满，一日之零数，不算。

易服劳役期内纳罚金者，以所纳之数，依裁判所定之标准折算，扣除劳役之日期。”

第 43 条：“受拘役或罚金之宣告，而犯罪动机在公益或道义上显可宥恕者，得易以训诫。”

第 44 条：“易科罚金、易服劳役或易以训诫执行完毕者，其所受宣告之刑，以已执行论。”

第 58 条：“科罚金时，除依前条规定外，并应审酌犯人之资力及犯罪所得之利益。如所得之利益超过罚金最多额时，得于所得利益之范围内酌量加重。”

第 59 条：“犯罪之情状可悯恕者，得酌量减轻其刑。”

此外，民国刑法修正案第 19 条规定：“暂行新刑律关于短期自由刑易科罚金之规定为现行法所不采，因之受短期自由刑之宣告者不问有何窒碍，均须送监执行，事实上颇感不便且偶然犯罪之人因受短期监禁沾染恶习亦所难免，法界多有主张恢复此制者，故本案于严格条件之下准予易科罚金。”[32]

从 20 世纪中期上海妨害婚姻家庭刑案看，只见大量的短期刑易科罚金，未见易服劳役[33]或易以训诫的案例。虽然民国刑事诉讼法第 112 条规定：被告系犯专科罚金之罪者，指定之保证金额不得逾罚金之最多额。然而，从实际执行看，判处罚金的数额都是依据《战时罚金罚锾提高标准条例》执行的。这应该也是上海这个商业城市的特色。

如状告李×惠妨害婚姻案（案例 10）。

原告潘×荣35岁，五金店主，住天潼路。第一被告李×惠19岁，浙江绍兴人，在原告五金店当学徒，住麦特赫司脱路* 通安里。第二被告潘×氏28岁，江苏武进县人，系五金店老板娘，住天潼路。以上当事人均无前科。

潘×氏出身贫苦，13岁起做童养媳，与潘×荣婚后生育子女四人，最幼者尚未断乳。但是潘×荣经常晚回甚至通宵不归，于是老板娘潘×氏与店里的学徒李×惠日久生情，刚开始两人在老板娘潘×氏的房内通奸，之后两人到花园饭店开房继续通奸。被潘×氏的丈夫发觉报警。

法院最后判决：两人通奸，各处有期徒刑2个月，如易科罚金以200元折算1日。案发后被告委任吴玠律师辩称：原告即35岁的五金店主另有所欢为达到与其妻离婚的目的故意诬陷其妻与19岁的学徒通奸，请求宣告被告无罪，然未被法院采信，法院最后仍然判处被告有罪。

在几个易科罚金的案子中，就数他们的罚金数额最低，对此法院没有作出任何解释。可能是法院同情19岁的学徒以及出身童养媳的将被丈夫抛弃的老板娘，同时考虑到每个人的经济实力，法官应用自由裁量权的结果。最后的结局是李×惠和潘×氏均交了罚金易刑。李×惠交了法币5 000元，潘×氏缴了10 000元结案。

王×根等妨害婚姻案(案例11)也是典型的例子。

告诉人诸×璋32岁，常州人，在酒馆工作，住南市福佑路。第一被告王×根28岁，无锡人，是皮匠。第二被告翟×宝24岁，浦东人，住南市福佑路，以帮人洗衣谋生。以上当事人均无前科。

翟×宝系诸×璋之发妻，两人正式结婚，有结婚证书为凭。婚后

---

* 麦特赫司脱路，即今泰兴路。

4年，育有4岁孩子。诸×璋在西藏路老正兴菜馆服务常不回家，翟×宝遂与在家门口做皮匠、配偶不在沪的王×根在家奸宿，恰被诸×璋回家撞见，翟×宝当时羞愧难当，吞戒指自杀，被警察发觉后送医院救治。后告诉人请求离婚并要求赔偿损失。

上海地方法院判决：两人通奸，各处有期徒刑3个月，如易科罚金以500元折算1日。后两人均被执行罚金。判决书载明的判决理由是：

> 右开事实被告等在警局供认不讳，核与被害人诸×璋指陈无异，有警局送案文件可稽，在审判中虽被告等矢口否认，然空言狡赖，不足置信，其所罪行自堪认定，应予依法科处。据上论结，应依刑事诉讼法第二百九十一条前段，刑法第二百三十九条、第四十一条，《战时罚金罚锾提高标准条例》第二条判决如主文。

再如倪×亚等妨害婚姻案(案例20)。

告诉人倪×氏26岁，无锡人，住无锡南乡华庄镇。第一被告倪×亚24岁，住满洲路，是旧铁店店主。第二被告陆×英21岁，无锡人，家务，与第一被告倪×亚住在一起。

倪×亚与倪×氏3年前凭媒在无锡老家正式结婚。婚后不久，倪×氏因发精神病，住进上海疯人医院。倪×亚恐告诉人不能生育，或不能生育健康的孩子，经倪×亚姊姊做媒，父母作主，与陆×英同居，被告等认为系纳妾，所以未举行婚礼。因陆×英怀孕，恐被倪×氏所伤，两被告即移居上海同居。

法院经审理后，判决：倪×亚有配偶而与人通奸处有期徒刑6个月，准以500元折算1日易科罚金。

法院判决的理由：

本件被告倪×亚对于右开通奸事实分别在侦查及审判中自认不讳，核与×××(即倪×氏)指供各节均属相符，既系双双就获，自堪认定，核被告所为应负有配偶与人通奸罪责，审核情节尚非重大，特予酌科有期徒刑六月，以示惩处，并准予易科罚金。至附带民诉原告要求返还妆奁饰物，初非因犯罪而生之损害，自不得提起附带民事诉讼，特行驳回原告之诉。

结果为易科罚金。因为案中第一被告倪×亚系旧铁店的店主，收入丰厚，自述月收入40 000元，所以判刑较长，罚金数额也是最高的，最后两被告各缴纳罚金9万元结案。

该类判决的共同点就是：应依刑事诉讼法第291条前段，刑法第239条、第42条第2项、第4项，第56条前段，《战时罚金罚锾提高标准条例》第1条前段、第2条(可能是笔误的缘故，判决书前后引用的法条有细微出入)，判决如主文。

3. 判处缓刑

中国近代最早的缓刑[34]制度，是清末从国外进行法律移植的结果。宣统二年(1910年)清政府颁布的《大清新刑律》中，有关于现代缓刑制度的规定。从具体内容来看，《大清新刑律》直接借鉴当时日本、德国等国家的刑法，对缓刑的规定较为详细。该法第12章第63条至第65条，对缓刑的适用对象、缓刑的适用条件、缓刑的撤销条件以及缓刑的考验期均作出了规定。

《大清新刑律》第63条规定：

具有左列要件，而受四等以下有期徒刑或拘役之宣告者，自审判确定之日起，得宣告缓刑五年以下三年以上：(一)未曾受拘役以上之刑者；(二)前受三等至五等有期徒刑执行完毕或者免除后逾七年，或前受拘役之刑完毕或免除后逾三年者；(三)有一定住所及职业者；(四)有亲属或故旧监督缓刑内之品行者。

该条对缓刑的适用对象、缓刑的考验期以及缓刑的适用条件均作出了规定。根据该条规定，缓刑的适用对象是被宣告判处四等以下有期徒刑或拘役之刑罚的犯罪人。缓刑的考验期为3年以上、5年以下。

缓刑的适用条件是：第一，必须是未曾受过拘役以上之刑罚处罚；或者虽然以前曾经受过三等至五等有期徒刑(即2个月以上、不满5年)的刑罚处罚，但刑罚已经执行完毕或者免除逾7年；或者虽然以前曾经受过拘役的刑罚处罚，但刑罚已经执行完毕或免除逾3年。第二，必须有一定住所及职业。第三，必须有亲属或故旧来监督犯罪人在缓刑考察期内的品行。

关于缓刑的撤销条件，《大清新刑律》第64条规定：

受缓刑之宣告，而有左列情形之一者，撤销其宣告：(一)缓刑期内再犯罪，受拘役以上之宣告者；(二)因缓刑前犯罪，而受拘役以上之宣告者；(三)不备前条[35]第二款之要件，后经发觉者；(四)丧失住所及职业者；(五)监督人请求刑之执行，其言有理者。

所谓四等以下有期徒刑，是指2个月以上，不满三年的有期徒刑。《大清新刑律》中的有期徒刑分为五等：一等为十年以上，十五年以下；二等为五年以上，不满十年；三等为三年以上，不满五年；四等为一年以上，不满三年；五等为二个月以上，不满一年。《大清新刑律》中的拘役期限为一日以上，不满二个月。

法律在规定缓刑的同时，也规定了对某些犯罪不得适用缓刑。这是因为不同种类的犯罪所体现出的社会危害性和主观恶性有时相差确实悬殊。某些严重侵犯人身权利的犯罪，如强奸犯罪、抢劫犯罪、杀人犯罪等，以及其他一些严重的暴力犯罪，通常一旦实施，便具有严重的社会危害性，尤其是暴露出犯罪人严重的主观恶性。因而实施这类犯罪的行为人通常都不符合宣告缓刑的实质条件，不能宣告缓刑，而且对这类犯罪分子如果不实际执行刑罚而放在社会上进行改造，往往会给周围群众带来严重不安甚至恐惧，显然不合适。为了防止缓刑被滥用，法律同时规定了缓刑的适用条件。

对于被判处何种刑罚的人可以适用缓刑，各国刑法的规定有所不同，有的规定只能对被判处短期自由刑的人适用缓刑，有的规定可以对被判处短期自由刑和附加刑的人适用罚金，还有的规定对被判处短期自由刑、罚金刑、附加刑的人均可以适用缓刑。

缓刑判决主要是依据 1935 年 1 月 1 日国民政府制定公布的刑法第 9 章的有关条文：

第 74 条："受二年以下有期徒刑、拘役或罚金之宣告，而有左列情形之一，认为以暂不执行为适当者，得宣告二年以上五年以下之缓刑，其期间自裁判确定之日起算：

一、未曾受有期徒刑以上刑之宣告者。

二、前受有期徒刑以上刑之宣告，执行完毕或赦免后，五年以内未曾受有期徒刑以上刑之宣告者。"

第 75 条："受缓刑之宣告而有左列情形之一者，撤销其宣告：

一、缓刑期内更犯罪，受有期徒刑以上刑之宣告者。

二、缓刑前犯他罪，而在缓刑期内受有期徒刑以上刑之宣告者。

因过失犯罪者，不适用前项之规定。”

第 76 条：“缓刑期满，而缓刑之宣告未经撤销者，其刑之宣告失其效力。”

沈×生等妨害婚姻案（案例 14）是个带有神秘色彩的案例。

告诉人沈×雪英（即沈×氏）33 岁[36]，宁波人，住亚尔培路* 钱家塘。第一被告沈×生（即沈×林），崇明人，自营民用轮船公司，住东熙华德路** 元芳路。第二被告施×珍 25 岁，宁波人，住址同第一被告。两被告被捕的当日没有寻到保人。次日被保人保出。

沈×雪英 19 岁时，由陈×荣（已故）介绍与沈×生在上海闸北旱桥芝康里结婚，由于男方家在崇明，故结婚时男家无人在场。女方父亲已故，母亲在场。因为双方家贫，当时仅是老式家里拜堂，有红帖各执一份。婚后生育六个孩子，现在存活三个。沈×生战争时期“因与日人交往故颇有金钱，现在新华银行五楼经营民用轮船公司作台湾方面运输，是以饱暖思淫，厌弃糟糠及亲生骨肉而与（应为“于”，原文系误写）本年（1946 年）1 月 19 日在福州路万利菜馆与第二被告施×珍重婚，并拍有结婚照[37]。婚后两被告先住一品香旅馆，后租住东熙华德路元芳路一百七十一弄××号施×珍母亲家。”这事不久被沈×雪英发觉。1946 年 2 月 7 日，沈×雪英以重婚罪将两被告诉至法院。后经双方父母出面和解及亲戚相劝，沈×雪英念及夫妻感情，于 1946 年 2 月 25 日撤回对沈×生的起诉。

该案最后的结果是判决施×珍有期徒刑 6 个月，缓刑 3 年。

上海地方法院检察官起诉后，除沈×雪英到庭外，沈×生“经合

* 亚尔培路，即今陕西南路。

** 东熙华德路，即今东长治路。

法传唤均因情虚避不到案”。不久，由于沈×生案的告诉人经“双方父母出面”调解，“亲友相劝”，当事人和解，沈×雪英提交第二份诉状要求对丈夫沈×生撤回告诉。在后面的询问笔录中，告诉人表示“不要告了”，即“当庭撤回告诉”，请求免予追究沈×生的刑事责任。

1946 年 3 月 5 日，《上海地方法院检察官起诉书》中认定：

> 告诉人沈×雪英曾于十九岁时与沈×生在上海闸北旱桥芝康里结婚，经陈×荣为媒，共生有六孩，长女××今已十四岁矣。被告沈×生近因经营民用轮船公司颇堪温饱，竟于本年一月十九日在福州路万利菜馆另与施×珍结婚，经告诉人据状告诉到院。
>
> 本院侦讯时被告等迭经合法传唤均因情虚避不到案，虽经告诉人当庭声请撤回告诉，第查刑法第二百三十七条重婚罪，非告诉乃论之件，且经告诉人查明重婚地址、时间及举出结婚照片，其罪证确凿，自不待言，合依刑事诉讼法第二百三十条第一项提起公诉。

尽管在法院 1946 年 4 月 8 日的审判笔录中，法官说“本案不是告诉乃论的罪不能撤回，下次要叫他□到案”，但在 1946 年 4 月 15 日的审判笔录中沈×生仍未到庭，施×珍说他到崇明去了，1946 年 5 月 1 日的审判笔录中问施×珍：“你丈夫现在何处？”施×珍答：“现在警备司令部被押。”在 6 月 17 日的审判笔录中施×珍说沈×生在“警备司令部”，法官问：为何事？施×珍答：为了□□□□事。（似乎是船生意的字样，但字迹太潦草，无法肯定。）

因为沈×雪英撤回了对沈×生的起诉，所以上海地方法院刑事判决书没有将沈×生列入当事人。

该案沈×生始终未到庭，在询问笔录及法院的审判笔录上多次提到到“警备司令部”去了，可能此人有特殊背景。后来施×珍被押，次日被保人保出。

1946年6月17日，《上海地方法院刑事判决》认定：

> 告诉人沈×雪英曾于十九岁时，由陈×荣为媒，与沈×生在上海闸北旱桥芝康里结婚，生有六孩，长女××年已十四。乃沈×生竟于本年一月十九日在福州路万利菜馆与施×珍结婚，经告诉人沈×雪英诉由检察官侦查起诉。

判决书载明的判决理由是：

> 本件被告如何与沈×生结婚业经告诉人沈×雪英查明地址及时间并提出结婚照片为证，被告亦到案供承无异，事实至为明了，自应依重婚罪科处，姑念被告基于一念之错，情有可恕，且前又未曾受有期徒刑以上刑之宣告，特予缓刑三年以示悯恕而促自新。

这一理由也正好符合缓刑的宗旨和定义。

因为刑法第237条规定，重婚罪，非告诉乃论之罪。故后上海地方法院由检察官提起公诉，判决施×珍有期徒刑6个月，缓刑3年。

该案始终未提及施×珍对沈×生已婚是否明知，措辞有点含糊，不知何故，是否与沈×生的特殊身份有关呢？因为在沈×雪英的第一份自诉状中，曾提到沈×生“战争时期因与日人交往故颇有金钱”，沈×生在战争中与日人如何交往，如何由穷人而变得颇有金钱，而战后又频繁出入“司令部”，另外对于经济条件较好的当事人来说，在该案中始终没有委任或选任律师，这是一个不解之谜。

又如状告顾×宾妨害婚姻案(案例 21)。

告诉人顾×秀珍 27 岁，川沙人，住大沽路马安里××号，家务。第一被告顾×宾 27 岁，川沙人，住安纳金路纯德里××号，在上海经商。第二被告程×珍 21 岁，无锡人，住西藏南路 87 弄××号，家务。以上当事人均无前科。两被告的共同保人叫施×屏，男，58 岁，崇明人，职业为老板，自开施鸿记木器号，住上海东台路××号，与被保人关系为“友谊”。

顾×秀珍的诉状由律师撰写。顾×秀珍称重婚的原因是男方收入颇丰，饱暖思淫欲。

顾×宾与顾×秀珍承父母之命在上海五马路东南鸿庆酒楼结婚，有结婚证书[38]为证。同年 12 月顾×秀珍生一女孩，现已 7 岁，已经求学[39]。后顾×宾又与程×珍结婚。顾×秀珍不愿忍受，于是向法院提起诉讼。顾×宾答辩的理由是：“因第一被告(顾×宾)有一先叔并无子嗣，依照本乡习惯将第一被告作为嗣子继承门庭。告诉人见此情状且自感身弱乃嘱第一被告另行娶妾……第一被告乃征得各方家长之同意，经友做媒介绍即与第二被告结合。”[40]因现状是顾×宾有病，程×珍怀孕将产，所以第一次庭讯时两被告均未到场。后顾×秀珍具状称：因第一被告在第一次庭讯时确系有病，“告诉人虽有自立能力，究系女子，须与第一被告相依为命”，经亲友调解，双方谅解，告诉人撤诉。

法院判决，顾×宾有配偶而重为婚姻，程×珍与有配偶之人相婚，各处有期徒刑 6 个月，缓刑 2 年。

判决依据为经亲友调解，双方谅解，告诉人撤诉。但是重婚罪非告诉乃论，而且证据确凿：两被告参加大来集团结婚，有结婚照片为证，符合了当时结婚所必须具备的“公开仪式”的条件。所以法院作出了有罪判决，但是又考虑到当时两被告的特殊情况，最后，法院又作出了缓刑的决定。

从该案的起因看，是为了传宗接代。而且双方家长和亲友都认可这种事情。由此可见，即使是在中国当时最大的开放城市上海，传统的传宗接代、延续香火的思想还是很有市场的，或者说是深入人心的，特别是有产者的家庭。但另一方面，第一被告参加集团结婚，即使在现代，思想也是很开放、很新潮的。他们不是保守的人。可见，他们的思想是处在传统与现代的博弈中。

再如王×娟妨害婚姻案(案例 27)。

第一被告人[41]王×娟(即王×弟[42])21 岁，南京人，家务，住大西路汪家弄。第二被告人尹×山 34 岁，安徽人，给人看门，住址同上。被害人杨×风 37 岁，南汇人[43]，运货员，住马家宅三德里。

王×娟于 1943 年与杨×风在吕班路伯多禄天主教堂结婚[44]。婚后生活困难。杨×风不提供妻子吃穿，还借故殴打其妻，王×娟于是从家里逃走。后经人介绍，在大西路汪家弄 A××号又与尹×山结婚，旋生一小孩，经杨×风告诉警察局转送法院侦查。

法院最后认定王×娟重婚，判有期徒刑 4 个月，缓刑 2 年。

判决依据如下：

首先，根据 1946 年 3 月 30 日《上海地方法院检察官起诉书》中认定的事实：

> 王×娟于民国三十二年与杨×风结婚，至三十三年五月潜离杨×风家中，又与尹×山结婚，旋生一小孩，经杨×风告诉警察局转送本院侦查。

法院根据调查，于 1946 年 5 月 14 日在其刑事判决书中认定：

王×娟在民国三十二年曾与杨×风结婚，三十三年五月经人介绍又在大西路汪家弄与尹×山重为婚姻，至本年二月被杨×风发觉，经报警拘获送检察官侦查起诉。

据此认定：

王×娟曾与杨×风及尹×山先后重为婚姻一节在侦查中业已供认历历，在审判中虽狡展未与杨×风结婚，然杨×风提出结婚红帖，证据确凿，是王×娟成立重婚甚明，应予科处，惟查其未曾受有期徒刑宣告，爰予缓刑二年以示自励，至尹×山本人并无配偶，对于王×娟系有夫之妇亦即毫无知悉，事前亦无其他证据证其故意相婚，故虽与王×娟有结婚事实，仍应不负刑责。

根据陈应性编著的《中华民国刑法解释图表及条文一册》的解释："和奸罪之构成，要有男女二人之行为。凡和奸之男子及相奸之女子，皆系本罪之主体。但奸夫不知其为有夫之妇者，只科奸妇之罪。"[45]

法院最后认定王×娟重婚，因其未受过有期徒刑以上的刑罚，判有期徒刑4个月，缓刑2年。尹×山因对王×娟已婚不知情，认定其无罪。

该案的当事人都是贫苦的下层劳动者，而王×娟则遭受的苦难更深，我们从案卷记录可知：王×娟"老早的时候住在上海的，父母战时失散了"[46]，后被天主教堂若瑟院收留，因此，她的娘家就是"若瑟院"了。王×娟的身世着实可怜，见证了战争带给百姓的痛苦和创伤。婚后，也许因为贫困，丈夫杨×风不给妻子吃穿，还殴打其妻，于是妻子从家中逃走与他人重婚，被告被押后旋被保出。可见，本案当事人在当时是有人同情的。

综上所述，在20世纪中期的重婚刑案中，判处徒刑缓刑的比较多，是因为这些案件的当事人并非饱暖思淫欲之流，而的确是因为夫妻关系不睦、婚姻已经死亡，当事人为解脱痛苦的婚姻而不得已为之的，这种案件没有社会危害性，并且得到了法官们的同情。

从20世纪中期上海市档案馆的馆藏案卷看（限于已查阅过的），只有对重婚罪判处缓刑的，对通奸罪、和诱罪等均未见缓刑的判决。

（三）免诉判决及判决依据

按照20世纪中期上海法院的实际情况，免诉判决就是审判机关在审查案件时，发现受理的案件缺乏诉讼条件时而作出的终止审判活动的一种裁判。这里的“诉讼条件”是指诉讼程序有效成立并持续下去的条件，包括公诉权行使的条件、应诉权行使的条件以及行使审判权的条件。如果缺乏这些诉讼条件，就应通过审判形式终止诉讼程序。[47]

免诉判决通常须有下列情形之一的，才可构成：

1. 曾经判决确定的

这里的“判决”，是指对同一案件的有罪、无罪判决以及免诉判决而言。此种情形为已有实体确定力之判决，因此，基于一事不再理原则，不得再行起诉；若竟再行起诉者，法院应即谕知免诉之程序判决，不得再为有罪或无罪之实体判决。

2. 已经超过诉讼时效的

这里的“时效”，指追诉权时效而言。追诉权时效尚未完成，是提起诉讼的消极诉讼要件；若已完成的，构成诉讼障碍事由，不得再行起诉。

3. 曾经大赦者

这里的“大赦”，是指对于特定犯罪或一般犯罪所为使其消灭刑事法上之一切效果之命令,已经罪刑宣告者,其罪刑宣告无效;未经罪刑宣告者,其追诉权消灭。

4. 犯罪后的法律已废止其刑罚的

这种情形,仅指实体刑法(含其特别法)废除原先处罚规定,而依现行实体刑法又无处罚规定者而言。[48]

民国刑法第 61 条规定:"犯左列各罪之一,情节轻微,显可悯恕,认为依第五十九条规定减轻其刑仍嫌过重者,得免除其刑:一,犯最重本刑为三年以下有期徒刑、拘役或专科罚金之罪。但第一百三十二条第一项、第一百四十三条、第一百四十五条、第一百八十六条、第二百七十二条第三项及第二百七十六条第一项之罪,不在此限。"

洪×泉等妨害婚姻案(案例 28)的判决就是一个典型的例子。

告诉人洪甲氏 38 岁,绍兴人,住梅白克路* 432 弄××号。第一被告洪×泉 36 岁,绍兴人,住浙江路××号,经商。第二被告洪乙氏 32 岁,绍兴人,住浙江路××号,无业。

洪×泉与洪甲氏在 16 岁时结婚,婚后 18 年没有生育子女。洪×泉求子心切,遂与已生育过孩子的寡妇洪乙氏同居,经洪甲氏告诉遂发生此案。一审判决两被告犯重婚罪,判有期徒刑 4 个月,缓刑 2 年。两被告不服提起上诉,二审维持原判,两被告再次上诉至最高法院,因遇大赦,最高法院在三审撤销原审及一审判决,两被告免诉。

这是一件从抗战期间一直拖到抗战后的案件,其实案情很简单,就是因洪×泉与洪甲氏婚后 18 年无出,男方及男方家庭盼子心切(这在案卷中已得到男方的承认),于是"纳妾"。告诉人不愿忍受这种一夫多妻的生活,于是起诉,刚开始时要求离婚并要求男方给付巨额赡养费,后来只要求追究其夫及后婚妻子的刑事法律责任。

---

* 梅白克路,即今新昌路。

该案告诉人起诉时，是1945年10月，当时已经有之前伪法院的三审判决[49]。它们分别是原江苏上海第一特区地方法院1943年6月28日的民事判决[50]、1943年10月11日的上海高等法院的民事判决[51]，在前两审判决中，告诉人洪甲氏的请求均被驳回，告诉人又提起上诉，而1944年8月31日的最高法院民事判决[52]，即第三审的判决是发回重审，于是上海高等法院于1945年4月7日作出新的民事判决（三十三年度上字第七十七号），但结果仍然是“上诉驳回”。

接着，抗日战争胜利了，洪甲氏仍不甘心，于1945年10月再次提起诉讼，可能是因当事人关系恶化的缘故，洪甲氏的诉讼请求也从民事诉讼变为刑事诉讼，要求追究其夫与其后妻的重婚罪责。上海地方法院检察官起诉书于1945年11月28日，以重婚罪提起公诉。上海地方法院于1946年1月10日作出一审刑事判决：“洪×泉有配偶而重为婚姻处有期徒刑四月缓刑二年。洪乙氏与有配偶之人相婚处有期徒刑四月缓刑二年。”

但洪×泉和洪乙氏均不服上述判决，于1946年1月24日选任钱家龙律师作为辩护人帮助其提起上诉，主要针对是否重婚，双方意见不一，洪甲氏的理由是：被告等结婚后，洪×泉带洪乙氏回家居住并虐待自己，自己只得返居母家[53]，洪甲氏提出曾与洪×泉在乡间正式结婚，提交洪×泉等的年庚八字及迎娶字据。洪×泉也承认在乡间拜堂并坐过轿子。

两被告的辩护人则辩称：拜堂是洪乙氏一人参拜，没有与洪×泉一同参拜，所以不能算是拜堂；而坐轿子则为乡间代步工具；不是法律上的“公开仪式”，也没有两个以上的征婚人，所以不是正式结婚，因此，两被告也就不是重婚。另外，该律师还提出原来的法院笔录墨色不均，有后加之嫌疑。

上海高等法院于1946年6月26日作出二审刑事判决:“上诉驳回。”理由是:“上诉人洪×泉洪乙氏曾与民国三十年九月初三日在萧山共同拜堂(即举行结婚仪式)业据洪×泉在侦查中供明,事前且曾择吉用轿迎娶,有告诉人洪甲氏所持之年庚八字即择日单暨上诉人洪乙氏之供词可证,按之我国习俗即经验上之法则此时必有贺喜之亲友帮忙之仆役在场,是上诉人等之结合已具备公开之仪式即二人以上之证人,应认为正式结婚。”

但两被告仍然不服,于是依旧选任钱家龙律师向最高法院提起上诉,请求宣告无罪或发回重审。理由是当时法律规定重婚罪的构成,以正式结婚为要件,而民法规定的正式结婚须有公开之仪式及两人以上之证人。本案中被告不具备上述条件。上海高等法院检察官答辩书的理由还是:被告曾拜堂、坐轿还有年庚八字及迎娶字据,这些都是证明被告是正式结婚,因有贺客,这就具备民法规定的公开仪式及两人以上之条件。可是最高法院的终审判决却是:“原判决及第一审判决均撤销,洪×泉、洪乙氏免诉。”理由是:“按案件曾经大赦者,应谕知免诉之判决,为刑事诉讼法第二百九十四条第三款所明定,本件上诉人洪×泉等因妨害婚姻一案,经第一审依刑法第二百三十七条各处有期徒刑四月。由上诉人等向原审提起上诉,将上诉驳回,复向本院上诉,兹查该条之最重本刑为有期徒刑以下之刑而其犯罪复在民国三十五年十二月三十一日以前,依照罪犯赦免减刑令甲项规定,系在赦免之列,合将原判决及第一审之判决均撤销,由本院依法谕知免诉。”一场历经三审、从抗战期间打到抗战后的案子终于结束了。

徐×标等妨害婚姻案(案例29)的判决则很有意思。

告诉人徐×桃珍31岁,浦东人,住霞飞路。第一被告徐×标36岁,上海人,初中文化,是一名工厂主,住浦东高桥。第二被告王×英

32 岁，文化程度为初小 3 年，籍住同上。两被告案发后在押于马斯南路* 看守所，后被朋友保出。

在徐×桃珍 17 岁时，徐×标与徐×桃珍因父母之命、媒妁之言结婚，曾育一女，现已夭亡。徐×标因与徐×桃珍关系不睦，于 1942 年，私与王×英姘识，不久即将王×英由沪带往高桥原籍老宅居住，经徐×桃珍发觉，诉至法院。上海地方法院一审判决：二人重婚，各处有期徒刑 2 个月。两被告不服提起上诉。理由是两被告已同居 4 年，告诉人早就知道，且默许。本案已过诉讼时效。出具的书面证据为一份户籍的复制件（系户籍警手抄），上面记载的家庭情况是：徐×标为户主，王×英与户主是夫妻关系，父母已故，有继母、祖母、兄弟姐妹、佣人等在户籍上。上海高等法院经审理后，作出二审判决：撤销原判，徐×标、王×英免诉。

上海地方法院一审判决的理由是：二人公开居住在一起，所以构成重婚，各处有期徒刑 2 个月。被告不服，提起上诉。上诉的理由是因为两被告已同居 4 年，且得到其妻的默许。

徐×标称曾得到其妻的默许，实际上是为自己辩解，因为根据当时的判例解释，夫之纳妾行为，如果得到妻子的准许或默认，妻子则不能再为离婚之请求。[54] 但是二审判决的理由并非当事人上诉的理由，而是因为“符合大赦赦免之规定”。从二审法院的判决看，它既回避了对一审法院的判决是否准确的评价，又回避了对当事人提出的上诉理由是否正确的判断，而是重新提出了一个新的理由以结案。

又如李×炳等妨害婚姻案（案例 30）。

告诉人姚×明 38 岁，南汇人，住南市陶沙场。第一被告李×炳 50 岁，周浦人，是个铜匠，住周浦朱行街。第二被告谢×宝 33 岁，上

---

* 马斯南路，即今思南路。

海人,住浦东南汇路周浦镇。以上当事人均无前科。两被告选任翟成律师为其辩护人。

谢×宝19岁时与姚×明凭媒在乡下结婚,婚后,姚×明租房安置妻子谢×宝后即去宁波经商,待其回家后却不见其妻谢×宝,遂四处查访,后在上海查得谢×宝与李×炳通奸。

两被告因妨害婚姻罪由上海地方法院检察官提起公诉,一审法院判决:李×炳与有配偶人通奸处有期徒刑4个月,和诱有配偶之人脱离家庭处有期徒刑4个月,合并有期徒刑6个月。谢×宝有配偶与人相奸处有期徒刑6个月,徒刑均准以500元折算1日易科罚金。谢×宝从家里带走的东西[55]返还,其余之诉驳回。

李×炳不服一审判决提起上诉,经上海高等法院判决:原判决关于李×炳罪行及附带民事诉讼部分均撤销,李×炳免诉。附带民事诉讼被上诉人在第一审之诉驳回。

理由:经大赦。在执行案卷中,最后两受刑人均免诉。

高×禹等妨害婚姻案(案例31)很有趣。

告诉人陈×弟26岁[56],上海人,自开小店。住周家桥[57]。第一被告高×禹28岁,上海人,做地货行生意。住虹桥镇薛家巷。第二被告邹×弟,年龄不详,住址同第一被告。上述当事人均无前科。

陈×弟21岁时凭媒与高×禹结婚,当时虽无结婚证书,但"有三媒六证"[58]。婚后夫妻共同开设协利商店谋生。次年生一女,因通货膨胀导致物价飞腾,生活困难,高×禹外出另图他事,商店留给陈×弟经营。1945年8月,陈×弟回家祭祖,见丈夫高×禹与一个名叫邹×弟的女子同居,并结为婚姻,有照片[59]一张为证[60]。遂向法院提起告诉。经传两被告潜匿不到,上海地方法院检察处提起公诉曰:"告诉人陈×弟检呈被告高×禹与邹×弟结婚之照片以为被告等重婚证据,经传被告等又潜匿不到,显系畏罪避匿……提起公诉。”高×禹被拘捕后被其同事保出。后因遇大赦，两被告被免诉。

在法院的询问笔录中，高×禹明确表示要老婆，但同时也不能离开第二位妻子邹×弟。而且，他的行为又得到了他父母的怂恿。陈×弟见与高×禹和好无望，于是以丈夫重婚为由具状向法院提起告诉。在法官面前，高×禹明确表示，不能离开第二位妻子，这是一个典型的重婚罪案例，后来因遇大赦两被告均被免诉。

以上几个案例判决的免诉依据都是“经大赦”，而民国时期的赦免制度实际上是针对临时大总统的赦免权所设置的限制性规定，也是以法限袁的具体体现。但是后来被袁世凯所废弃。

（四）不受理及判决依据

按照民国时期刑事诉讼法的规定以及台湾学者陈朴生的解释，案件有下列情形之一者，应告知不受理的判决：

1. 违反起诉程序规定的

这是一条概括性的规定，必须是在排除下列情形时才能使用。具体地说，是指起诉的程序违背规定而不可补正的，或虽可补正并命定期补正，但却未予补正的；若为不必补正的，或可补正并已补正的，即不得依本款告知不受理判决。

2. 已经提出公诉或自诉的案件，在同一法院重新提起诉讼的

已经向法院起诉的案件，不得重复起诉；若同一案件再行起诉的，应驳回后诉。此处指对同一案件于同一法院重复起诉，并且判决尚未实体确定者而言。若是于不同法院的重复起诉，属于下述第7种情形的问题；若是判决已经实体确定的，则属前述免诉判决的问题。

3. 告诉或请求乃论之罪，未经告诉、请求或其告诉、请求经撤回或已逾告诉期间的

所谓“未经告诉”，包括依法不得告诉与告诉不合法；反之，若为

同一案件已经提起自诉,却又再为告诉,检察官不知有自诉而向同一法院重复起诉的,则属第二种情形。这里所说的"告诉经撤回"是指告诉人于第一审辩论终结前依法撤回告诉的情形。所谓"已逾告诉期间",是指告诉人知悉犯罪超过 6 个月的而言。

4. 曾为不起诉处分、撤回起诉或缓起诉期满未经撤销,而违背民国刑事诉讼法第 260 条之规定再行起诉的

所谓"曾为不起诉处分",是指不起诉处分已经确定的。所谓"撤回起诉",仅指撤回"公诉"并且已经确定者而言,若为撤回自诉之人再行自诉或驳回自诉之裁定已确定后再行自诉的,则与本情形无关。至于缓起诉期满未经撤销,即属条件成就之便宜不起诉,其效力同其他不起诉处分。

5. 被告死亡或作为被告的法人已经不存在的

被告于判决前死亡的,无论其死亡是在起诉前还是起诉后,皆应告知不受理判决。

6. 对于被告无审判权的

审判权是管辖权的前提,管辖权又为实体判决的要件。既无审判权,自不得为实体判决,而应告知不受理判决。

7. 依民国刑事诉讼法第 8 条的规定不得为审判的

这是指管辖竞合的情形,法理基础同为重复起诉之禁止;管辖竞合原应依法定"得"及"不得"审判的法院,不得审判的法院应告知不受理判决。

8. 不得提起自诉而提起的

自诉程序因准用公诉,原则上亦适用上述各款的不受理判决,但刑事诉讼法因于自诉程序设有特别规定,因此,若是所称"不得提起自诉而提起者",应告知该条的不受理判决。[61]

在上海市档案馆馆藏的 20 世纪中期上海婚姻刑案中,有相当数

量(五十余件中有十余件,约20%)的不受理判决,下面探讨当时司法实践中的判决依据。

第一,告诉人撤诉。

孙×龙等妨害婚姻案(案例32)正好可以说明这个问题。

告诉人曹×春(即赵×生)23岁,上海人,职业为小贩。住西八子桥。第一被告孙×龙30岁,上海人,在菜行谋生。住孙家宅。第二被告王×弟21岁,上海人,住西八子桥,家务。以上当事人均无前科。两被告的共同保人叫陈×其,34岁,江苏海门人,住南市大镜路,是一名商店店主。与被告的关系是"友谊"。1945年7月6日下午,两被告在大世界(旅馆)通奸,双双被捉送警。但笔录上二人均不承认通奸。

该案的结局是不受理判决。那么法院的判决依据是什么呢?

上海特别市警察局杨思分局在1945年7月14日的被害人报告笔录中,问曹×春:"你告孙×龙何事?"曹×春答:"我妻王×弟私逃赴上海十数日尚不回归,本月六日下午在大世界将伊寻着,当时伊同孙×龙同游不愿归家,并声言要将我打死。请究。"

在上海特别市警察局杨思分局1945年7月14日的嫌疑人讯问笔录中,王×弟承认曾与告诉人同居,但否认与告诉人结婚。王×弟说:"我与赵×生同居三年,仅在伊家居三月,因无生计,就同伊迁到我家中,伊时常打骂我,故不愿再行同居,并且同居时未立婚书、亦未行花烛礼,我不算私逃。请宥。"

在上海特别市警察局1945年7月14日的嫌疑人讯问笔录中,孙×龙承认认识王×弟,但否认与其姘居。他说:"我与王×弟于今年三月间在菜场相识,并未与伊姘居。请宥。"

上海地方检察署1945年7月18日的侦查笔录中,两被告均不承认通奸。

但是上海地方法院检察官于1945年7月27日起诉书中认定：两被告“通奸(于)本年七月六日下午大世界双双被捉送警”。

1946年9月23日曹×春具状撤回告诉。其在诉状中说：

> 为易字二一三六号告诉孙×龙等一案业经和解声请准予撤销事:窃去年民诉孙×龙王×弟等妨害婚姻一案蒙钧院票传于本月十九日庭讯在案,惟该案早于去年冬季由亲友排解由民将王×弟领回,双方和解。只以民远处乡僻且不谙法律手续致延未状请撤销,为此理合状请:准予将本案撤销,实为德便谨状。

1946年10月12日,上海地方法院判决:本件公诉不受理。判决理由是:按告诉乃论之罪,告诉人于第一审辩论终结前得撤回其告诉,故作此判决。

陈×荪妨害婚姻案(案例33)是一个非常有趣的例子。

申请人杨×泉33岁,无锡人。第一被告陈×荪25岁,江阴人。第二被告杨×云31岁,无锡人,三人同住北苏州路德安里。两被告选任的辩护人为钱兴中律师。

杨×云3岁丧父,系家中独生女儿,与守寡母亲一起生活。杨×云成年后招杨×泉为赘夫。但是婚后夫妻关系紧张,因为家庭矛盾,杨×云曾经自杀。陈×荪是杨×泉、杨×云夫妇的房东,与杨氏夫妇同住有年,于是,暗中与杨×云发生肉体关系。杨×云为此怀胎一次,经杨×泉发觉并获得二人彼此往来之情书,状诉到案。后因杨×云提出与申请人杨×泉离婚,申请人撤回告诉。

1946年1月10日,杨×泉以陈×荪与杨×云2人通奸为由,以两人来往的书信为证将两被告诉至上海地方法院。

在1946年1月18日下午上海地方法院检察处的讯问笔录中,

杨×泉指控2人通奸的证据是两人来往的书信。

接到法院传票后,1946年1月17日陈×荪向法院提交刑事申请,称病不到庭,案卷中有医生的处方一份。

1946年1月19日杨×云向法院提交刑事声明,称自己3岁丧父,又无弟妹,母亲孑然一身,现病在无锡,自己在无锡侍奉母亲,在法院的讯问日期不能赶回上海,请求延期讯问。

在1946年2月5日下午上海地方法院检察处的讯问笔录中,杨×泉仍然指控2人通奸,证据是两人来往的书信。陈×荪否认通奸。杨×云未到庭。

1946年2月19日,上海地方法院检察官提起公诉,起诉书的理由是:

> 陈×荪与杨×泉杨×云夫妇同住有年,遂密与杨×云发生肉体关系,中间杨×云怀胎一次,即为两人恋爱之结晶。经杨×泉发觉并获得二人彼此往来之情书,状诉到案。

证据为申请人提交的书信两封(书信原件已附案卷中),照片2张(案卷中笔者未见)。

由此可见,上海地方法院检察处认可了申请人提出的书证。

陈×荪委任钱兴中律师到庭辩护。在1946年3月8日下午的审判笔录中记载:陈×荪承认与杨×云通信,但否认与其通奸。陈×荪说与杨×云通信的原因是因为杨×云由于婚姻不幸福自杀过一次,自己是基于同情而与之通信。至于杨×云写的信,陈×荪辩解说信不一定是杨×云写的。后律师提出,当事人已在外和解。1946年3月18日,因杨×云向杨×泉提出离婚,杨×泉具状撤回告诉。

上海地方法院判决:本件公诉不受理。判决理由是:按告诉乃论之罪告诉人于第一审辩论终结前得撤回其告诉为刑事诉讼法第 217 条第一项所明定。

可见,告诉人撤诉是法院作出不受理判决的依据。

第二,一事不再理。

一事不再理原则是对不论是有罪还是无罪判决,作出产生法律效力的判决后不允许对同一行为再启动新的程序的诉讼原则的概括。[62]英美法系将其称为“不受双重危险原则”。我国通说采用“一事不再理”的称谓,但也有的学者将其称为“禁止重复追究原则”[63]或“一罪不二罚原则”。[64]

关于一事不再理原则在刑事诉讼法中的含义,有狭义和广义两种学说。狭义说主张一事不再理原则就是指一般法院在判决或裁定生效后,不得对同一案件再行审理,有关各方也不得再次起诉。狭义说为目前通说。广义说认为一事不再理原则是指不仅裁判生效后不得对同一案件再次起诉,而且诉讼一经提起就不得对同一案件再次起诉,即禁止双重起诉。“从我国刑事诉讼法的规定看,我国实行两审终审制,对已经审理的案件,检察机关或自诉人不得另行提出诉讼。所以为了尊重我国这一立法现状,扩大对被告人的权利保障范围,以及节约诉讼资源、提高诉讼效率”,广义说是可取的。[65]

一事不再理原则是在 17 至 18 世纪资产阶级反对封建专制和封建特权的斗争中诞生的。18 世纪人权理论得到迅速发展,由于一事不再理原则在抑制审判权滥用、防止司法专横、保证诉讼参与人得到公正待遇方面具有特殊作用,有利于贯彻人权保护的精神,因而受到人们的关注,并被赋予了保障人权的新内容。此后,为人权保护意识所推动,一事不再理原则作为保障人权的条款,在一些国家的宪法或刑事诉讼法中得以确立。法国于 1791 年将一事不再理原则写入宪法,并在其刑事诉讼法典第 368 条规定:“任何在法律上无罪释放的人，不得再因同一事实而重新被扣押或起诉，即使以其他罪名立案。”[66]德国在其“基本法”第103条第3款确立了一事不再理原则，并将这一原则作为指导德国刑事诉讼程序的基本原则。日本也在其宪法第39条确定了禁止双重危险原则，并在如何理解该原则的讨论中注意更好地保护相关个人的权利。在英国，曾出现为缓解严酷的刑罚和限制王权，应当强化不得因同一犯罪将一个人置于两次危险的主张，并在北美殖民地得以发展。在英美法系国家，“禁止双重危险”是一项重要的诉讼原则，甚至是一些国家的宪法原则。可见，人权保护开始在此原则中占据重要位置，成为一事不再理原则适用的重要功能之一。[67]根据民国刑事诉讼法规定：同一案件，经检察官终结侦查者，不得再行自诉。目的是为了杜绝狡黠者为二重之追诉，拖累无辜。[68]

典型的案例是状告王×莘[69]妨害婚姻案（案例2）。

告诉人王×氏34岁，宁波人，家务，住朱葆××路。第一被告王×莘33岁，宁波人，初业掮客，后失业，住武定路。第二被告沈×萍21岁，北平人，开始时做歌妓，后从良，住址同第一被告。以上当事人均无前科。

王×莘与王×氏结婚已14年，先后育有四子二女，现仅存3子，双方感情尚融洽。可是王×莘于1945年2月间迷恋歌女沈×萍，最初与之同居于群玉坊，继而赁屋居于武定路紫阳里××号。迨同年10月间王×氏探悉报警，警局侦察属实后将两人拘获移送法院。

该案的起因是王×莘与朋友狎游于群贤坊初遇妓女沈×萍，从此两人如胶似漆，不能自拔，王×氏发觉后与女儿一起殴打沈×萍并将其向法院提起告诉。1945年12月31日，上海地方法院检察官对王×莘以妨害婚姻提起公诉。因当时法院审理时沈×萍辩称自己对王×莘已婚不知情，所以检察官未对沈×萍起诉，法院也未主动追究。在1946年1月28日的审判笔录中，法官问："沈×萍是妓女么，跟了你是不是还做生意呢?"王×莘答："她不做生意跟我了，不再做生意的。"两人均否认彼此的关系是"做生意的"，也就是说两人不是妓女与嫖客的关系，而是认真的同居关系。1946年2月1日，法院据此判决:王×莘有配偶与人通奸，处有期徒刑4个月。如易科罚金，以400元折算1日。1946年1月30日，暂住母家的王×氏以通奸罪由检察官仅对王×莘一人起诉，而对沈×萍未起诉一事再行起诉，执意要求追究沈×萍的刑事责任，同时撤回对王×莘的起诉，而将其置于证人地位。1946年2月28日，上海地方法院检察官以通奸罪提起公诉。因为王×氏提供了两份证人证言，证明沈×萍因得知王×莘有家室而与王×莘在妓院吵架的事实，1946年3月8日，上海地方法院据此判决:"沈×萍明知王×莘有配偶与其相奸……处有期徒刑六月。准以五百元折算一日，易科罚金[70]。"

尽管在1946年1月28日的审判笔录中，法官问："你现在仍愿跟王×莘么?"沈×萍答："不愿再跟他了。"王×莘也表示："不愿，可以的。"但判决后，显然两人并未断绝关系，后告诉人王×氏又以同一事实向同一法院提起诉讼，1946年3月30日，上海地方法院刑庭改判:不受理。理由是："查已经提起公诉或自诉之案件，在同一法院重新起诉者应谕知不受理之判决为刑事诉讼法第295条第2款所明定，本件被告沈×萍业经本院于1946年3月8日以同一事实判处有期徒刑六月，应依上开法条判决如主文。"

江×亭等妨害婚姻案(案例34)也足以说明这个问题。

告诉人江×秀英28岁，扬州人，住北海路。第一被告江×亭29岁，扬州人，住北海路。第二被告王×芳25岁，嘉定人。两被告的共同保人叫江×贵，28岁，扬州人，玉记烟号店主，住天津路，与被保人关系为"友谊"。

江×秀英与江×亭在10年前结婚，婚后未育，共同认养一子。后来，江×亭乘江×秀英回乡探亲，登报与其脱离夫妻关系，接着与王×芳通奸。王×芳系江×亭同弄邻居，19岁便成寡妇，生活困难。江×秀英回家知情后于1946年3月11日提起诉讼。1946年4月18日，王×芳答辩称自己是无辜的，被江×亭欺骗（证据是江×亭登报与其妻脱离夫妻关系的事实）了。后因通奸的双方已分开，告诉人表示原谅，当庭撤回。

但不久江×秀英又以两被告藕断丝连为由提起诉讼，要求惩办王×芳。因为还是同一事实向同一法院提起诉讼，所以法院判决：本件公诉不受理。

第三，已过诉讼时效。

典型的案例如黄×生等妨害婚姻案（案例35）。

告诉人黄×妹28岁，上海人，住槟榔路泰兴染织厂。第一被告黄×生39岁，上海人，开始时务农，后做园丁，住王家楼西朱家巷。第二被告黄×妹35岁，上海人，工厂女工，住址同第一被告。

黄×妹与黄×生为夫妻，两人婚后因黄×妹不育，黄×生遂于1945年12月间与寡妇黄×妹同居于西朱家巷××号，很快便被黄×妹发觉，但第一被告不知愧悔，反责令黄×妹让与房间供其同居，黄×妹拒绝，第一被告对其殴打。黄×妹警告无效，向法院提起诉讼控告其通奸。后来黄×妹请律师提起附带民事诉讼，要求离婚并赔偿损失以及支付生活费200万元。

黄×妹起诉的理由是：被告通奸，经自己发觉后不知愧悔，反责令让与房间供其通奸同居，因自己拒绝遭致殴打，且经警告无效。

上海地方法院检察处1946年3月21日的讯问笔录中记载：黄×生说他还是要黄×妹的，黄×妹也愿意回家，只是妻妾不能相处安好。

上海地方法院1946年5月31日的审判笔录记载：黄×生承认黄×妹是他姘头，轧(姘居)了[71]7年了。黄×妹说她去年才知道他们的(姘居)关系。

1946年6月10日，黄×生答辩道：告诉人黄×妹与被告黄×生为夫妻，被告与告诉人结婚后因原告不育，"以无后为虑，得告诉人同意纳寡妇黄×妹为妾，同居业已七载，生子××，现年五岁，曾生一女，业已夭亡"。证据：有户口牌可证(随状附呈)。

1946年6月14日，上海地方法院审判笔录中，黄×妹之胞兄龚×(证人)作证，证明被告黄×生与黄×妹结婚，黄×妹是知道的，周围人都知道。

1946年6月14日，黄×妹委任律师徐均提起附带民事诉讼，要求离婚并赔偿损失，同时支付生活费200万元并承担诉讼费用。

上海地方法院1946年7月1日的审判笔录记载：证人告诉人72岁的母亲均×氏(应为龚×氏，这里是上海方言的同音记载)等证明，女儿与黄×生结婚已10年，女婿讨小老婆已8年，讨时她们是知道的。

上海地方法院1946年8月12日的审判笔录记载：证人告诉人母亲龚×氏证明，她晓得黄×妹是黄×生的小老婆。讨时她是晓得的，且和黄×妹住在一起。

《刑法施行法》第9条[72]规定："刑法第二百三十九条之规定，于刑法施行前非配偶而以永久共同生活为目的有同居之关系者不适用之。"也就是说在该法施行前成立的蓄妾行为是合法的。而在该法施行后的蓄妾行为在法律上则被视作通奸，如果蓄妾未得到妻的同意，妻可以此为由提出离婚或别居。而二十二年上字第636号判例认为："民法亲属编无妾之规定。至民法亲属编施行后……如有类似行为，即属与人通奸，其妻自得请求离婚……得妻之明认或默认而为纳妾之行为，其妻即不得据为离婚之请求。”也就是说，若事前得到妻的承认或默认，“或知悉后已逾六个月、或自其情事发生后已逾二年者”，妻不得以此作为离婚理由。

该案的判决依据主要是告诉人的两个近亲属的证人证言，一个是告诉人的母亲，一个是告诉人的胞兄，他们都证明黄×生纳妾已多年，大家都知道。这两人都是告诉人的亲人，一般情况下他们不会陷害告诉人，通常也不会对告诉人不利，所以法官采纳了他们的证言，因为超过了诉讼时效，所以上海地方法院 1946 年 8 月 19 日判决：本件公诉不受理。附带民事诉讼被驳回。

另外，民国民法第 1123 条规定：“虽非亲属而以永久共同生活为目的同居一家者，视为家属。”由此可知，妾属于这种定义的家属。所谓“同居一家”是指妾与家长，即便妾与妻分居，其家属身份仍是被承认的。之所以承认这种别居之妾的身份，是因为民国时期的许多大城市都出现妻妾分居的倾向，上海也不例外。

二、 法院审判的特点

与近代以前相比，20 世纪中期的上海法官对于妨害婚姻家庭刑案的审判有如下的特点：

（一）通常采用较短的刑期

纵观几千年来的刑罚史，总体发展趋势是从野蛮残酷到文明温和，从强调报复惩罚到注重矫正预防。刑罚的轻缓化已成为 20 世纪以来刑法立法与司法的原则与宗旨，矫正与预防的功利观也取代了报应理念成为刑罚的根本目的。

刑罚的轻缓化要求国家在运用刑罚规制社会生活时，应当适当控制刑罚的适用范围和严厉程度，并力求以最小的刑罚成本达到最大的社会效果，即少用或不用刑罚来获取最大的社会效益，以有效地预防和控制犯罪。

纵观历史，中国刑罚的轻刑化肇始于清末的法律改革，改革的主要工作就是修律，清末修律涉及近代法律体系中的各个部门法，而“各法之中，尤以刑法为切要”。《大清新刑律》删减《大清律例》中的大量死刑规定、废除肉刑和缘坐之法，效仿西方先进的刑罚制度，打开了中国刑罚轻缓化的大门。《大清新刑律》借鉴近代发达国家尤其是德国的刑事立法，使中国的立法技术向近代跨越了一大步。

在 20 世纪中期的婚姻刑案中，当事人的刑期一般都在 1 年以下，绝大多数案件都在 2 个月至 6 个月之间(详见表 1)。很明显，法院判决的刑罚还是很轻的，符合当时的国际潮流[73]。而且这样的判决已经基本能够有效地预防此类案件的再次发生。

如颜×渊等妨害婚姻案(案例 36)。

告诉人余×达 52 岁，镇江人，经商为业。第一被告颜×渊 25 岁，上海人，初为警察，后失业。第二被告潘×英 34 岁，宜兴人，无业。三人均住沪西梵王渡路*。

余×达是颜×渊的岳父，他的继配潘×英年仅 34 岁，老夫少妻感情不太融洽。其婿颜×渊以前担任过吴江警察局的侦缉员，因知余×达年老无能，遂于上年(1945 年)10 月间与潘×英通奸。潘×英因恋奸情热，11 月 26 日乘余×达出外经商时，窃取财物潜赴吴江与颜×渊同居，恰好余×达赴吴江贩米，巧遇被告潘×英，识破两人关系，余×达因为顾及脸面，仅将其领回了事。不久，潘×英又不知所往，等到颜×渊的妻子回娘家告知余×达，才知道潘×英仍与颜×渊在吴江同居，余×达于是向上海市警察局新泾分局报案。

一审法院判决：本件公诉不受理。理由是：潘×英与余×达没有

---

* 梵王渡路，即今万航渡路。

正式结婚,也是姘居关系,余×达非配偶,无权提起告诉。上海地方法院检察官经调查,以潘×英与余×达是配偶关系为由,提起上诉。上海高等法院从余×达儿子对潘×英的称呼等方面进行调查,确认了潘×英与余×达两人确系配偶关系,认为潘×英与颜×渊已构成通奸罪。最后判决:撤销原判,两人通奸,各处有期徒刑4个月。

表1　部分婚姻刑案判决结果(有期徒刑的刑期)

序号	案卷名称	案由	档案号	一审判决结果(有期徒刑)
1	秦×林等妨害婚姻案	通奸	Q185-2-7047	两被告各处有期徒刑2个月
2	状告王×莘妨害婚姻案	通奸	Q185-2-5204	王×莘有期徒刑4个月,沈×萍有期徒刑6个月
3	状告顾×氏妨害家庭婚姻案	和诱	Q185-2-3901	有期徒刑4个月
4	陈×兆等妨害婚姻案	重婚	Q185-2-3483和Q186-2-3949	有期徒刑6个月
5	徐×俊等妨害婚姻案	通奸	Q185-2-7465	各处有期徒刑3个月
6	状告李×惠妨害婚姻案	通奸	Q185-2-5931	各处有期徒刑2个月
7	王×根等妨害婚姻案	通奸	Q185-2-6850和Q186-2-7428	各处有期徒刑3个月
8	吴×秀英等妨害婚姻案	通奸	Q185-2-7245	各处有期徒刑2个月
9	状告沈×挺等妨害婚姻案	通奸	Q185-2-5106和Q186-2-1846	各处有期徒刑4个月
10	沈×生等妨害婚姻案	重婚	Q185-2-2526	施×珍有期徒刑6个月
11	郭×氏妨害婚姻案	通奸	Q185-2-5832和Q186-2-6541	各处有期徒刑6个月

（续表）

序号	案卷名称	案由	档案号	一审判决结果（有期徒刑）
12	傅×泉等妨害婚姻案	通奸	Q185-2-6788	傅×泉处有期徒刑 2 个月，吴×氏所在不明，待缉获另判
13	倪×亚等妨害婚姻案	通奸	Q185-2-7161	各处有期徒刑 6 个月
14	状告顾×宾妨害婚姻案	重婚	Q185-2-4522	各处有期徒刑 6 个月，缓刑 2 年
15	张×氏等妨害婚姻案	通奸	Q185-2-7153	各处有期徒刑 2 个月
16	严×鸿妨害婚姻案	重婚	Q185-2-6539	严×鸿处有期徒刑 3 个月，施×萍无罪
17	王×娟妨害婚姻案	重婚	Q185-2-2823 和 Q186-2-3075	王×娟处有期徒刑 4 个月，缓刑 2 年，尹×山无罪
18	洪×泉等妨害婚姻案	重婚	Q185-2-468	各处有期徒刑 4 个月，缓刑 2 年
19	徐×标等妨害婚姻案	重婚	Q185-2-7308 和 Q186-2-3956	各处有期徒刑 2 个月
20	李×炳等妨害婚姻案	通奸	Q185-2-7095 和 Q186-2-7591	各处有期徒刑 6 个月
21	薛×氏等妨害婚姻案	通奸	Q185-2-7890 和 Q186-2-8244	各处有期徒刑 4 个月
22	王×氏妨害婚姻案	通奸	Q185-2-6847 和 Q186-2-7301	王×氏有期徒刑 1 个月
23	朱×和妨害婚姻案	通奸	Q185-2-5724	各处有期徒刑 3 个月
24	状告周×章妨害婚姻案	重婚	Q185-2-3966 和 Q186-2-2424	周×章处有期徒刑 5 个月，缓刑 2 年
25	王×铭妨害婚姻案	重婚	Q185-2-3522 和 Q186-2-7885	王×铭有期徒刑 5 个月

（二）大量使用罚金，且罚金数额较高

1. 罚金

罚金是典型的轻刑，又不乏矫正与预防的功能，其是商品经济发展的必然产物。然而，长期以来，罚金刑在新中国被认为处于无足轻重的地位，这种观点值得商榷。

作为一种古老的刑罚，罚金刑在中外刑罚的发展过程中有着悠久的历史，它是随着私有制与国家的产生而诞生的。在外国具体的成文法典中，两河流域的《乌尔姆法典》和《汉谟拉比法典》、古罗马的《十二表法》第 8 表以及产生于公元 5 世纪末到 6 世纪初北欧日耳曼民族的《撒利克法典》都有关于罚金刑的相关记载，由此可见罚金刑在国外具有悠久的历史。

罚金刑在我国的历史也很悠久，它是从原始社会限制复仇的赔偿制度演变而来的，是以杀人赔偿金为开端的。一般认为，我国的罚金刑渊源于原始氏族社会向奴隶社会的转变时期，《尚书·舜典》中记载的“金作赎刑”被认为是我国有关罚金刑的最早文字记载。在秦律中将罚金刑称为赀；汉律中明确提出了罚金刑的规定，并将财产刑分为罚金刑和赎刑；唐律除十恶大罪外，笞、杖、徒、流、死五刑中都准许以钱赎刑。

我国近代罚金刑的产生始于 1908 年，当时的修律大臣沈家本等在《奏请编定现行刑律以立推行新律基础折》中解释：“臣家本与伍廷芳议复前两江总督刘坤一等条奏，改笞杖为罚金。”[74]《现行刑律》于 1910 年 5 月 15 日颁行，将罚金刑、徒刑、流刑、遣刑、死刑依次排列为五刑。其中罚金刑从银 5 钱至银 15 两分为 10 级。《大清新刑律》于 1910 年 12 月 25 日颁布，将罚金刑列为 5 种主刑之内，罚金的最低起额为 1 元。罚金于审判确定后 1 月以内完纳。逾期不完纳者，或强制完纳，或以 1 元折算 1 日易以监禁。此外，还规定了易科

罚金，即被处5等有期徒刑或拘役之刑者，得以1日折算1元易以罚金。《大清新刑律》尽管未及实施，但从其中关于罚金刑的规定看，采取了当时国际上的通例，具有较强的可操作性。

中华民国建立后，1912年4月30日公布了《删修新刑律与国体抵触各章条》，并将《大清新刑律》易名为《暂行新刑律》，随后又曾修订完成过两次刑法草案。其中第二次刑法修正案对有关罚金刑作了三方面的修正。其一，“罚金，暂行律以一元为最低度，本案改为一角；易科监禁，暂行律概定为一元折算一日，本案改为一角以上三元以下；羁押折抵，暂行律概以一日抵一元，本案改为一角以上二元以下，俾法官得视犯人之资力及职业等而审酌情形定之”。其二，“罚金能否缓刑虽为刑法上一争论之问题，而揆之奖励犯人迁善之旨，则予以缓刑或较施刑之收效为佳，是以外国刑法将缓刑扩充至罚金者，不少其例，况罚金轻于徒刑拘役，徒刑拘役尚准其缓刑，而犯较轻之罪反不许其自新，于刑事政策有所未协，故本案增入罚金一层”[75]。其三，“多数国立法例自由刑往往与罚金并科，盖恐专科自由刑或不足以惩戒犯人之贪欲也，暂行律自由刑与罚金并科者只四条，范围过狭，故本案将其它(其他)与贪欲观念有关之罪一并增入；又暂行律以得利为限，若犯人未尝得利，则虽有财产，亦无从并科，罚金仍不足以惩戒其贪欲，故本案删去因而得利句”[76]。就修正案关于罚金刑修正的三项内容看，与国际上多数刑事立法例相趋同。

国民政府以《暂行新刑律》为蓝本，起草了《中华民国刑法》，于1928年3月10日公布。在这部刑法中，对罚金作了较为详尽的规定。第49条将罚金作为主刑，处“一元以上但因犯贫得减至五分之一”。第55条确定了完纳时间，“罚金于裁判确定后令一月以内完纳之”。对逾期未完纳的，第55条一并作了详细规定：“期满而不完纳者强制执行，其未完纳者易科监禁。易科监禁以一元以上三元以下折算一日，但因犯贫而减罚金者应以减得之数比例计算。科罚金之裁判应依前项之规定载明折算一日之额数，但监禁期限不得逾一年。完纳期内经本人之承诺者得易科监禁即时执行。易科监禁于监狱内附设之监禁所执行之，得会服劳役。易科监禁期内纳罚金者以所纳之数，依裁判所定之标准折算扣除监禁日期。罚金总额逾一年之日数者，以罚金总额与一年之日数比例折算。易科监禁不满一日之零数不算。”第 64 条规定：“裁判确定前羁押之日数，一日抵经折算后所定的日罚金额数。”关于并合论罪问题，第 70 条第 2 项规定：“宣告之最重刑为无期徒刑者不执行他刑，但罚金及从刑不在此限。”即明确无期徒刑可与罚金刑并科使用。该条第 5 项规定：“宣告多数之罚金者于各刑中之最多额以上，各刑合并之金额以下定其金额。”这表明在数罪并罚中，对罚金刑适用限制加重原则。关于罚金刑的酌情科处，第 76 条规定：“科罚金时并应审酌犯人之资力。”第 83 条对罚金刑的加减作了限定，“罚金应加减者只加减其最高度”。第 88 条规定：“罚金因加减有不满一角之额数者不计。”第 90 条规定，处罚金刑而具有一定情节的，可以宣告二年以上五年以下之缓刑。第 97 条第 3 项及第 101 条第 3 项分别规定罚金刑的追诉和行刑时效，罚金的追诉时效为 3 年，其行刑时效为 5 年。在该刑法中，罚金刑的适用范围较大，分则条文共 291 个，其中规定有罚金刑的共 121 个条文，约占分则条文总数 42%。除第 1 章内乱罪、第 9 条藏匿犯人及湮灭证据罪、第 29 条抢夺强盗及海盗罪中未规定罚金刑的适用外，外患罪、妨害国交罪、渎职罪、妨害公务罪、妨害选举罪、妨害秩序罪、脱逃罪、伪证及诬告罪、公共危险罪、伪造货币罪、伪造度量衡罪、伪造文书印文罪、妨害风化罪、妨害婚姻及家庭罪、亵渎祀典及侵害坟墓尸体罪、妨害农工商罪、鸦片罪、赌博罪、杀人罪、伤害罪、堕胎罪、遗弃罪、妨害自由罪、妨害名誉及信用罪、妨害秘密罪、窃盗罪、侵占罪、诈欺及背信罪、恐吓罪、赃物罪、毁弃损坏罪等其余31章罪中均有适用罚金刑的条文。

1935年刑法与1928年刑法相比，就有关罚金刑的规定来看，变动不大。罚金刑在刑罚体系中仍保持主刑的地位，合并科处时适用的仍为限制加重原则，罚金刑判决时仍可以宣告缓刑。变动之处主要有：第一，增加了易科罚金。第41条规定："犯最重本刑为三年以下有期徒刑以下之刑之罪，而受六月以下有期徒刑或拘役之宣告，因身体、教育、职业或家庭之关系，执行显有困难者，得以一元以上三元以下折算一日，易科罚金。"第二，延长了罚金的缴纳期限。根据第42条的规定，将罚金应于裁判确定后1个月内完纳改为2个月内完纳。第三，将无力完纳者易科监禁改为易服劳役。并将易科监禁期限不得逾1年改为易服劳役期限不得逾6个月。第四，增加了罚金易以训诫的规定。第43条规定："受罚金之宣告，而犯罪动机在公益或道义上显可宥恕者，得易以训诫。"第五，增加了有关罚金刑的加重与免刑。第58条规定，科罚金时，除参照犯罪的种种情节外，"并应审酌犯人之资力及因犯罪所得之利益。如所得之利益超过罚金最多额时，得于所得利益之范围内酌量加重"。依照第61条的规定，犯某些应处专科罚金刑的罪，如情节轻微，显可悯恕，认为按规定减轻其刑仍嫌过重的，得免除其刑。第六，将罚金刑的追诉时效由3年缩短为1年，将行刑时效由5年减至3年。第七，在第12章保安处分中，规定了涉及罚金的保安处分问题。第86条规定，未满18岁的人因犯罪被宣告罚金刑的，得于执行前令其入感化教育处所，施以感化教育。感化教育期限为3年以下。依感化教育之执行，认为无执行刑之必要者，得免其刑之执行。第八，扩大了罚金刑的适用范围。分则条文共258个，其中规定有罚金刑的共136个条文，约占分则条文总数的53%。分则共35章罪，除第1章内乱罪之外，其余34章都挂有罚金刑的条文。

罚金刑虽然产生很早，但在当时并没有引起人们的重视，直至19世纪，才受到世人的推崇，成为主要的刑种之一。20世纪以后，随着商品经济日益发达，经济领域的犯罪现象也日渐严重，刑罚理念也发生了根本的改变，以罚金与没收财产为代表的财产刑逐渐受到人们的重视。

尼欧·哈顿于1995年对量刑制度进行了一番研究，有不到1%的案件宣告无罪释放；大约10%的案件作出警告判决；70%以上的案件处以罚金(苏格兰1975年刑事诉讼法第395条第1款仍然生效，该条要求简易法院在确定罚金的数额时应当考虑法庭所了解的被告人的犯罪方式)。尽管由于财政罚金和固定刑罚通知的采用，这一数据已代表了一种下降趋势(苏格兰1987年刑事审判法第56条第1款)。有1%的案件判处了赔偿令(苏格兰1980年刑事审判法首次规定)，但是同罚金结合起来时，这个数字上升到4.7%。社区服务令和缓刑令各占3%和4%；有10%的案件被恰如其分地判处监禁。从以上数字可以明显地看出，判处罚金是最为普遍的案件处理方式。[77]

在上海市档案馆馆藏的20世纪中期的婚姻刑案判决中，可以看到，根据当时的国情，民国政府明显提高了罚金数额。在案卷中有上海地方法院检察处处罚的罚金刑适用的比例非常高，而且判决也非常灵活。

其中罚金数额最少、最轻的判决是状告李×惠妨害婚姻案(案例10)。法院判决两被告各处有期徒刑2个月，如易科罚金以200元折算1日，最后易处罚金。本案中的一名被告是年仅19岁的学徒，另一个虽然是老板娘，但出身贫苦，当过童养媳，在案发时已生育了4个子女，而且她的当老板的丈夫已经提出与其离婚，但同时又因颜面的原因积极要求追究其妻的刑事责任，并且通奸的原因是丈夫也有过错(中年丈夫经常晚回甚至通宵不归)。也许是因为法官考虑到两被告的实际处境以及两人的经济承受能力，同时同情两被告的缘故，本案所判刑期较短，允许折算的罚金数额也最低，以此计算(李×惠缴纳罚金 5 000 元，潘×氏缴纳 10 000 元)，这是我在上海市档案馆所查到的 20 世纪中期上海妨害婚姻家庭刑案中罚金数额最低的案件。

而其中罚金数额最多的判决是倪×亚等妨害婚姻案(案例 20)，1943 年倪×亚与倪×氏在老家正式结婚，婚后不久，妻子倪×氏因精神病住进了上海疯人医院。从案卷中倪×氏的情况看，她娘家很富有，不幸的是她患有这样棘手的病。按照民国民法第 1052 条的规定：夫妻之一方“有重大不治之精神病者”，另一方可向法院请求离婚。被告倪×亚本可以通过法律途径，解除与妻子的婚姻关系，然后再寻找新的婚姻伴侣，也许是因为缺乏法律意识的缘故，也许是担心世俗的眼光，被告倪×亚没有这样做。但又介意有病的妻子不能生育或不能生育健康的孩子，于是选择了“纳妾”，并移居上海。由于民国的法律已不承认纳妾，按照民国刑法的相关规定，倪×亚的行为就构成了通奸罪。

1946 年 7 月 19 日，法院经审理后判决：倪×亚有配偶而与人通奸处有期徒刑 6 个月，准以 500 元折算 1 日易科罚金。结果为易科罚金。附带民事诉讼告诉人之诉驳回。陆×英与有配偶之人通奸处有期徒刑 6 个月，准以 500 元折算 1 日易科罚金。只见案卷中有倪×亚及陆×英各缴纳罚金 90 000 元的收据。这可能是因为法官考虑到本案中的被告倪×亚系旧铁店的店主、月收入 40 000 元的缘故。

朱×和妨害婚姻案(案例 19)判处的罚金数额则是最一般的处理，不高不低，居中等水平。上海地方法院判决：二人通奸，各处有期徒刑

3 个月，如易科罚金以 500 元折算 1 日。法院判决后，可能是考虑到经济的问题，告诉人又申请撤回告诉并请求将其妻领回。因为告诉人的撤诉请求是在法院判决后作出的，不影响法院判决的执行。结果，任×氏交了罚金易刑，朱×和无力交纳罚金，被执行徒刑，期满开释。

王×根等妨害婚姻案（案例 11）与上面的案例很相似，也是当时法院通常的处理方式。法院的最后判决：各处有期徒刑 3 个月，如易科罚金，准以 500 元折算 1 日。后被告提交了罚金以易刑。

表 2　部分婚姻刑案判处罚金一览

案卷名称	案由	档案号	法院结案时间	一审判决结果	易科计算
状告王×莘妨害婚姻案	通奸	Q185-2-5204	1946 年 2 月 1 日	王×莘有期徒刑 4 个月，沈×萍有期徒刑 6 个月	王×莘 400 元、沈×萍 500 元折算 1 日
朱×和妨害婚姻案	通奸	Q185-2-5724	1946 年 3 月 7 日	各处有期徒刑 3 个月	500 元折算 1 日
状告李×惠妨害婚姻案	通奸	Q185-2-5931	1946 年 4 月 10 日	各处有期徒刑 2 个月	200 元折算 1 日
状告沈×挺等妨害婚姻案	通奸	Q185-2-5106 和 Q186-2-1846	1946 年 5 月 27 日	各处有期徒刑 4 个月	500 元折算 1 日
秦×林等妨害婚姻案	通奸	Q185-2-7047	1946 年 7 月	各处有期徒刑 2 个月	500 元折算 1 日
王×根等妨害婚姻案	通奸	Q185-2-6850 和 Q186-2-7428	1946 年 7 月 5 日	各处有期徒刑 3 个月	500 元折算 1 日
倪×亚等妨害婚姻案	通奸	Q185-2-7161	1946 年 7 月 19 日	各处有期徒刑 6 个月	500 元折算 1 日
状告钱×阮妨害婚姻案	妨害自由	Q185-2-3903	1946 年 10 月 9 日	罚金国币15 000 元	500 元折算 1 日

从以上案例可见，法院的判决采用的是日额罚金制[78]，法院所以这样判决，应该是考虑到当时上海的实际情况，作为一个商品经济

发达的城市,财产是当事人承担责任的基础,利益是当事人所有行为的动力,对当事人的犯罪行为科以罚金处罚,能够有效地发挥纠正、惩罚、预防犯罪的功能,符合社会正义观念,具有正当合理性。毋庸置疑,人类社会设计和选择任何一种刑罚,都不能不考量其惩罚功能,每一种刑罚的设定及其惩罚功能的发挥都有其特定的社会经济基础,罚金刑不同于生命刑与自由刑,它只有在具备商品经济要素的社会中才有可能设立,且商品经济越发达,罚金刑的应用范围越宽泛,其作为惩罚手段的效果也越明显。

(三)频繁适用缓刑

在上海市档案馆馆藏的20世纪中期的婚姻刑案判决中,50余件中有6件判处缓刑,约占12%,这个比例是很高的。下列案例均可说明。

例1:状告周×章妨害婚姻案(案例37)。

告诉人周×氏21岁,扬州人,在上海做女佣,住定海路。告诉人陈×发20岁,海门人,家务。被告周×章25岁,扬州人,在上海做三轮车夫,与告诉人陈×发同住六合路××弄[79]。周×章有窃盗3次的前科。[80]被告的前一保人叫陈×弟,男,35岁,海门人,住大上海路,系福昌车行行主。后一保人叫陈×昌,六合路德泰昌车行车主人。具保的原因是庭谕交保,与被告的关系为“友谊”。担保人的责任是负责被告随传随到。

周×氏12岁时,因父母之命、媒妁之言到周×章家做童养媳,17岁时与周×章在原籍扬州结婚。婚后,周×章先来沪打工,三年后周×章在上海又与陈×发在本市江宁路新仙林舞厅内附设之上海良缘集团结婚社举行婚礼。后周×氏来沪帮佣发现其夫重婚,将周×章在家已经结婚的实情告诉陈×发,于是周×氏与陈×发两人一起来法院告诉。周×章在前伪警局[81]及后来的上海地方法院均承认有2个妻子，且都是正式结婚，但不知是犯罪[82]。这个案子本由周×氏向前伪警局解送前伪法院起诉，尚未判决，上海地方法院检察官依复员后刑事补充条例重新侦查起诉。

最后，上海地方法院判决：周×章有配偶而重为婚姻，处有期徒刑5个月，缓刑2年。

法院的判决理由是：周×章系三轮车夫，全家靠他养活。

例2：王×铭妨害婚姻案（案例38）。

告诉人朱×娟（即朱×弟）20岁，绍兴人，住长寿路致和里。第一被告王×铭（又名王×坚）26岁，常州人，职员[83]，住劳勃生路*致和里。第二被告刘×25岁，常州人，住果育堂街育德里××号。以上当事人均无前科。两被告的共同保人叫范×青，50岁，常州人，南市果育堂路育德里，以做纸盒为业。与被保人的关系是"亲戚"。申请具保的理由是被告无前科，及告诉人祈求，全家靠他养活。

王×铭幼时在原籍常州经媒人介绍与刘×订有婚约，后王×铭来上海工作，1945年1月16日，经媒人介绍与朱×娟在丽都舞厅结婚（集团结婚），并有一位律师证婚，情感尚洽，生有一子。然王×铭又于同年返回原籍与刘×重婚。刘×初不知情，等到接获朱×娟的书信，方知事情原委，于是与王×铭相偕来沪，住果育堂街育德里××号。朱×娟称王×铭置自己和孩子不顾，后经朱×娟知悉，投告邑庙警局查获，移送侦查来案。

检察官起诉后，朱×娟又向法院表示，不想告了。然一审法院判决：王×铭有配偶而重为婚姻，处有期徒刑5个月。

被告提起上诉后，朱×娟又向法院表示："我们靠他吃饭的，虽然告了他，现请庭上原谅他，马马虎虎算了。"二审判决：上诉驳回，缓刑

* 劳勃生路，即今长寿路。

3年。从有期徒刑改判缓刑，二审法院这样判决充分考虑了王×铭要承担养家糊口责任的实际情况。

例3：状告顾×宾妨害婚姻案[84]（案例21）。

该案的判决是：顾×宾有配偶而重为婚姻，程×珍与有配偶之人相婚，各处有期徒刑6个月，缓刑2年。法院之所以这样判决是因为当时第一被告有病，第二被告怀孕将产，所以第一次庭讯时两被告均未到场。后告诉人称：因第一被告在第一次庭讯时确系有病，"告诉人虽有自立能力，究系女子，须与第一被告相依为命"，经亲友调解，双方谅解，告诉人撤诉。但是重婚罪非告诉乃论，而且证据确凿（两被告参加大来集团结婚，有结婚照片为证），符合了当时结婚所必须具备的"公开仪式"的条件，所以法院作出了有罪判决，但是又考虑到当时两被告的特殊情况，最后，法院又作出了缓刑的决定。从缓刑的实际效果看，已经能够起到预防和教育的作用了，这些人都没有再犯同类罪行。

表3　20世纪中期上海妨害婚姻刑案部分判决缓刑案件一览

案卷名称	案由	档案号	一审判决结果	二审判决结果
状告顾×宾妨害婚姻案	重婚	Q185-2-4522	各处有期徒刑6个月，缓刑2年	
王×娟妨害婚姻案	重婚	Q185-2-2823和Q186-2-3075	王×娟处有期徒刑4个月，缓刑2年，尹×山无罪	
洪×泉等妨害婚姻案	重婚	Q185-2-468	各处有期徒刑4个月，缓刑2年	免诉
状告周×章妨害婚姻案	重婚	Q185-2-3966和Q186-2-2424	周×章处有期徒刑5个月，缓刑2年	
王×铭妨害婚姻案	重婚	Q185-2-3522和Q186-2-7885	王×铭处有期徒刑5个月	缓刑3年
沈×生等妨害婚姻案	重婚	Q185-2-2526	施×珍处有期徒刑6个月	缓刑3年

缓刑能够避免短期自由刑的弊端，教育感化犯罪人。因此，现代各国刑法无不规定对被判处短期自由刑的犯罪人可以适用缓刑。

由于受不同的时代、不同的背景、不同的人文环境的影响，不同的学者从不同的角度赋予了缓刑不尽相同的含义，但总的意思是对于符合一定条件的罪犯，附条件地不执行原判刑罚。其宗旨在于唤醒被告人的规范意识而起到特殊预防的效果。

现代中国关于缓刑制度的规定，是清末法律移植活动的产物。从具体内容来看，《大清新刑律》直接借鉴当时日本、德国等大陆法系国家的刑法典，对缓刑的规定较为详细。在该法典第12章第63条至第65条，对缓刑的适用对象、缓刑的适用条件、缓刑的撤销条件以及缓刑的考验期均作出了规定，这些内容基本上是对大陆法系刑法发达国家缓刑制度的照搬，堪称当时先进的缓刑制度。

中华民国时期，1912年颁布的《中华民国暂行新刑律》以及1928年公布、1935年修正公布的《中华民国刑法》都对缓刑制度作了规定。其中1935年修正公布的刑法第74条规定了缓刑要件，即受2年以下有期徒刑、拘役或罚金之宣告，而有下列情形之一，认为以暂不执行为适当者，得宣告2年以上5年以下之缓刑，其期间自裁判确立之日起算：(1)未曾受过有期徒刑以上刑之宣告者。(2)前受有期徒刑以上刑之宣告，执行完毕或者赦免后，5年以内未曾受有期徒刑以上刑之宣告者。该法第75条规定了缓刑宣告的撤销情况，受缓刑之宣告，而有下列情形之一者，撤销其宣告：(1)缓刑期内更犯罪，受有期徒刑以上刑之宣告者。(2)缓刑前犯他罪，而在缓刑期内受有期徒刑以上刑之宣告者。因过失犯罪者，不适用前项之规定。这里已经把再犯新罪是过失犯罪排除在撤销缓刑的情况之外，就这一内容的先进性而言，我国现行刑法的缓刑制度都望尘莫及。该法第76条规定，缓刑期满，而缓刑宣告未经撤销者，其刑之宣告失其效力。

国民政府于1935年公布实施的《刑法施行法》中规定缓刑期内得付保护管束。即所谓的保护观察，既可与缓刑配合适用，亦可单独适用，法官有较大的自由处置权。

（四）近代赦免制度的应用

1. 民国时期关于赦免的立法背景

1912年中华民国成立后，民主、共和与宪政意识逐渐深入人心。与此相适应，封建赦免制度退出了历史舞台，让位于近代的赦免制度。

中华民国历史上第一部对赦免制度作出明确规定的法律是《中华民国临时约法》（以下简称《临时约法》）。这是“中国宪法史上仅有的一个具有进步意义的资本主义宪法性质的文件”[85]。反映了革命党人试图以法限袁的心理。其第40条规定：“临时大总统得宣告大赦、特赦、减刑、复权；但大赦须经参议院之同意。”这实际上是针对临时大总统的赦免权所设置的限制性规定，也正是以法限袁的具体体现。但是该法后来被袁世凯所废弃。1914年5月1日，袁世凯组织御用的“中央政治会议”制定了《中华民国约法》（又称“袁记约法”）。尽管这是为适应其专制独裁乃至复辟帝制而炮制的宪法性文件，但在赦免制度方面相对于《临时约法》而言则无大的改动。其第28条规定：“大总统宣告大赦、特赦、减刑、复权；但大赦须经立法院之同意。”

袁世凯死后，北洋军阀曹锟等授意国会通过《中华民国宪法》（又称“贿选宪法”）。这是旧中国正式颁布的第一部宪法。它以《天坛宪草》为基础，并抄袭了“袁记约法”的部分内容，其第87条规定：“大总统经最高法院之同意，得宣告免刑、减刑及复权；但对于弹劾事件之判决，非经参议院同意，不得为复权之宣告。”

1927年4月，国民党在南京建立了国民政府，1929年10月所公布的《中华民国政府组织法》(以下简称《政府组织法》)即对赦免权限及行使程序等作了详细规定,其第 4 条规定:"国民政府行大赦、特赦及减刑、复权。"第 22 条第 3 项规定:"行政院议决立法院提出的大赦案。"第 25 条规定:"立法院有议决大赦案等职权。"第 33 条规定:"关于特赦、减刑及复权事项,由司法院院长提请国民政府核准施行。"而 1931 年 6 月出台的《中华民国训政时期约法》第 68 条之规定,则沿袭了《政府组织法》第 4 条关于赦免的规定。1932 年修订的《政府组织法》对赦免制度也基本未作大的变动,只是在其第 35 条确立了国民政府主席署名行使赦免权之制度,该条规定:"关于特赦、减刑及复权事项,由司法院院长依法提请国民政府主席署名行之。"1936 年 5 月 5 日,国民政府公布了《中华民国宪法草案》(又称"五五宪草")。其第 41 条规定:"总统依法行使大赦、特赦、减刑、复权之权。"同时,该草案第 61 条规定,提出于立法院之大赦案应经行政会议议决;第 64 条规定,立法院有权议决大赦案;第 78 条规定,关于特赦、减刑、复权事项,由司法院院长依法律提请总统行之。该草案交付第一次讨论时,曾引起废除大赦之议,谓大赦不符法治精神,并最终以"比较多数"45 票,通过删除大赦之提案。然而在第二次评议时,则又恢复原草案之规定。抗日战争结束之后,国民党政府于 1946 年 11 月召开"国民大会",制定并于次年 1 月 1 日公布了一部《中华民国宪法》。该法第 40 条所规定的总统赦免权则是对上述草案相关规定的完全承袭。同时,该法第 58 条规定,行政院设行政院会议,由行政院院长、副院长、各部会首长及不管部会之政务委员组织之,以院长为主席;行政院长、各部会首长须将应行提出立法院之大赦案,提出于行政院会议议决之。第 63 条规定,立法院有决议大赦案之权限。

根据史籍记载,民国时期,有多次赦免之实践。民国时期第一次大赦是在《临时约法》公布的前一天即 1912 年 3 月 10 日,袁世凯就任临时大总统伊始便颁布大赦令，后来还有对于帝制犯的赦免、1927年中华民国北京政府的大赦、1931年和1932年南京国民政府的大赦。[86]

而与本书所引案例相关的赦免是1947年国民政府的赦免、减刑。1947年1月1日，《中华民国宪法》公布。为了“庆祝实施宪政”，国民政府同时颁布了《罪犯赦免减刑令》。具体内容包括如下四项：一是罪犯在1946年12月31日前，其最重为有期徒刑以下之刑者，均予赦免。二是犯战争罪、汉奸罪、贪污罪、杀直系血亲尊亲属罪以及犯贩毒罪应被判处死刑、无期徒刑者，均不予赦免或减刑。三是除上述各罪外，犯罪在1946年12月31日前，其最重本刑为无期徒刑以上之刑者，依下列标准减刑：死刑减为有期徒刑15年；无期徒刑减为有期徒刑10年；有期徒刑或并科罚金者，减其刑期或金额二分之一。四是减刑之详细办法，由司法院会同行政院定之。据统计，经此次赦免出狱者共计73 959人。本书研究的案例中的被告被依法赦免的应该是在上述人数之列。

2. 对赦免制度简要评析

民国时期，在失败的宪法和宪政背景下的赦免制度，虽有其类型、程序、法律效果等具体规定，但却不能按照民主、法治的要求行之于实践，也未对社会产生应有的影响。但是，从上海市档案馆查阅的20世纪中期妨害婚姻家庭刑案看，还是有一定积极意义的，如果应用得当，它可以有效地保护社会弱势群体的利益。例如徐×俊等妨害婚姻案（案例22），一审法院判决：徐×氏有配偶而与人连续通奸，徐×俊连续与有配偶人相奸各处有期徒刑3个月。被告不服提起上诉，二审法院当庭宣判：上诉驳回。结果是徐×俊妨害家庭执行徒刑，期满开释；已怀孕8个月、愿意回家且不能被丈夫原谅的徐×氏被赦免了。

从民国的经验来看，对于一些情节显著轻微、社会危害性不大、犯罪人有悔罪表现且赦免后不会重新犯罪的、被判处轻罪的罪犯，如妨害婚姻家庭犯罪，还是可以适用赦免制度的。

（五）不告不理、允许撤诉、允许当事人和解

首先，将此类案件界定为不告不理案件，即法条中的“告诉乃论”。此点将在第四章中详述。

其次，允许当事人和解，允许告诉人撤诉。刑事和解制度[87]主张在国家司法权之外以犯罪人、被害人以及相关社区人员为主体，通过调解、协商来解决刑事纠纷，与传统上以国家为主导的司法模式具有根本不同。对此，有学者从公正与效率两个角度探讨了刑事和解制度的价值：从公正价值来说，刑事和解制度体现了对被害人利益的保护，有利于对加害人合理利益的保护及再社会化，也注重了对公共利益的保护；从效率价值来说，刑事和解制度直接实现了个案的诉讼效率，并间接实现了刑事司法的整体效率，符合诉讼经济原则的要求。[88]

在谈到“刑事和解制度的中国基础”时，有人认为：既然我国现有的轻罪处理模式存在诸多弊端，而国外又有相关的经验可以借鉴，那么现在的问题是，在我国有无适用刑事和解制度的可能？[89]回答这个问题之前，须先来研究刑事和解在国外的应用以及它在中国适用的历史。

西方国家自20世纪70年代以来，逐渐发展出一种恢复性司法模式。联合国预防犯罪和刑事司法委员会第十一届会议《关于在刑事事项中采用恢复性司法方案的基本原则》的决议草案认为：“恢复性程序系指通常在调解人的帮助下，受害人和罪犯及酌情包括受犯罪影响的任何其他个人或社区成员，共同积极参与解决由犯罪造成的问题的程序。”作为恢复性司法的重要表现形式之一，刑事和解制

度在各国受到普遍关注。(目前国内研究中对恢复性司法与刑事和解制度两者的关系看法并不一致,有很多学者是在同一意义上使用这两个概念。但恢复性司法主要是一种司法理念或司法模式,其不仅包括严格的刑事和解制度,而且还包括协商、圆桌会谈等多种表现形式。)

在上海市档案馆馆藏的20世纪中期的50余件婚姻刑案判决中,有十余件允许当事人撤诉,约占20%,这个比例是法官处理此类刑事案件结案方式中最高的。以下的案例可以证明。

例1:陆×年等妨害婚姻案(案例17)。

告诉人吴×陶24岁,太仓人,大学肄业,住徐家汇路。第一被告人陆×年24岁,海门人,大夏大学毕业,区公所助理员,系家中独子。第二被告人陈×文19岁,文盲,未婚,广东人,与被告人陆×年同住常熟路。两被告的前一保人叫沈×祥,男,49岁,浙江余姚人,是一名商店店主,住南黄陂路。与被告的关系为"友谊"。后一保人叫郑×龙,24岁,杭州人,森大祥五金号店主,住海口路××号。与被告的关系为"友谊"。附书面保证书写明保证金法币100万元。以上当事人均无前科。吴×陶请律师马楠庚撰状,陆×年选任律师单熹为其辩护。陆×年的母亲陆×氏委托律师单毓华撰写刑事申请,请求对其儿子停止羁押。

陆×年因与发妻吴×陶不睦,遂在外与舞女陈×文姘居并生1女(始月余),经吴×陶访悉报警。陆×年被羁押后,案卷中多次记载其母据状要求释放其子。本案案发后,吴×陶又将陆×年的母亲陆×氏追加为共同被告,理由是窃盗家中首饰。陆×氏则辩称:首饰是其儿子交由其保管。接到传票后,陆×氏称病由其侄出庭应诉。因属不告不理之诉,后经亲友及原来媒人调解,吴×陶撤回告诉。上海地方法院最后判决:本件公诉不受理。理由是:按告诉之罪告诉人于第一审辩论终结前得撤回其告诉,故作此判决。

例 2:江×元等妨害婚姻案(案例 18)。

告诉人江×氏 25 岁,南通人,无业,住北西藏路。第一被告江×元 31 岁,南通人,职业为茶房,住福州路。第二被告王×金 34 岁,镇江人,做过娘姨(即保姆),住四马路外滩。

江×元 18 岁时凭媒娶江×氏为妻,婚后只身一人来沪经商,事业顺利,遂与王×金以夫妻名义赁屋同居于大利大楼××号。江×氏来沪寻夫发觉遂报案。两被告事发被捕后,江×元交保证金 20 万元将自己保出,王×金则另由一名店主作保保出。因两被告愿意脱离关系,所以江×氏撤诉。法院的和解笔录记载江×元与王×金即日脱离同居关系,江×元于 6 个月内给付王×金国币 100 万元,江×氏撤回告诉。上海地方法院判决:本件公诉不受理。

例 3:状告朱×林妨害婚姻家庭案(案例 40)。

告诉人祁×彭 41 岁,淮安人,住南市大境路。第一被告朱×林 22 岁,已婚,镇江人,是个小贩,住紫莘路平安里。第二被告蔡×珍 26 岁,淮安人,家务,住大境路。

蔡×珍 20 岁时与祁×彭结婚,婚后 6 年,育有一名 5 岁孩子。然祁×彭不务正业又不供给家庭费用,蔡×珍为维持生活出去贩米。同在外滩码头贩运白米的朱×林与蔡×珍于 1944 年 7 月至 8 月间发生奸情。1945 年 11 月 9 日,被蔡×珍丈夫祁×彭发觉,曾将朱×林扭送黄浦分局训诫。蔡×珍为恋奸情热于 11 月 20 日前往朱×林家居住,又被蔡×珍之夫祁×彭查知,于 12 月 6 日上午 4 时趁朱×林等尚未起床之时报警将两被告在床上抓获。后祁×彭又向法院提起附带民事诉讼,要求两被告返还蔡×珍从祁×彭处窃走之现金及其他衣物等。1945 年 12 月 14 日,祁×彭以通奸窃盗为由将朱×林蔡×珍向法院提起告诉,同时还以隐匿蔡×珍为由将朱×耕、×氏作为第三、第四被告一同告诉。1945 年 12 月 27 日，上海地方法院检察官以妨害婚姻家庭嫌疑对朱×林、蔡×珍起诉。上海地方法院审判笔录载：

> 问："孩子还小，无人抚育，愿意回去吗？"
>
> 蔡×珍答："愿意回去的。"
>
> 问（祁×彭）："你妻子愿意回去，你愿意吗？"
>
> 答："他为人不顾廉耻、与人通奸，偷了我很多东西，现在已无商量余地，请依法处以应得之刑。"

从法庭庭审笔录的记载看，当时的法官着重进行了调解，但是没有成功。

后经双方亲友调解，当事人和解。1946 年 2 月 5 日，告诉人为了息讼而撤回告诉。按当时法律为不告不理，法院判决不受理。判决的理由是：按告诉之罪告诉人于第一审辩论终结前得撤回其告诉，故作此判决。

从实际情况看，允许当事人和解，允许告诉人撤诉的使用效果也是较好的，基本上能防止此类案件的再次发生。

然而，也存在着法院操作与法相悖的情况：

以薛×氏等妨害婚姻案（案例 41）为例分析。告诉人薛×贵 35 岁，高邮人，职业为车夫，住南市局门路张家浜。第一被告薛×氏 28 岁，高邮人，为薛×贵之妻。第二被告武×林 27 岁，盐城人，未婚，是个纱厂工人，在纱厂剪花样。第三被告×学忠 24 岁，高邮人，以踏三轮车为生，三人同住新疆路满洲里。以上当事人均无前科。

第三被告系薛×氏的弟弟，与薛×氏住在一起。薛×贵以×学忠知情不报，包庇犯罪为由，也将他一同向法院提起告诉。在检察官讯问笔录中,×学忠称不知情。检察官起诉书未将其列为被告,理由是"×学忠事前既无教唆行为,事后无帮助情节,应免于论处"。法院也未将其列为被告。

薛×氏于1934年9月间凭媒与薛×贵在高邮结婚,因丈夫在高邮不务正业,无力抚养妻子,于是薛×氏出外谋生,先来上海帮佣,后于1942年6月到麦根路*鸿章纱厂做工,做工时与同厂工人武×林结识,两人一见钟情,于是同居,并育有两个孩子。后薛×贵来沪做车夫,发现其妻薛×氏已与武×林同居,遂向法院提起自诉。后经亲友调解,薛×氏同意归还从薛×贵处拿走的东西,其夫提出撤诉,但法院判决:薛×氏有配偶与人通奸,武×林与有配偶人通奸,各处有期徒刑4个月。最后薛×氏、武×林被执行徒刑。

可是,根据刑法第239条:"有配偶而与人通奸者,处一年以下有期徒刑。其相奸者亦同。"第245条明确规定,本罪"须告诉乃论"。刑事诉讼法第234条第2款对这一特种案件的告诉人作了规定:"刑法第二百三十九条之妨害婚姻及家庭罪,非配偶不得告诉。"刑事诉讼法第239条进一步规定了(告诉不可分原则)"告诉乃论之罪,对于共犯之一人告诉或撤回告诉者,其效力及于其他共犯。但刑法第二百三十九条之罪,对于配偶撤回告诉者,其效力不及于相奸人。"既然薛×贵提出撤诉,为什么法院仍然作出有罪判决呢?再从撤诉的时间看,1946年9月10日告诉人提出撤诉,1946年9月12日上海地方法院作出判决,告诉人撤诉在先,法院判决在后。法院这样判决明显违法。

(六)律师的作用得到重视

1. 律师制度的意义

在中国传统的审判方式中,没有出现过辩护人和辩护制度[90],

* 麦根路,今石门二路底,淮安路、康定东路、西苏州路之间。

直至清末，由于西风东渐，中国传统的审判方式受到猛烈的抨击，西方先进的审判方式传到中国，影响了一大批先进的中国人，清政府进行了重大的法律改革，其中对于审判方式改革的一项重要内容就是强调律师的辩护，重视律师在审判中的作用。

近代中国律师制度的萌芽，以 1906 年清末《刑事民事诉讼法草案》为标志，其第四章第一节明确规定了律师的资格、注册登记、律师职责、违纪处分、外国律师在通商口岸公堂办案等内容。这些规定确立了律师的合法地位。

1911 年辛亥革命胜利后，资产阶级民主思想得以广泛传播，司法独立、司法民主的观念逐步深入人心。各通商口岸的律师业也得到极大的发展。苏、沪、杭等地出现了律师自治性团体组织——律师公会。1912 年 3 月，临时政府内务部警务局长孙润宇将《律师法草案》呈请临时大总统孙中山转咨参议院议决施行。但由于临时政府仅存在 3 个月便夭折了，《律师法草案》也就胎死腹中。到北洋政府时期，作为民国初期肇建的律师制度的继续，北洋政府于 1912 年 9 月 16 日颁布了中国历史上第一部律师单行法规《律师暂行章程》，中国律师制度由此正式建立。[91]

1927 年，南京国民政府成立。国民政府一方面沿袭了北洋政府的律师制度，另一方面，根据当时的社会情况提出重新制定律师法规并于同年颁布了《律师章程》，1941 年 1 月正式颁布了《律师法》，同年 9 月又颁布了《律师惩戒规则》，1945 年 9 月颁布了《律师检核办法》等。这些立法逐渐取代了北洋政府的律师法规，初步构建了国民政府的律师法律体系，中国的律师制度由此取得了重大发展。

上海律师的发展一直走在全国的前列。在辛亥革命之前，已有华人律师在上海租界从事法律事务，但为数很少。1912 年 1 月初，南京临时政府司法部提法司任命陈则民等 32 名法政学堂毕业生为公家律师，并指出：如有原、被告聘请他们，他们便可上法庭为其辩护，这是最早由政府公布的本土律师名单（可参见《申报》1912 年 1 月 8 日）。其中陈则民、丁榕、蔡倪培、巢堃等人后来都长期在上海担任律师，并且都曾是上海律师公会的重要成员，而丁榕、蔡倪培还先后担任过该公会的会长。尽管中国有自己的律师是在外国律师来到中国的数十年之后，其出现仍然显得仓促而艰难。根据上海律师公会的资料记载，“其公会成员在 1927 年的人数为 323 人，以上海律师公会的成立年份 1913 年计算，平均每年增加 23 人。此后，律师人数增长明显加快，至 1935 年，其统计的人数为 1 282 人”[92]，与此前的 14 年相比净增了 959 人，几乎多了 3 倍。此后十多年时间里，上海律师人数增长的速度减缓了许多，据 1949 年 4 月上海律师公会理监事联席会议的记录，当时的“会员人数为 1 347 人，其中男律师 1 277 人，女律师 70 人”[93]。如果把周边地区在上海兼职律务的律师也算在其内的话，那么这一人数还会有所增加，1948 年上海律师公会会员录把这部分人也包括在其中，因此记录在案的人数有 1 660 人。[94]而位于中国最发达开放城市的上海，人们的思想是最新潮的，百姓很快就接受了这一新生事物。

2. 律师的大量介入

从上海市档案馆馆藏案例中可见，上海的富裕人家及温饱人家一般都请律师。富裕人家请律师的如倪×亚等妨害婚姻案（案例 20），告诉人倪×氏由代理律师代为具状提起刑事附带民事诉讼，从附带民事诉讼所列要求返还的妆奁来看，女方娘家很富有。又如状告顾×宾妨害婚姻案（案例 21），告诉人的诉状由律师撰写。告诉人称重婚的原因系男方收入颇丰，饱暖思淫欲。

甚至有的富裕人家同时请多个律师。如洪×泉等妨害婚姻案（案例 28），告诉人在 1943 年第一审和第二审时就有三个律师陶悟志、苏景麒和朱汇律作为她的诉讼代理人，到了第三审又另换了一个叫孔庆伊的律师作为其诉讼代理人，而到了1945年10月也就是抗日战争胜利后，又另请徐同宪律师为其撰状再次起诉。同时，被告也选任钱家龙律师为其撰写答辩状并到法院当庭辩护。可见，双方都请了律师。

那些有固定职业的人，为了维护自己的合法权益愿意请律师。如秦×林等妨害婚姻案(案例1)，在钱庄工作的第一被告秦×林应该算是当时的白领了，他被捕后，其弟聘请律师替他辩护。又如李×炳等妨害婚姻案(案例30)，职业为铜匠的第一被告李×炳，在押后选任翟成律师作为自己的辩护人。还如徐×俊等妨害婚姻案(案例8)，“被告徐×俊提起上诉后，选任辩护人金植之律师”。做司机的徐×俊也能请得起律师。

甚至属于温饱人家的家庭主妇，也愿意请律师。如状告王×莘妨害婚姻案(案例2)，告诉人王×氏34岁，宁波人，家务，住朱葆3路××号。在家里不工作的家庭主妇为维护自己的合法权益也请了律师。再如周×刚妨害婚姻案(案例22)，告诉人的新婚妻子请律师要求离婚并请求支付生活费及精神损失费6 020万元。

甚至有的贫穷的人也请律师，如陈×兆等妨害婚姻案(案例7)。本案第一被告系告诉人发妻，婚后因丈夫即告诉人谋事离乡他去，第一被告生活难以维持，于是经邻居介绍，父母作主，于1945年3月4日在盐城金家舍与第二被告陈×兆举行婚礼，婚后来沪同居于长寿路大旭里××号，为其丈夫侦悉告诉。因为告诉人只告男方，要求领回女方，在上海地方法院检察官起诉书中，只有陈×兆是被告，在上海地方法院监察处侦查案卷的封面对曹×氏不起诉。在上海地方法院监察处起诉后，陈×兆选任律师张永清为其辩护。最后法院判决：陈×兆与有配偶之人相婚，处有期徒刑6个月。

从上述案例可知，富裕的人家请律师，一般的温饱人家遇到诉讼也请律师，甚至像陈×兆这样无业而且有残疾的人也请律师，由此可见，律师在20世纪中期的上海还是很受民众青睐的。

3. 律师介入后的效果

从20世纪中期上海妨害婚姻家庭刑案的实际判决结果看，律师的作用还是很明显的。相当部分的案件，通过律师的辩护，对于被告的判决比预想的减轻了，也有的改判了，有人因此免除了牢狱之灾。

律师介入后改判为赦免的案件有李×炳等妨害婚姻案（案例30），第一被告李×炳在押后选任翟成律师作为自己的辩护人。李×炳与有夫之妇谢×宝有染，先在南汇乡间后到上海通奸。据告诉人称李×炳曾与8名（诉状上所列）女性有染，现仍有同居的女人。一审法院判决：李×炳与有配偶人通奸处有期徒刑4个月，和诱有配偶之人脱离家庭处有期徒刑4个月，合并有期徒刑6个月。谢×宝有配偶与人相奸处有期徒刑6个月，徒刑均准以500元折算1日移（易）科罚金。谢×宝从家里带走的东西[95]返还，其余之诉驳回。

后李×炳委托律师提起上诉，经上海高等法院改判：原判决关于李×炳罪行及附带民事诉讼部分均撤销，李×炳免诉。附带民事诉讼被上诉人在第一审之诉驳回。理由：经大赦。在执行案卷中，最后两被告人均免诉。

又如洪×泉等妨害婚姻案（案例28）。

洪×泉与洪甲氏婚后18年无出，丈夫及丈夫家庭盼子心切（这在案卷中已得到洪×泉的承认），于是“纳妾”，妻子不愿忍受这种一夫多妻的生活，于是起诉起初要求离婚并要求丈夫给付巨额赡养费。洪×泉称纳妾已经其妻同意且与妾曾同居5个月，“本甚相安，不意告诉人意志薄弱，先后受人唆使”发生该案。该案发生在抗战期间，抗战胜利后，洪甲氏仍不甘心，于1945年10月再次提起诉讼，诉讼请求也从民事诉讼变为刑事诉讼，要求追究其夫与其后妻的重婚罪责。

上海地方法院检察处以重婚罪提起公诉后，于1946年1月10日作出一审刑事判决：洪×泉有配偶而重为婚姻，处有期徒刑4个月，缓刑2年。洪乙氏与有配偶之人相婚，处有期徒刑4个月，缓刑2年。

但洪×泉和洪乙氏均不服上述判决，于1946年1月24日选任钱家龙律师作为辩护人帮助其提起上诉，上海高等法院于1946年6月26日作出二审刑事判决：上诉驳回。理由是：

> 上诉人洪×泉、洪乙氏曾与民国三十年九月初三日在萧山共同拜堂，业据洪×泉在侦查中供明，事前且曾择吉用轿迎娶，有告诉人洪甲氏所持之年庚八字即择日单暨上诉人洪乙氏之供词可证，按之我国习俗即经验上之法则此时必有贺喜之亲友帮忙之仆役在场，是上诉人等之结合已具备公开之仪式即二人以上之证人，应认为正式结婚。

但被告仍然不服，于是依旧选任钱家龙律师向最高法院提起上诉，请求宣告无罪或发回重审，最高法院终审判决：原判决及第一审判决均撤销，洪×泉、洪乙氏免诉。理由是：

> 按案件曾经大赦者，应谕知免诉之判决，为《刑事诉讼法》第二百九十四条第三款所明定，本件上诉人洪×泉等因妨害婚姻一案，经第一审依《刑法》第二百三十七条各处有期徒刑四月。由上诉人等向原审提起上诉，将上诉驳回，复向本院上诉，兹查该条之最重本刑为有期徒刑以下之刑而其犯罪复在民国三十五

年十二月三十一日以前，依照罪犯赦免减刑令甲项规定，系在赦免之列，合将原判决及第一审之判决均撤销，由本院依法谕知免诉。

最后两被告均被免诉。

也有请律师后改判较轻刑罚的，如吴×秀英等妨害婚姻案(案例 12)。

告诉人吴×宝 30 岁[96]，苏州人，经商为业[97]，住圣母院路××弄。第一被告吴×秀英(又名徐×弟)27 岁，上海人，单帮[98]，文盲，住长乐路××弄。第二被告徐×顺 23 岁，未婚，宁波人，店员[99]，住泰山路。以上当事人均无前科。本案证人叫金×氏，34 岁，苏州人，住南市斜徐路。

吴×宝自幼家贫，父母早丧，由姐姐金×氏养大。吴×宝与吴×秀英自己认识，在老家举行旧式婚礼，有证人一人作证，婚后 11 年，已育一子二女。但夫妻关系不睦。夫妻发生冲突时，吴×秀英娘家人多势众，常来干预，吴×秀英则抱怨吴×宝有外遇不养家，并与她分居，自己只得去跑单帮，因跑单帮认识徐×顺。吴×宝则辩称：近闻其妻不守妇道，时常串至旅馆与人幽会，乃暗中注意。于 1946 年 6 月 10 日晚 10 点许，尾随其妻至巨鹿路××号化兴旅馆，旋即报警，因当时有宵禁，便请求巨鹿路派出所警士带路进入旅馆房间，见吴×秀英与徐×顺同睡一床，带局解院。上海地方法院判决：吴×秀英有配偶而连续与人通奸，徐×顺与有配偶人通奸，各处有期徒刑 6 个月。后两被告各自请一律师，提起上诉。上海高等法院判决：撤销原判，各处有期徒刑 2 个月。通过请律师提起上诉，两被告的刑期从 6 个月减至 2 个月。

由此可见，当时刑案的律师的辩护意见还是颇受重视的，有时对一些案件能起到相当大的作用。

第三节　监狱对婚姻刑案的执行

对于被判处有期徒刑以上的罪犯，在送监执行时，规定了严格的收监程序。同时为了解决监所押犯严重超员，疾病丛生，囚粮短缺或战争爆发等困难，普遍采用“保释”措施，对符合一定条件的罪犯通过取保的方式，给予监外执行。

一、明确规定较为规范的收监程序

民国之初，监狱接收罪犯暂依清末旧制。

民国2年(1913年)9月，司法部训令规定:判决送监的罪犯除备有执行指挥书外，并须附送判决书副本。同年《监狱规则》对收监条件和入监办法作了详细规定。接着，参照该《监狱规则》，各地方较大的监狱作出了具体规定。

与本书研究相关的是1946年左右、当时部辖上海监狱收押罪犯的入监程序:“(1)审查执行文书(法院判决书、押票等)。(2)验明擎给回证。(3)登入监簿，通知各课。(4)检查携带物，登记保管。(5)搜身。(6)除发(剃光头发)。(7)给换狱衣。(8)询问身份。(9)捺取指纹。(10)实行健康诊断。(11)施行入监教诲。(12)填写入监感想录。(13)指示刑期起迄日期，告知在监应遵守事项。(14)指定监房收监。”[100]

1843年至1943年7月，上海地区罪犯分别由华界、公共租界监狱和法租界监狱执行收监。1943年8月以后，罪犯收押全部集中到部辖上海监狱。[101]

二、普遍运用保释措施

（一）保释的历史背景和条件

民国时期，为了解决监所押犯严重超员、监房不敷收容、经费短缺、囚粮困难或战争爆发等情况，采用“保释”的应急性措施，对特定的符合一定条件的罪犯给予取保监外执行。

1920年12月7日，北洋政府公布《监犯保释暂行条例》，对符合一定条件的监犯，准许保释。后来，司法行政部和国民政府根据当时监狱人犯拥挤、疾病丛生、死亡率较高等情况，分别于1932年2月和1933年8月相继发布有关训令和文件，要求各地监狱对人犯进行清理，察其案情轻重，予以保释。1937年7月抗日战争爆发后，司法院于9月公布的《非常时期监所人犯临时处置办法》第2条规定：“监犯依法得假释或保外服役者一律保释，其不能取具保证而该地已宣告戒严时，得不命具保径予开释。”1943年5月28日司法行政部重新颁布的《监犯保释暂行办法》规定：凡监狱人犯有超过预算核定人数或监房不敷收容者，除公务员犯渎职罪或公务之侵占罪者，犯窃盗、抢夺或强盗罪以及犯战时刑事特别法之罪者外，对于判处7年以下有期徒刑的罪犯，符合一定条件的均予保释。

1947年9月25日，国民政府行政院公布《绥靖区各县监所人犯临时处理办法》（以下简称《办法》）并令各城市监所参照办理。《办法》第2条规定：“监犯依法得假释或保外服役者一律先行保释，事后照通常程序补办手续。但该地已宣告戒严时，其不能取据保证者，得不待取保径予开释。”又第3条规定：“处三年以下有期徒刑或拘役或残余刑期不满三年或年逾六十岁确有疾病或妇女，原处死刑或无期徒刑以外之刑者，于戒严时得依前条规定办理之。”1948年11月25日行政院公布《戡乱时期监犯临时疏通办法》规定：对于判处5年以下有期徒刑的罪犯，规定在一定条件下准予保释。[102]

（二）保释的程序

1920年12月7日，北洋政府公布的《监犯保释暂行条例》，规定了较为详细的保释程序。1921年2月24日北洋政府司法部训令要求合乎条例应行保释之人犯，除刑期或残余刑期在10个月以上者，按照条例办理外，其刑期或残余刑期在10个月以下者，呈由该厅处复核无异后，先予保释出监。仍于月终连同其他保释各案呈部查核，以昭慎重。

1937年9月27日，南京国民政府司法院公布的《非常时期监所人犯临时处置办法》规定：凡是依法保释的监犯，应照通常程序办理。如该地已告戒严时，不须具保径予开释者，后补办手续，但须经当地戒严司令官之许可，仍造具名册，呈报司法行政部备案。

1943年5月28日司法行政部颁布的《监犯保释暂行办法》规定：得保释之人犯由监狱长官具备文件（保释者之判决誊本和身份簿）呈由高等法院首席检察官复核，转呈司法行政部核准施行，如保释人犯其刑期在10个月以下者呈经高等法院首席检察官复核无异后得先行保释出监，俟月终汇案报部。抗战胜利后，1948年11月25日行政院公布的《戡乱时期监犯临时疏通办法》第3条规定："罪犯保释，新监狱由狱务委员会决议，旧监狱由监所协进委员会审查后，报请该管高等法院核准，转报司法行政部备案。如未成立监所协进委员会，由地方法院院长、首席检察官或县司法处之主任审判官及兼检察官职务之县长会同监狱长审查之。"第4条规定，"监犯保释之声请应声叙下列事由：(1)保人之姓名、职业、住所；(2)被保人保释后之职业住所；(3)保人与被保人关系。"1949年1月行政院令："上海各监所于必要时，比照《绥靖区各县监所临时处理办法》保释，以疏通人犯。"[103]

上海租借监狱释放的人数较少。1921 年至 1929 年，华德路监狱保释了 44 名罪犯；1937 年华德路监狱保释了 78 名罪犯；1938 年 1 月 1 日至 6 月 23 日先后释放 310 名罪犯。民国监狱则按照上述规定释放了大批符合条件的罪犯。上海第二特区监狱于 1931 年至 1932 年保释人犯 2 000 名；1933 年至 1942 年保释人犯 2 079 名；江苏第二监狱，1935 年保释人犯 398 名；1937 年 8 月，由于日军侵占上海，上海时局危急，江苏第二监狱和司法行政部直辖第二监狱奉命将判处 5 年以下有期徒刑的罪犯一律保释。到 1949 年 5 月上海解放前夕，监狱内罪犯由 1947 年、1948 年时的 6 000 余人减少到 650 人。[104]

三、 规定了特定条件下停止执行的情形

民国刑事诉讼法第 471 条规定："受徒刑或拘役之谕知而有左列情形之一者，依检察官之指挥，于其痊愈或该事故消灭前停止执行：

一、心神丧失者；

二、怀胎七月以上者；

三、生产未满一月者；

四、现罹疾病恐因执行而不能保其生命者。"

徐×俊等妨害婚姻案(案例 8)正是典型的例子。下面这份上海地方法院看守所呈上海高等法院的公函足以说明上述特例：

为呈报女犯徐×氏一口怀孕已八月仰祈鉴核施行由——

案据本所医师龚纵德十月二十二日报称：兹诊得女犯 63 号徐×氏一口，年二十二岁，扬州人，因妨害婚姻案于本年十月十九日入所，现怀孕已经八个月等情前来，据此查该女犯徐×氏怀

孕已八个月，可否依照《刑事诉讼法》第一百十四条第二项规定，准予保外生产之处理，合具文呈报仰祈。

鉴核施行谨呈

上海地方法院首席检察官黄

暂代上海地方法院看守所所长田立勋

所官王明贤(私章)代行

上述案情被查证属实后，本来根据刑事诉讼法修正案的规定就可以依法将怀孕8个月的徐×氏释放出狱，但是，案卷上记载的该案的最后处理结果却是徐×俊犯妨害家庭罪，被依法执行徒刑[105]，而同案犯徐×氏被赦免。案卷中记载的理由是：本件核与大赦令甲项相符，徐×氏妨害家庭案徒刑应予赦免。令人困惑的是，如果因大赦，那么同案犯徐×俊为什么不依法释放呢？

同一个案件中的被告，所犯罪行相同，犯罪情节也基本没有区别，一个被执行徒刑，一个被赦免，在正常情况下，这是不公平的，但鉴于本案当事人的特殊情况，倒是充满了人情味，表现出对特殊时期特殊人群的保护，同时也体现了当时监狱的官员对具体问题是具体分析和处理的，这是符合当时刑事诉讼法修正案的规定的，只是处理的理由并未写准确。

值得一提的是，上海官方除了采用上述措施外，还有着自己的特色。它们针对不同的案件类型作出了不同的处理。从20世纪中期上海婚姻刑案的实际执行情况看，绝大多数的案件并不送监狱执行，而是通过判处缓刑、易科罚金的形式来处理，直接送监执行的并不多。对于不宜判处缓刑，又拒绝支付罚金的，则易服劳役。它们之所以这么做，是因为在它们眼里，这种犯罪，都是对统治阶级的统治不构成任何威胁的犯罪，属于官方所谓的“雀角之争、鼠牙之讼”，或者是属于传统社会所公认的“细故”。客观地说，上海官方的这种措施，有着一定的积极作用，既有利于罪犯的悔过自新，又有效地减轻了监狱的负担。

第四节　官方操作暴露出的社会问题

总的来说，20世纪中期上海法院的法官们在审判婚姻刑案方面是很有技巧的。但是，由于时代的局限以及当时特殊的历史背景，法院审判此类案件也存在着如下诸多问题：

一、法律知识尚未在全社会普及，民众法律意识整体很差

虽然民国时期的法律制定得比较完备，然而在执行中却存在着许多问题，而且也没有在全社会普及法律知识，结果导致一般民众的法律意识非常薄弱，存在着大量的法盲。一个明显的标志就是，当时许多重婚、通奸的被告并不知道自己的行为是违法犯罪行为。

例1：状告周×章妨害婚姻案（案例37）。

周×章在前伪警局[106]及后来的上海地方法院均承认有两个妻子，且都是正式结婚，但不知是犯罪。[107]

例2：严×鸿妨害婚姻案（案例26）。

严×鸿与严×氏婚后，趁来沪打工期间又凭媒另娶施×萍为妻，因严×氏来沪探悉后告诉，由检察官侦查起诉。在严×氏的诉状中，诉讼理由是抛弃发妻而与人通奸。从后面法院的询问笔录看诉讼目的是要被告赔一点钱维持生活，并不要他“吃官司”。但严×鸿被保人保出后，不与严×氏谈判，也不与严×氏见面，更不顾其生活，严×氏感觉和好无望，经济上得不到补偿，加上生活困难，故又续状要求

追究严×鸿的刑事责任并要求生活上给予照顾[108]。严×鸿在答辩状中声称续娶施×萍是事先征得严×氏同意的，而且也照顾到严×氏的生活了，他以为这样自己就不需负刑事责任了，可见，正如被告自己承认的是“知识浅薄，误解自由，因而犯罪”。

例3：倪×亚等妨害婚姻案（案例20）。

本案中的第一被告倪×亚，是个富有的旧铁店主，与倪×氏在老家正式结婚。婚后不久妻子因精神病住进了上海疯人医院。从案卷中倪×氏的情况看，她娘家很富有，不幸的是她患有这样棘手的病。按照民国民法第1052条的规定：夫妻之一方“有重大不治之精神病者”，另一方可向法院请求离婚。倪×亚本可以通过法律途径，解除与妻子的婚姻关系，然后再寻找新的婚姻伴侣，也许是因为缺乏法律意识的缘故，也许是担心世俗的眼光，倪×亚没有这样做。但又介意有病的妻子不能生育或不能生育健康的孩子，于是选择了“纳妾”，并移居上海。由于民国的法律已不承认纳妾，所以按照当时刑法的规定，倪×亚的行为就构成了犯罪。经审理后法院判决：倪×亚有配偶而与人通奸处有期徒刑6个月，准以500元折算1日易科罚金。结果：易科罚金。附带民事诉讼原告之诉驳回。陆×英与有配偶之人通奸处有期徒刑6个月，准以500元折算1日易科罚金。只见案卷中倪×亚、陆×英各缴纳罚金90 000元。

例4：状告顾×宾妨害婚姻案[109]（案例21）。

告诉人与第一被告承父母之命在上海五马路东南鸿庆酒楼结婚，后来第一被告又与第二被告结婚。告诉人以重婚罪名向法院提起告诉，后由上海地方法院检察官提起公诉。第一被告答辩的理由是：“因第一被告有一先叔并无子嗣，依照本乡习惯将第一被告作为嗣子继承门庭。告诉人见此情状且自感身弱乃嘱第一被告另行娶妾……第一被告乃征得各方家长之同意，经友做媒介绍即与第二被告结合。"[110]而且双方家长和亲友还都认可这种事情，并不知是犯罪。由此可见，即使是在中国当时最大的开放城市上海，当时法律并没有在民众中普及，百姓的法律意识是很差的。

针对这个社会问题，民国《刑法修正案要旨》第 8 条[111]规定："依现行法规定不知法令仅得因其情节减轻其刑似嫌过严，本案将不知法令改为不知法律且于一定条件之下得免除其刑。"

二、 社会秩序混乱

1945 年，中国人民取得了抗日战争的胜利，当时百废待兴，社会秩序混乱，犯罪嫌疑人或被告人涉嫌犯罪而逃亡或藏匿的情形比比皆是。从上海市档案馆查阅的大量通缉案件中，可见一斑。

在 32 件通奸案中，至少有 6 件为被告逃匿而通缉的案件；在 3 件妨害婚姻家庭案中，有 1 件系被告逃匿被通缉。根据民国刑事诉讼法第 84 条的规定："被告逃亡或藏匿者，得通缉之。"第 85 条规定："通缉被告应用通缉书。"根据民国法律的规定，通缉的程序是："凡于侦查中发现被告有逃亡或藏匿之情形时，即由检察官或首席检察官签发通缉书通缉被告，若于审判中始发觉，则由院长签发而通缉之。附近或各处检察官及司法警察官既受嘱托，即得拘提被告或径行逮捕之。若不以通缉书通知附近或各处检察官及司法警察官署，而用登载报纸或以其他方法布告者，经布告后，附近或各处检察官及司法警察官亦有同样之义务。"[112]通缉的效力是："通缉经通知或布告后，检察官司法警察官得拘提被告或径行逮捕之。"[113]即使有法可依，但还是存在着违法逃匿的情形，下列案例是因被告或犯罪嫌疑人逃匿而被通缉的案件：

例 1：陈×才等妨害婚姻案（案例 42）。

告诉人陆×馨 43 岁，绍兴人，住长寿路，从事洗染业。第一被告陈×才(即陈×良)匿居泰山路。年籍住址不详。第二被告陆×氏35岁,绍兴人,住址同第一被告。当事人均无前科。陆×馨与陆×氏结婚14年,生过小孩,皆夭亡。陆×氏因陆×馨纳妾后离家出走,外出帮佣,与陆×馨的朋友同居,经陆×馨告诉到案。后两被告逃亡被通缉。

例2:赵×祥妨害婚姻案(案例43)。

告诉人赵×氏32岁,徐州人,住华兴路华兴坊口草棚户。被告赵×祥,住海宁路。为水上警察队警长。双方结婚11年,已育5个孩子,因赵×祥遗弃赵×氏母子,致其衣食无着,5个孩子皆夭亡。赵×氏对赵×祥向法院提起告诉,但因赵×祥逃匿,被通缉。

例3:李×元妨害婚姻案(案例44)。

告诉人朱×宝27岁,盐城人,以做扫帚生意为业,住闸北潘家湾路。被告李×元,所在不明。朱×宝控告李×元通奸的同时提出与其离婚。法院审理时当事人均未到庭。案卷中记载双方的婚姻系父母作主,凭媒结婚(系表兄妹),婚后即得知其妻有情人,是在华中铁路任黑帽子的。案发后李×元与情人同逃,被通缉。

由上可知,这几个案例的内容非常简单。下面三个案例的内容则相比较多,但内容仍不全面:

例1:刘×再等妨害婚姻案(案例45)。

告诉人蒋×文46岁,浙江慈溪人,在洋商船上充当机器间头目,住南成都路锯兴里。第一被告刘×再(刘×再的妻子叫沈×林,是沈×宝的姐姐),男,其他不详,在逃。第二被告沈×宝,女,36岁,浙江慈溪人,住杨树浦路福禄行信托里。以上当事人均无前科。

蒋×文比沈×宝大10岁,在沈×宝17岁(当时蒋×文27岁)时,凭媒在原籍浙江慈溪乡间与她结婚。婚后18年,生有子女四名,仅存活一子,年已11岁。后因蒋×文出外谋生,沈×宝称系蒋×文失踪，不养她，故与其姊夫通奸，并携带家里所有东西搬至杨树浦路福禄行信托里××号居住，并已育有二子一女。蒋×文探悉前情后报警，沈×宝被捕，刘×再闻风而逃。因为沈×宝愿意跟蒋×文回家，蒋×文对沈×宝撤回告诉。

例 2：朱×生等妨害婚姻案（案例 46）。

告诉人卫×妹 23 岁，浦东人，住浦东东卫巷。第一被告朱×生，情况不详。第二被告×英，女，其他情况不详。

朱×生与卫×妹于 1941 年 2 月结婚，婚后 1 年曾生一女，已夭折。后朱×生与×英姘居并将发妻卫×妹赶回娘家居住，当时朱×生充当伪青年团员并投靠伪军队长龚中□即小龚为师，恃其有枪，为非作恶，卫×妹一家不敢吭声，抗战胜利后，卫×妹以朱×生与×英通奸为由提起自诉。审判时当事人均未到庭。后只卫×妹到庭，声称与朱×生系正式结婚并生育过子女，婚后丈夫朱×生即与情妇×英一同逃走。

例 3：谭×贵妨害婚姻（家庭）案（案例 9）。

告诉人成×吉，男，其他不详。被告在逃，情况不详。

成×吉于 1939 年凭媒娶×氏为妻，育有子女各一，初在浦东老三井地方居住。1946 年古历正月初九日，自己因外出踏车之际，目击妻×氏与谭×贵等并肩而行，互相私语。当晚归家，即对×氏严加斥责以至口角，不料×氏竟于第二天带同幼女借故外出，一去不返。成×吉四处寻找无踪，及至同月 22 日，始悉为被告等局串诱拐藏匿，成×吉乃于 23 日央由林×氏、陈×华 2 人探听究竟，谭×贵满口支吾，自愿央人谈判，出资了事。29 日，谭×贵又邀徐×伯、仇×山到东方旅馆继续谈判，当由局串之人王×修、孙×顺、周×宝等出面说合，谭×贵愿出法币 50 万元作为成×吉另娶费用。然谭×贵一再推托付款时间，1946 年 4 月 5 日，成×吉以谭×贵、王×修、孙×顺、周×宝等局串诱拐有配偶之人脱离家庭为由，将其一同告诉，同时请求被告等交出其妻,让其回家团聚。

经法院调查,王×修、孙×顺、周×宝三人系证人地位,与诱拐无关,应予免议,"被告谭×贵显犯刑法第二百四十条第二项之罪,合依刑事诉讼法第二百三十条第二项起诉"。

因被告谭×贵经拘传未获,被通缉。

从以上这些被告被通缉的案件看,这类案件的案卷都很薄,因为被告没有到庭(后来甚至有的案件连告诉人也不到庭了),所以许多案件连当事人的基本情况都不清楚,案卷中多有"不详"的字样,或者干脆不写。从警察局到法院都缺少当事人的讯问笔录等基本材料,最后的结果都是被告逃亡被通缉,该案不了了之。这种情况表明,当时抗战刚刚结束,社会秩序还是比较混乱的。

三、人权保护不力

(一)没有摆脱传统社会等级特权的影响

中国传统社会中的等级制度到了民国得到了较为彻底的改变。民国建立后,孙中山从"总统官吏皆国民之公仆也"的认识出发,不仅严申反对封建专制制度下官吏所享有的法定的和法律外的特权,而且还下令内务部通知各官署,革除清朝时期反映官僚等级特权的称呼。与此同时,也明令废除了跪拜礼,代之以鞠躬。废除跪拜礼的意义远远超出了形式,它体现了资产阶级所提倡的法律面前人人平等的原则,以及对人格的尊重。[114]

然而,具体到司法实践中,这种改革并不彻底,即使在正规的法院案卷中,仍然有"饬回"、"饬缴罚金"等字样。如朱×和妨害婚姻案(案例37)中,最后的判决:二人通奸,各处有期徒刑3个月。如易科罚金,以500元折算1日。任×氏被"饬缴罚金"易刑,朱×和被执行徒刑,期满后被开释。"饬"在用于旧时公文中时指上级命令下级的意思，既然是上级命令下级，那么官员就是上级，百姓就是下级，双方地位显然不同。所以说没有摆脱等级特权的影响。

在案卷中有上海地方法院检察处罚金执行通知书 1 份及罚金执行通知书回证 3 份，此外还有被告任×氏的缴纳罚金的相当于收据性质的证据。在执行案卷中的刑事执行笔录中，任×氏缴了罚金易刑。在点名单中记载：任×氏被饬缴罚金。

（二）存在刑讯逼供

刑讯逼供在古代之所以被法律认可并经常适用，是因为在古代，口供在刑事案件中具有特殊地位。在大部分刑事案件中，被告人的口供是必不可少的证据，没有口供就不能对被告人定罪。而且，由于司法官员相信没有一个无罪的人会自诬有罪，因此被告人一旦承认犯罪，若无反证，则可推断其所说属实，即口供本身的证明力比其他证据高。然而人性怕苦，在刑讯恐吓或折磨下多自诬服，这样反而不利于查明案情真相，容易导致冤假错案的发生。

由于口供在刑事诉讼中具有如此重要的地位，因而为获取口供而对被告人施以刑讯为历代法律所允许。为了避免一味依赖口供会导致被告人屈打成招、造成冤案，统治者在立法方面多对拷讯加以限制，这些限制在不同的时期有不同的标准，其中唐律对拷讯的限制在历代法律中最为严格。《唐律疏议·断狱》载："诸应讯囚者，必先以情，审察辞理，反复参验，犹未能决，事须讯问者立案同判，然后拷讯。违者杖六十。""诸拷囚不得过三度，数总不得过二百，杖罪以下不得过犯之数。拷满不承，取保放之。"这两条唐律条文对采用拷讯的条件、拷讯程序、拷讯方式、拷讯数目等方面作出了明确的限制。

中国传统的刑讯制度自唐代完全确立以后历经宋元明清四代，基本上无太大的发展变化。直至 1840 年鸦片战争后，随着西方列强在通商口岸领事裁判制度的建立，西方国家的法律制度开始被引进中国并在一定的领域内发挥作用。目睹了西方国家的诉讼制度以后，一些法学家与思想家就将西方的诉讼法律制度与中国的诉讼法律制度进行比较，结果，刑讯就成了传统证据制度遭受批评最多的一项制度。批评者的主要理由就是人性怕苦，在刑讯恐吓或折磨下多自诬服，这样反而不利于查明案情真相，容易导致冤假错案的发生。

民国时期，颁布了一系列的法令法规，其中孙中山就任南京临时政府的临时大总统后，于1912年3月2日在《大总统令内务、司法两部通饬所属禁止刑讯文》明确宣告："不论行政司法官署，乃何种案件，一概不准刑讯，鞫狱当视证据的充实与否，不当偏重口供，其从前不法刑具，悉令焚毁。"[115]同时要求两部"不时派员巡视"，如发现日久故态复萌，"除掠夺官职外，付所司治以应得之罪"。这个命令反映了资产阶级的法律观和人道主义精神，在我国法治发展史上，是一个重大的进步。随之《县知事审理诉讼暂行章程》第27条规定："审判方法，由县知事或承审员相机为之，但不能非法凌辱。"再次禁止侵犯受审人人格的做法。民国刑事诉讼法第98条规定："讯问被告，应出于恳切的态度，不得用强暴、胁迫、利诱、诈欺及其他不正的方法且与事实相符者，得为证据。被告虽经自白，仍应调查其他必要的证据，以察其是否与事实相符。"这种否定刑讯的态度和做法同样表明了它的历史进步性。然而，在执行中，却有背离上述法令的情形。

郭×氏妨害婚姻案（案例15）可以从侧面反映这个问题。

告诉人郭×松36岁，盐城人，住合肥路（即劳神父路），在电车公司当稽查员。第一被告郭×氏33岁，盐城人，住合肥路。前科是因通奸被判处有期徒刑8个月。第二被告叶×根21岁，泰州人，未婚，是人力车夫，住大林路沙家街。有盗窃3次的前科。

郭×氏系郭×松之妻，婚后生一女儿，已经11岁，因郭×松患有肺病不能满足郭×氏性欲，早在婚后3年，郭×氏即因通奸被判处有期徒刑8个月，婚后16年时，郭×氏再次无法克制自己的性欲，遂用淫语引诱邻居叶×根，与其幽会通奸，被郭×松当场捉奸在床后报警。

在上海地方法院1946年4月17日的审判笔录中，郭×氏否认通奸，说是因“警局他们打我，叫我承认的”。叶×根也否认通奸，说“是他们诬赖的”，问：“你在警局不是承认了吗？”答：“警局打我，叫我承认的”。问：“在检察处你不是也承认了吗？”答：“检察处我未说通奸。”

但是，在上海地方法院的刑事判决中，郭×氏有配偶而连续与人通奸，叶×根连续与有配偶之人相奸，各处有期徒刑6个月。

两被告均称有刑讯逼供。可见，当时在刑事案件的审理中，存在着刑讯逼供的嫌疑。

从案件事实看，这是一起因男方“不能人道”而引起的通奸案件，本案的被告郭×氏，按照今天的观点，她本身也是受害人，33岁的年龄，正值壮年，而且她不是一个清心寡欲的人，但不幸的是，她的丈夫却没有这方面的能力。现在，根据1989年11月21日，最高人民法院《关于人民法院审理离婚案件如何认定夫妻感情确已破裂的若干具体意见》规定：“一方有生理缺陷及其它原因不能发生性行为，且难以治愈的”，经调解无效，准予离婚。可是，在20世纪中期，中国的传统思想总是要求女性无欲无求，而男性的生理需要则认为是天经地义的，男性如果遇到通奸一类的事，总是能够得到别人的同情，而女性则只能受到社会舆论的谴责，从而得到较低的社会评价。警方对本案被告的刑讯逼供应该与当时人们的社会心理有关。

另见陈×兆等妨害婚姻案（案例7）。

告诉人[116]曹×卿24岁，盐城人，先是从军，战争结束后做木柴生意，后又做工，住平凉路棚户。第一被告曹×氏（即×淑贞）24岁，盐城人[117]，中纺第三厂女工，住长寿路大旭里。保人系其第一任丈夫。第二被告陈×兆，25岁，江北人，住同右。右手残废，以经商为业。上述当事人均无前科。

曹×氏系曹×卿发妻，两人于1943年12月22日[118]在盐城都凉镇结婚[119]。因曹×卿谋事[120]离乡，曹×氏因生活难以维持[121]，经邻居介绍，父母作主，于1945年3月4日在盐城金家舍与陈×兆举行婚礼[122]。婚后两人来沪同居于长寿路大旭里××号，为曹×卿侦悉。因为曹×卿只告陈×兆，要求领回妻子。在上海地方法院检察官起诉书中，只有陈×兆是被告，上海地方法院检察处侦查案卷的封面显示，对曹×氏不起诉。上海地方法院检察处起诉后，陈×兆选任律师张永清为其辩护。最后法院判决：陈×兆与有配偶之人相婚，处有期徒刑6个月。

案卷中，陈×兆说自己在警局被打一顿，才说自己知道曹×氏是有夫之妇的。如果陈×兆所述属实，那么就说明当时存在刑讯逼供的情况。

（三）没有真正落实男女平等

孙中山根据“天赋人权，男女本非悬殊”的理论，强调共和国成立后，应确保妇女享有与男人平等的法定权利。后来，民国时期颁行了一系列关于在婚姻家庭生活中保护妇女的法律和法令，男女平等逐步成了一条基本的法律原则。与清末相比，这一时期妇女的法律地位有明显的提升，这无疑是随着近现代社会变迁而产生的一个巨大的社会进步。然而，由于根深蒂固的传统文化的深远影响以及时代的局限性，《中华民国民法》“亲属编”关于两愿离婚后子女之监护，规定由夫任之（另有约定者，从其约定），这一规定带有明显的对妇女的歧视性，再加上妇女自身较为低下的经济地位和文化素质等综合因素的影响，使得这一时期妇女的实际法律地位甚至还远没有达到当时法律规定的程度。

典型的案例是傅×泉等妨害婚姻案(案例16)。

原告吴×田39岁,做小工,住浦东东昌路张家巷草棚。无前科。第一被告傅×泉40岁,扬州人,小工[123],住浦东东昌路张家巷。保人叫刘×祥,40岁,扬州人,是被告傅×泉的邻居,职业为店主。与被保人关系为“友谊”。第二被告吴×氏35岁,高邮人,无业,有小孩。住浦东东昌路张家巷草棚(后拆除)。

傅×泉原来是和尚,后来还俗成家,案发时无业。有妻子和一个二十多岁的儿子,儿子当时在码头做野鸡小工[124],妻子也在做工。傅×泉因无业终日在外游荡,于1945年10月间与吴×氏通奸。后被吴×田发觉,吴×田顾及颜面,拟迁移了事,遂于1946年5月5日将原盖草棚拆除以便迁移至浦西。傅×泉竟前往阻止。吴×田及其妻报警,经查明拘获被告到案。

吴×氏被捕后找不到保人,法院“责令其夫领回”。后来,法院发拘票传唤时,查找不到她,于是被法院通缉。

上海地方法院作出判决:傅×泉与有配偶之人通奸,处有期徒刑2个月。被告吴×氏所在不明待缉获另判。最后,傅×泉被执行徒刑。

因吴×氏觅保无着,法院“责令其夫领回”。案卷中的这个措辞明确表现了夫妻的法律地位是不平等的。

陈×兆等妨害婚姻案(案例7)也可说明这个问题。被告曹×氏则是其夫作为保人将其保出的。在1946年7月1日法院的点名单中记载“交付其夫责付”。案卷中的一份司法警察报告书中,批语:“准予责付。”这里明显表明当时社会男女法律地位的不平等。因为毕竟在20世纪中期十里洋场的上海,当时还是征得女方同意的,因为在询问笔录中,检察官问曹×氏:“你丈夫要领你回去愿意否?”答:

"我愿意回去。"后有司法警察冯继明的签名及私章。还有一人私章看不清楚姓名。接下来的一页是刑事保状，具保人是曹×卿，被保人是曹×氏，可见曹×氏最后的结局是回归其前夫处。因为这类案件在当时属不告不理类的案件，所以在上海地方法院检察官起诉书中，只有陈×兆是被告，上海地方法院检察处侦查案卷的封面表明对被告曹×氏不起诉。

仅仅从上海市档案馆馆藏的档案里的措辞就可看出，在当时的婚姻家庭中男女地位是不平等的。但是男女法律地位不平等应该是有程度区别的，比起中国不开放的其他地区，上海因为比较开放，所以男女法律地位差别不是太大。但综合实践中的各种因素，结合实际案例，总体上还是处于男女不平等的状态。

（四）对妇女等弱势群体权益的保护不足

自从母系氏族社会的母权时代结束以后，妇女的地位发生了急剧的变化。恩格斯说，母权制的被推翻，是女性具有世界历史意义的失败。此后，丈夫在家庭中掌握了绝对的权力，妻子变成了丈夫淫欲的对象、生育的工具。在漫长的私有制社会历史里，妇女作为人的基本权利被任意剥夺，甚至丧失了独立人格。

到了近代，在民主意识比较发达的西方国家，妇女在社会生活中被歧视、被侮辱的状况，仍然是有目共睹。从18世纪开始，经过世界各国妇女长期的、艰辛的斗争和努力，妇女的人权状况有了长足的进步。1948年《世界人权宣言》中明确规定"人人有资格享有本宣言所载的一切权利和自由，不分种族、肤色、性别、职业、宗教或其他见解"。《联合国宪章》也重申基本人权、人格尊严与价值，以及男女与大小各国平等权利之信念。在法律上男女平等地位得到根本确立。另外，大多数国家还将男女平等的权利载入了本国宪法之中，并专门制定了保护妇女人权的法律。不可否认，在法律领域内妇女的地位确实得到了显著提高[125]。但是,在20世纪中期的上海,刚刚从传统社会走出的中国妇女,特别是犯有罪错的妇女,对她们的权利保护的状况仍然不容乐观。具体表现为对刚生产几天的产妇和即将待产的妇女也采取提审、关押等强制措施。

如谭×凤妨害婚姻案(案例47)。

告诉人张×忻32岁,上虞人,是做橡胶生意的商人,住南市民珠街。被告谭×凤34岁,住民珠街,无业。保人陈×昌,66岁,余姚人,是延昌蛋行店主,与被告关系为"朋友"。

谭×凤与张×忻凭媒结婚,婚后17年,已育子女二人。但夫妻感情不睦。3年前,张×忻患花柳病,并与其他女人同居,且生育一孩,同时又不顾妻子生活。谭×凤因生活无着,又恨丈夫的移情别恋,遂于1945年3月间与赵×宝姘识,嗣以怀孕,乃携带张×忻之大衣、单裤和被单等件及金首饰(金戒指3枚,2两重的金条5根,金表白金眼镜一副),离家与赵×宝同居,后生一女孩。1946年2月间,谭×凤产后未满一月,被张×忻探得告诉到案。

本案被告谭×凤产后未满一月,即因被丈夫张×忻控告通奸被逮捕。关押后警察责令被告寻觅保人,然而作为旧式妇女的谭×凤,显然交际不广,找不到保人。只好住看守所,等其弟来保他出去。后来,谭×凤的弟弟谭×海,具状要求释放谭×凤,并替谭×凤觅得保人将其保出。

又如王×氏妨害婚姻案(案例48)。

原告徐×元26岁,江北人,是人力车夫,住胶州路金家巷。被告王×氏[126]22岁,高邮人,文盲,住海拉尔路草棚子。以上当事人均无前科。案卷中有"准交店保"的批示,但因无人担保,只能还押。后又觅得保人,名叫赵×福,32岁,高邮人,住虹口邢家宅路。系中南烟号店主。与被告关系为朋友。

经男家女家2个媒人介绍，王×氏的父亲不顾王×氏本人的反对，包办其与徐×元结婚。婚后，王×氏并不开心，于1944年4月趁徐×元外出作工时，悄悄地偷回婚书，返回原籍高邮与王×铃同居，案发时已经生育一个女孩，有7个月了，并表示坚决不回徐×元家里。在上海市警察局提篮桥分局调查报告书中，问："现在徐×元叫你回家同他仍作夫妻，你愿意吗？"答："我死都不同他回去做夫妻。"从上海市警察局提篮桥分局调查报告书中的这句回答，可见她坚定的态度，她对包办婚姻的反抗是非常坚决的。

因系反抗父亲包办婚姻，王×氏得到了法官的同情。上海地方法院作出刑事判决：王×氏有配偶而与人通奸减处有期徒刑1个月。判决的理由是：本件被告王×氏与徐×元曾经结婚，不但有徐×元及证人刘×财指证历历，即王×氏亦供认有此事实，查被告本系有夫之妇，而又私与他人姘居且生育一个女孩，已逾7个月，则其与人通奸之事实，至为显明，自应依法问罪，唯查被告与徐×元结婚非出于自己（本人）之意愿，此次与人姘度情节尚属可原，酌予减轻其刑，用示怜恤。

从对王×氏较轻的量刑（有期徒刑1个月）看，不仅当时的法律规定、社会舆论对因不满包办婚姻而逃婚的妇女是同情的，本案法官也是"依法"办案的。押票回证上，受羁押人姓名王×氏左侧有括号附小孩一口。王×氏被捕后始终带着年仅7个月的应该尚在哺乳期的孩子。

再如徐×俊等妨害婚姻案（案例8），被告徐×氏被捕时已怀孕8个月，证据是：案卷中有一份上海地方法院看守所呈上海高等法院的公函，大意是看守所医生发现女犯已怀孕8个月，依据刑事诉讼法的规定请求允许其保外生产。怀孕8个月，从体形上应该能明显看出了，可是被告还是被捕了，直至判决送监执行后，狱医呈送公函至上海高等法院。

民国刑事诉讼法修正案在其第 11 条第 3 款关于被告之羁押章与本书相关修改的内容是:“声请停止羁押不得驳回之情形,现行法仅以犯最重本刑为拘役或专科罚金之罪为限,本案扩张至六月以下有期徒刑并将妊妇产妇及重病人应停止羁押之情形加入。”[127]

民国刑事诉讼法修正案在其第 11 条第 4 款进一步规定:“声请停止羁押现行法规定以缴纳保证金为原则不无流弊,故本案改订以提出保证书为原则、缴纳保证金为例外,并将现行法停止羁押后增加保证金之规定删去。”[128]

按照上述法律规定的精神,对于产后未满 1 个月的和怀孕 8 个月的被告是应该立即停止羁押的,即使是已经裁判的,也应停止执行,然而,在案卷中,仍然有着被羁押的记载,直至具保后,才将其释放。从以上案例可见,当时对妇女婴儿及儿童等弱势群体的保护还是相当欠缺的。

注　释

[1] 执行羁押,由司法警察将被告解送指定之看守所为之。(郭卫修编:《刑事诉讼法论》,上海法学编译社会文堂新记书局 1946 年版,第 95 页)

[2] 陈兴良:《刑法的价值构造》,中国人民大学出版社 1998 年版,第 353 页。

[3] 以下所引民国刑事诉讼法条文,除特别说明外,均见《中华民国刑事诉讼法》(1935 年 1 月 1 日公布,1935 年 7 月 1 日施行)。

[4] 郭卫编辑:《中华民国刑事诉讼法》,上海法学书局 1934 年版,第 28 页。

[5] 夏勤编著:《刑事诉讼法要论》,商务印书馆 1944 年版,第 96 页。

[6] 司法机关责令被告人提供担保人或交纳一定数量的保证金,保证其不逃避侦查、审判,以获取释放或者免予拘留、逮捕。作为一种限制人身自由的强制措施,取保候审一般对罪行较轻,不需要拘留、逮捕,但对其人身自由又须作一定约束的犯罪嫌疑人、刑事被告人采用。(中国社会科学院法学研究所法律辞典

编委会编:《法律辞典》,法律出版社 2003 年版,第 1120 页)

[7] 参见倪爱静:《取保候审:由非公开决定走向公开》,《人民检察》2008 年第 12 期。

[8] 参见钱国耀、黄双全主编:《诉讼法大辞典》,复旦大学出版社 1993 年版,第 246 页。

[9] 1942 年,伪上海特别市推行居民身份证制度,伪警察局规定凡居住上海市年满 14 周岁以上市民必须申领居民身份证。(参见易庆瑶主编:《上海公安志》,上海社会科学院出版社 1997 年版,第 21 页)1948 年 10 月,上海市警察局进行全市人口清查,换发国民身份证,共核发 5 228 489 张。(参见易庆瑶主编:《上海公安志》,上海社会科学院出版社 1997 年版,第 23 页)

[10] 以店铺名义作出的担保。

[11] 从案卷记载看,是否允许担保以及决定用何种形式担保一般是由司法警察调查后出具一份"报告书",然后上呈检察官,由检察官决定。

[12] 夏勤编著:《刑事诉讼法要论》商务印书馆 1944 年版,第 87 页。

[13] 参见刘迎迎:《争取强制权利》,载陈卫东主编:《保释制度与取保候审》,中国检察出版社 2003 年版,第 444 页。

[14] 英国保释制度大约形成于 12—13 世纪,产生的原因并不像现在人们普遍认为的是刑事司法人权保护的措施之一,而是产生于实际的需要。即当时的郡长为了避免长时间等待巡回法官的到来而有可能出现的被羁押者逃跑的风险责任,采取了将被羁押者释放回家,其家人必须保证其在开庭时出庭受审的措施。保证方式通常表现为一定的财产责任。显然,这种做法对郡长和被羁押者都有利,但保释不到庭的风险依然存在,甚至到后来郡长在决定可否保释时出现了收受贿赂或索取好处的现象,于是英国于 1275 年制定了一部规范审前释放程序的法律,称为《威斯敏斯特条例(一)》,但滥用保释权的现象却一直没有被杜绝,直到 1826 年《刑事司法法》的施行才彻底改造了保释制度。英国现行的保释制度是由 1967 年《刑事司法法令》、1976 年《保释法》及相关法例构成的。由于英国法律在普通法国家的适用,保释制度也从英国移植到各个普通法国家。

[15] 在古代,这种保释措施被称为"保候",到了民国时期被称为"具保",现在一般被称为取保候审。

[16] 参见案例索引 23。在上海地方法院检察处的侦查卷宗第一页刑事诉状中,两被告的住址是"均在押普陀路警察分局",后卢小×子及蔡×氏被捕后被人力车行主保出。这里的当事人的基本情况根据上海地方法院刑事判决中所记录的情况。

[17] 参见案例 24,系告诉人诉状。

[18] 参见案例 24,上海地方法院检察官起诉书。

[19] 这只是不完全统计,因为不知何故,有少数案卷中没有执行案卷。

[20] 徐×氏的娘家在上海,恰与徐×俊住一个弄堂。

[21] 系案卷中原话,参见案例 13。

[22] 与后面住址不符,后面是住忆定盘路赵家径。可能是搬迁,也可能是笔误。

[23] 在告诉人的诉状中,反复提到在上海住在娘家,可见告诉人严×氏应为上海本地人,嫁到乡下的。所以其权利保护意识较强。

[24] 这些事实为当事人一致承认。

[25] 指的是附带民事诉讼。

[26] 参见案例 52。

[27] [日]木村亀二主编:《刑法学词典》,顾肖荣、郑树周译,上海翻译出版公司 1991 年版,第 426 页。

[28] [苏]H. A. 别利亚耶夫、M. N. 科瓦廖夫主编:《苏维埃刑法总论》,马改秀、张广贤译,群众出版社 1987 年版,第 295 页。

[29] 林山田:《刑罚学》,台湾商务印书馆 1983 年版,第 277 页。

[30] 孙力:《罚金刑研究》,中国人民公安大学出版社 1995 年版,第 101 页。

[31] 朱×和,已婚且生有一个女儿。他一向以摇船为生,系告诉人雇佣的伙计。

[32]《中华民国刑事诉讼法、刑法、民事诉讼法修正案要旨——附中华民国刑法、刑事诉讼法施行法》,上海律师公会 1935 年印,第 4—5 页。

[33] 除状告钱×阮妨害婚姻案(案例 4),上海地方法院判决:钱×阮、钱×甫共同以非法方式剥夺人之行动自由各处罚金国币 15 000 元,如易服劳役以 500 元折算 1 日。但最后两被告还是以缴付罚金结案。

[34] 不同国家的不同学者对此定义不一,英国学者卡特利奇认为:缓刑是一种将监督与帮助相结合的社会教育性刑罚方法。它适用于根据其犯罪人格、感受挑选出来的犯罪人,犯罪人有人身自由,这种自由制度的目的是向犯罪人提供改变社会生活方式的机会,将犯罪人安置在他们自己选择的、不会再次违反刑法规范的社会环境中。日本学者解释道,所谓缓刑,是在宣告刑罚之际,根据情况没有必要现实地执行刑罚的场合,一定期间内暂缓其执行,没有事故发生,则经过暂缓执行期间,认为刑罚权消灭的制度。意大利学者认为,缓刑是指根据法官的命令被判处的刑罚在一定的期限(考验期)内暂不执行,在规定的期限内,如果被判刑人没有犯重罪或同一性质的轻罪,履行了遵守的义务,犯罪则消失。美国的缓刑则是社区矫正方式(community corrections)之一。它是由法院对于在诉辩交易中承认有罪或通过法庭审理而被认定为有罪的被告人所科以的一

种刑罚。被处以缓刑的罪犯通常限制在一个由缓刑机构监督下的社区接受监督，而不是被送入监狱进行监禁。因此，缓刑的含义是：对犯罪行为人所处以的、在限定的社区范围内接受考验监督，并以遵守某种规则和条件来避免被监禁的一个刑种。联合国在1951年发布的《缓刑与相关措施》文件中，对缓刑下的定义是："缓刑是一种处理特别挑选的犯罪人的方法，在附条件地暂缓刑罚的同时，对犯罪人实行人身监督，并提供个别指导或'治疗'。"简言之，所谓的缓刑是指依法对犯罪分子附条件地不执行原判刑罚的处理方法。

[35]《大清新刑律》第63条规定："具有下列要件，而受四等以下有期徒刑或拘役之宣告者，自审判确定之日起，得宣告缓刑五年以下，三年以上：(一)未曾受拘役以上之刑者；(二)前受三等或五等有期徒刑执行完毕或免除后逾七年者，或前受拘役执行完毕或免除后逾三年者；(三)有一定之住所及职业者；(四)有亲属或故旧监督缓刑内之品行者。"

[36] 在档案中的原告提交的刑事诉状中，均未写性别、年龄、籍贯和职业。文中性别等资料为作者根据案情事实所加。

[37] 由告诉人在底片上印下一张提交法院作为证据。在原档案中可见一张黑白结婚照，男着西服，女披婚纱。

[38] 有宴席、有婚书，由此可见，这是中国中上层人士的婚礼。本案中男方应是个富有的商人。

[39] 由此可见，本案的当事人系社会的中上层，经济条件较好。

[40] 被告答辩状所述。参见上海档案馆馆藏资料，档案号：Q185-2-4522。

[41] 这是侦查案卷中的称呼。

[42] 根据1945年2月18日的调查报告书中记录。

[43] 根据1945年2月18日的调查报告书中记录为南汇人，而在1945年5月7日的审判笔录中记录为浦东人。

[44] 根据1945年2月9日的讯问笔录中杨×凤的陈述。然在1945年5月7日的审判笔录中王×娟否认和杨×凤正式结婚，只是说："他先和我发生关系，后来他带我到天主堂里去走了一转就算结婚了"，而当时她正出来做佣人。前面的侦查案卷中说，她一从堂里出来，就和杨×凤结婚了，前后矛盾。

[45] 陈应性编著：《中华民国刑法解释图表及条文一册》，王云五1936年印，第200页。

[46] 根据徐家汇分局的"三十五年度刑字第三十四号"的讯问笔录。

[47] 参见[日]田口守一：《刑事诉讼法》，刘迪、张凌等译，法律出版社2000年版，第118页。

[48] 参见陈朴生:《刑事诉讼法论》,台湾正中书局 1952 年版,第 215—216 页。

[49] 当时是三审终审制。

[50] 民国三十二年度诉字第三〇六号(一审)。

[51] 民国三十二年度上字第一八〇号(二审)。

[52] 民国三十三年度上字第二九九号判决。

[53] 因为告诉人的母家在上海,可见她是地道的上海人。

[54] 最高法院 1933 年再字第 5 号判例:"凡纳妾在民法亲属编施行后,而未得妻之明认或默认,均构成离婚之原因。"最高法院 1933 年上字第 636 号判例:"民法亲属编无妾之规定。至民法亲属编施行后自不得更以纳妾为缔结契约之目的,如有类此行为,即属与人通奸,其妻自得请求离婚。惟在民法亲属编施行前业经成立之纳妾契约,或在该编施行后得妻之明认或默认而为纳妾之行为,其妻即不得据为离婚之请求。"

[55] 案卷中有告诉人呈附的失单。

[56] 告诉人陈×弟在 1946 年 1 月 26 日的由律师邓嘉炳撰写的刑事告诉状中,年龄为"念五"岁,这是上海方言 25 岁的意思。

[57] 这里的当事人的基本情况是根据 1946 年 3 月 6 日下午 4 时的审判笔录中的记载。前后住址不一。在 1946 年 2 月 11 日的法院的讯问笔录中记载为:住高象记牛奶棚。根据案卷,全称应是沪西周家桥高家巷高象记牛奶棚。

[58] 这是被告高×禹被拘获后在龙华分局被害人的讯问笔录中,告诉人的陈述。

[59] 系两人结婚照,为黑白照片,在结婚照片中,新郎着西装、新娘披婚纱、两人胸前有一束花。照片中的新郎英俊潇洒。

[60] 在 1946 年 2 月 11 日的法院的讯问时当庭呈阅法官。

[61] 参见陈朴生:《刑事诉讼法论》,台湾正中书局 1952 年版,第 217—219 页。

[62] 参见《德国刑事诉讼法典》,李昌珂译,中国政法大学出版社 1995 年版,第 14 页。

[63] 谢佑平、万毅:《刑事诉讼一事不再理原则重述》,《国家检察官学院学报》2001 年第 2 期。

[64] 陈光中、江伟主编:《诉讼法论丛》第 3 卷,法律出版社 1999 年版,第 272 页。

[65] 参见张旭:《关于"一事不再理"原则的再思考》,《法学评论》2003 年第 4 期。

[66]《法国刑事诉讼法典》,余叔通、谢朝华译,中国政法大学出版社 1997 年版,第 135 页。

[67] 参见张旭:《关于"一事不再理"原则的再思考》,《法学评论》2003 年第 4 期。

[68] 郭卫修编:《刑事诉讼法论》,上海法学编译社会文堂新记书局 1946 年印,第

225页。

[69] 案卷中有时写“馨”。

[70] 1946年5月9日上午,对沈×萍发了罚金执行通知书。1946年3月21日,对王×莘发了罚金执行通知书。沈×萍于判决生效后缴纳罚金90 000元。案卷中附有沈×萍缴款90 000元、王×莘缴费48 000元的收据。

[71] 这里的“轧”指上海方言“轧姘头”,意思是姘居。

[72]《中华民国刑事诉讼法、刑法、民事诉讼法修正案要旨——附中华民国刑法、刑事诉讼法施行法》,上海律师公会1935年印,第2页。

[73] 刑罚的轻缓化趋势始于第二次世界大战之后各国刑事政策的松动。从理论上说,20世纪现代的刑罚,除实现对犯罪人的惩罚而达至正义价值外,更注重一般预防与个别预防相结合以维护社会秩序的稳定,刑罚的轻缓化改革成为刑罚发展的必由之路。

[74]《大清现行刑律案语》。

[75] 杨鸿烈:《中国法律发达史》下册,商务印书馆1930年版,第1047页。

[76] 同上书,第1052页。

[77] 参见[苏格兰]布莱恩·吉尔勋爵:《量刑轻缓化趋势与非监禁刑》,郭志媛译,《中国刑事法杂志》2001年第3期。本段文中括号内的内容为原文中的脚注。

[78] 日额罚金制又称日付罚金制、日数罚金制,指按照所确定应缴纳罚金的天数和每天应当交付罚金的数额,逐日交付罚金。

[79] 系1945年7月27日老闸分局犯罪事实报告书的记录。

[80] 见1945年7月27日的上海老闸分局民三四年度刑字第一三〇五号的犯罪事实报告书。

[81] 1945年7月27日的上海特别市警察局老闸分局民三四年度刑字第一三〇五号的嫌疑人讯问笔录。

[82] 参见案例索引37,这是周×章在法院的1945年11月6日的审判笔录中所述。

[83] 初在和利糖果厂任职员,后在被告讯问笔录中,写着,无业。可能是失业了。

[84] 这里是侦查案卷中记录的案由,在上海地方法院刑事案卷中的案由是妨害婚姻,在执行案卷中的罪名是重婚。

[85] 吴家麟主编:《宪法学》(修订本),群众出版社1992年版,第50页。

[86] 参见郭金霞、苗鸣宇:《大赦特赦——中外赦免制度概观》,群众出版社2003年版,第163页。

[87] 现在所说的刑事和解制度,是指在犯罪发生后,经由调停人(通常是一名社会自

愿人员)的帮助,使被害人与加害人直接商谈、解决刑事纠纷,其目的是为了恢复被加害人所破坏的社会关系、弥补被害人所受到的伤害以及恢复加害人与被害人之间的和睦关系,并使加害人改过自新、复归社会。

[88] 参见向朝阳、马静华:《刑事和解的价值构造及中国模式的构建》,《中国法学》2003年第6期。

[89] 李邦友、姚兵:《轻罪和解模式研究》,《法学杂志》2006年第6期。

[90] 参见王立民:《法律思想与法律制度》,中国政法大学出版社2002年版,第240页。

[91] 姚秀兰:《中国近代律师制度探析》,《河北法学》2004年第9期。

[92]《上海律师公会会员统计表》,《上海律师公会报告书》(33)。

[93] 上海市档案馆藏Q6-5-453B。

[94] 参见陈同:《在法律与社会之间:民国时期上海本土律师的地位和作用》,《史林》2006年第1期。

[95] 案卷中有告诉人呈附长长的一列失单。

[96] 在上海市警察局卢湾分局的讯问笔录中,年龄为30岁,在后来的记载中为35岁,因为他姐姐是34岁,所以,吴×宝应该是30岁,而不是35岁。

[97] 在调查报告书第一号中,职业为司机。

[98] "单帮"也叫"跑单帮",就是为了获取利润,个人外出往来各地贩卖货物。通常从一个较远的地方将商品贩卖到另一个地方,类似于今天的个体商贩。这是旧时对从事异地贩运的小本生意人的一种称呼。通常这些生意人独自来回奔波于两地之间,使用自备的交通工具贩运物资(从乙地进货,到甲地出售),以获取差价的利润。旧时因交通不便,商品交易渠道没有现在这么发达,商品流通在很大程度上依靠这些生意人的辛勤劳动来维持。抗日战争时期,特别是南京沦陷后,由于日伪宪警的盘查,城乡物资交流阻塞,商品匮乏。百姓生活极其艰苦,其时,城里人便想方设法,冒着风险将食盐、香烟、火柴、肥皂、常用药等物品带往农村,再从农村带回米面、食油、肉菜等农产品,这样既可赚取若干差价,也能让自家吃到一点便宜的东西。跑单帮成了中国不少贫民勉强维持生活的一条路子。旧上海是个商业发达城市,靠这种方式谋生的人很多。

[99] 在1946年6月11日的上海市警察局卢湾分局的嫌疑人讯问笔录中,职业为帽店职员。

[100] 麦林华:《上海监狱志》,上海社会科学院出版社2003年版,第156页。

[101] 参见麦林华:《上海监狱志》,上海社会科学院出版社2003年版,第156页。

[102] 同上书,第207—208页。

[103] 同上书,第208—209页。

[104] 同上书,第210页。

[105] 案例8执行案卷中记载:徐×俊"民国35年10月19日"被捕,"民国36年元月17日"开释。

[106] 参见案例37,1935年7月27日上海特别市警察局老闸分局的嫌疑人讯问笔录。

[107] 参见案例37,这是周×章在法院1946年11月6日审判笔录中所述。

[108] 参见案例26,这些续状中不甚明确,只是反复强调严×氏有家难回,"生活极度困难,势难维持现状",将"流为饿殍"。要求"传被告等到案依法侦查起诉"。这就是告诉人的附带民事诉讼请求。

[109] 这里是侦查案卷中记录的案由,在上海地方法院刑事案卷中的案由是妨害婚姻,在执行案卷中的罪名是重婚。

[110] 被告答辩状所述。

[111]《中华民国刑事诉讼法、刑法、民事诉讼法修正案要旨——附中华民国刑法、刑事诉讼法施行法》,上海律师公会1935年印,第3页。

[112] 郁懿新:《刑事诉讼法通论》,中华书局1938年版,第116页。

[113] 同上书,第117页。

[114] 参见张晋藩:《中国法律的传统与近代转型》,法律出版社2005年版,第415—416页。

[115]《辛亥革命资料》,中华书局1961年版,第215页。

[116] 案卷中,有时称其为被害人。

[117] 在刑事指纹记录单中记录为江北人,在上海地方法院监察处的询问笔录中记录是阜宁人。在自诉状中又记录为盐城人。

[118] 在告诉人的起诉状中结婚日期为民国31年12月12日,日期前后不一,可能记忆或记录有误。

[119] 在告诉人询问笔录中,说吃过四桌酒席,两次结婚都拜过堂,案卷中反复询问当事人是否拜堂,可见在当时拜堂是合法婚姻的最重要标志。

[120] 后面在嫌疑人曹×氏的询问笔录中说是"出外从军",后告诉人在诉状中说为躲避新四军,又说"因受家乡共军痛苦太深乃来沪……"由此推断可能是参加国民党军。在法院的审判笔录中说是"出外经商"。

[121] 案中称:曹家仅薄田五亩,而家里人口众多,不堪维持生活。

[122] 邻居介绍,父母做主,而由此看民间对当时的法律规定是不知晓的,或者当时的百姓对此是非常理解的,否则邻居就不会介绍,父母也不会做主的。

[123] 案卷中记录不一,前面说是无业,后面又说是小工,这可能是他的职业不稳定,时而失业,时而做小工。

[124] 野鸡,野生之鸡也,虽在田野间常见野鸡飞来飞去,但无一定踪迹,如果你想在某地点某时间,定要看见一只飞空的活野鸡,那是做不到的一件事。因为野鸡的来去无踪,所以上海地方凡是无固定住址,而含有临时性质的东西,都拿他们当作野鸡看待。又如:在马路上兜揽生意的马车或包车,叫做野鸡车。参见汪仲贤撰文、许小霞绘图,民国史料笔记丛刊《上海俗语图说》,上海书店出版社 1999 年版。

[125] 参见钟云萍:《妇女人权的现状、原因及保障机制》,《湖南科技学院学报》2005 年第 12 期。

[126] 在上海地方法院检察处的侦查卷宗中,分局送案单上写着:王×氏(小粉子),在上海市警察局提篮桥分局公函中,写着“王×小粉子”。

[127]《刑事诉讼法修正案要旨》,载《中华民国刑事诉讼法、刑法、民事诉讼法修正案要旨——附中华民国刑法、刑事诉讼法施行法》,上海律师公会 1935 年印,第 2—3 页。

[128] 同上书,第 3 页。

第三章

民间对婚姻刑案的处理

通过对20世纪中期上海婚姻家庭刑案的研究发现，尽管近代的上海是个摩登城市，民众追求时尚、思想观念新颖，然而大多数人还是不能超凡脱俗。民间对婚姻刑案的处理仍然不能完全摆脱传统观念的束缚。

第一节　婚姻刑案中自诉案的特点

一、婚姻刑案多由男方提起自诉

自诉就是被害人以及他的法定代理人、保佐人或配偶对于初级法院管辖的直接侵害个人法益的罪和告诉乃论的罪，向该管法院提起的诉讼。[1]

根据夏勤编著的《刑事诉讼法要论》的观点，自诉须具备下列条件：

第一，自诉人是被害人以及他的法定代理人、保佐人或配偶。

这是民国刑事诉讼法明确规定的，对此未见有何异议。

第二，自诉人还须有行为能力。

对这个条件，有学者提出不同意见。朱采真的《刑事诉讼法新论》认为："告诉是被害人到检举犯罪或有侦查职权的机关陈述犯罪以及被侵害的事实。被害人告诉时不问他是何国籍，是何阶级，是何性别，以及是不是具有民法上的行为能力，只要有被侵害的事实，便可行使他的告诉权。"(刑事诉讼法第 214 条)[2]

第三，自诉事件是初级法院管辖的直接侵害个人法益的罪和告诉乃论的罪。

第四，自诉的方法是向管辖法院起诉。

第五，自诉的方式，是向管辖法院提出自诉状。

民国刑事诉讼法对自诉状的格式作了规定，并且根据当时民众文化水平普遍较低、文盲较多的实际情况，规定了允许他人代书，本人画押、盖章或按指印。民国刑事诉讼法第 312 条规定："自诉状中应记载左列事项：(一)被告之姓名、性别、年龄、职业、住所或居所或其他足资辨别之特征；(二)犯罪事实及证据。此项自诉状应依民国刑事诉讼法第五十三条之规定，记载年月日，由自诉人签名。不能签名者，应使他人代书姓名，由制作人画押、盖章或按指印，并由代书人附记其事由及签名。"

民国刑事诉讼法原则上采用国家追诉主义。"刑事原告之事务，除自诉人外，恒由代表国家之检察官行之。另外，司法警察及司法警察官应辅助检察官。"[3]

按照民国刑事诉讼法的规定，检察官、自诉人追诉犯罪，同为原告。只不过自诉人之追诉，多为本身利益；检察官之追诉，则为国家利益。自诉人，即犯罪之被害人。刑事诉讼条例规定的私诉，以告诉乃论之罪为限。[4]另外民国刑事诉讼法还规定："自诉案件，虽系自诉人自向管辖法院追诉犯罪，若检察官对于该案件认为与社会或国家之法益有重大关系，即得于审判期日出庭陈述意见。”[5]

另据司法院1929年5月11日院字第89号的解释:“和奸已满二十岁有夫之妇,既未告奸,应不为罪。”[6]

而从20世纪中期上海实际发生的婚姻刑案看,妻子在丈夫出轨时,大部分是默默忍受的,真正向法院提起自诉的情况很少。以下以傅×泉等妨害婚姻案(案例16)为例加以说明。40岁的第一被告傅×泉有一个已经二十多岁的儿子,在码头做野鸡小工,已经能挣工资养父母。傅×泉的妻子也做工,但傅×泉却终日在外游荡,与35岁的无业妇女吴×氏通奸,不久被吴×氏的丈夫发觉,因顾及颜面,吴氏夫妇拟迁移了事。1946年5月5日吴氏夫妇将原盖草棚拆除准备迁移至浦西,傅×泉竟前往阻止其搬迁,吴氏夫妇于是报警,经警察查明拘获被告到案。

丈夫游手好闲,又在外与人通奸,等到情妇搬家时,居然上前阻止。既然傅×泉已被警察拘获,这种情况下,傅×泉的妻子一定知道此事了。因为根据民国刑事诉讼法[7]第102条规定:“羁押被告应用押票。

押票应记载左列事项:

一、被告之姓名、性别及住居所。

二、案由。

三、羁押之理由。

四、应羁押之处所。”

第103条规定:“执行羁押由司法警察将被告解送指定之看守所,该所长官验收后,应于押票附记解到之年、月、日、时并签名。”

被羁押后,被告得自备饮食及日用必需物品。因此,他的妻子一定知道丈夫的所作所为了。事情如此恶劣,他的妻子也没有告诉。结果,还是对方的丈夫告诉的。只有少数女性一时无法忍受、无法克制自己的异常的愤怒，不顾一切告诉到法院，而这其中又多以撤诉而告终。

典型的例子是王×铭妨害婚姻案（案例39）。妻子（告诉人）一怒告诉丈夫（被告）后，不久又向法院表示：不想告了。在丈夫上诉后，妻子竟为不忠的丈夫向法院求情："我们靠他吃饭的，虽然告了他，现请庭上原谅他，马马虎虎算了。"

又如陆×年等妨害婚姻案（案例17），出身富裕人家，而且受过高等教育（大学肄业）的妻子，对丈夫陆×年与舞女在外同居（且已生育一个女孩了）的不轨行为非常愤怒，将陆×年及其怂恿他的婆婆告上法院，自己着实扬眉吐气了一回，可是考虑到日后的生活，经亲友调解，还是以撤诉告终。

在夫妇双方均有出轨行为的家庭中，虽然实际上丈夫出轨情节较重，或者是丈夫出轨在先，但是在当时却是由丈夫告诉妻子的情形居多。

谭×凤妨害婚姻案（案例47）就是一个典型的例子。谭×凤与张×忻结婚14年后，夫妻感情不睦。丈夫张×忻行为不轨，不仅患上花柳病，而且与其他女人同居生育了一个小孩，同时又不顾妻子谭×凤的生活。谭×凤因生活无着，又恨丈夫的移情别恋，于是于1945年3月间与赵×宝姘识，怀孕后干脆带着自己的行李物品离家与赵×宝同居，不久生育了一个女孩。1946年2月间，谭×凤产后未满1个月，被张×忻探得告诉到案。

本案中本是受害人的谭×凤因不知法，且为生计所迫做出了违法的事，虽然丈夫不尽夫道于先，自己不守妇道在后，然妻子并未告诉丈夫，但丈夫却一经发觉妻子不轨，立即告诉。

又如张×氏等妨害婚姻案（案例25）。据第一被告张×氏陈述，因其夫时常宿娼，并且与舞女姘居，自己饱受虐待而离家出走，来沪帮佣，后因问路而与第二被告相识而成奸。同样，丈夫有过错，妻子没有告诉，而妻子出轨，丈夫则毫不犹豫地告诉。

在谈到怎样看待妻子的外遇时，出身医生的日本著名作家渡边淳一认为："妻子的外遇精神上的因素很强，这样更会使做丈夫的深陷于抑郁的情绪当中，而且会使他们感到一种异常的屈辱和愤怒。""出自从生理上的厌恶感和精神上的重度创伤，丈夫们对有外遇的妻子感到非常愤怒、伤心和失望。因此有时当然会把这种情绪带入家中，甚至在外边也会爆发，不少时候会造成很严重的后果。"[8]这个"后果"之一就是不顾"家丑不可外扬"的古训，将妻子告上法院，为的是要惩罚做错事的妻子，让她坐牢，同时也顾及了自己的颜面。如徐×俊等妨害婚姻案（案例 8），在一审法院的审判笔录中，徐×氏答通奸的理由："因丈夫不顾我生活，我回娘家，进厂做工。认识徐×俊遂发生关系。"并说："他若顾我生活，我愿意跟他回去。"法官问徐×云："你妻愿意跟你回家，你还要求办他们么?"答："他们通奸与我面子有关，请依法办他。"由此可见丈夫对妻子的愤怒了。

二、 案件常以告诉人撤诉而告终

一般地说，凡犯罪被害人有被侵害的事实，均可提起自诉。但是除告诉或告诉乃论之罪外，不许自诉人随意撤回。即使是告诉或告诉乃论之罪，自诉人要求撤回，也必须符合一定的条件，遵守一定的程序。

根据中华民国刑事诉讼法第 317 条的规定："盖告诉或告诉乃论之罪，以告诉或请求为追诉条件，自诉人既不愿追诉，国家自无强行之必要，故告诉或告诉乃论之罪，许自诉人于第一审辩论终结前得撤回其自诉。但该告诉或请求乃论之罪，其最重本刑为七年以上有期徒刑以上之刑者，仍不许其撤回，以示限制（第三百十七条第一项）。撤回自诉，应以书状为之；但于审判期日或受讯问时撤回者，得以言词为之。撤回自诉之人，不得再行自诉，或向检察官而为告诉或请求（第三百十七条第二、三、四项）。"[9]

由此可见，撤诉是有较为严格的条件限制的。第一，撤诉的范围仅限于"告诉或告诉乃论之罪"；第二，撤诉的罪行仅限于最重本刑为7年以下有期徒刑之刑者；第三，撤诉的时间是"第一审辩论终结前"；第四，撤诉的形式是"应以书状为之"，只有在"审判期日或受讯问时撤回者"，才允许"以言词为之"；第五，撤诉的后果是"不得再行自诉，或向检察官而为告诉或请求。"

通常提起撤诉的情况是等到受害人的怒气消失后，想到日子终归还要过下去，许多人（即使是愤怒的丈夫）于是冷静地考虑撤诉。这充分体现了无过错方（起诉人）的退让或宽容，也正好符合告诉乃论的立法意义。

在20世纪中期的上海婚姻刑案中，有许多采取撤诉方式而息讼的案件。一般地说，在中国传统社会中，民众一般不愿将家庭纠纷诉诸公堂。因为打官司既耗时间，又耗精力财力，对于婚姻刑案来说，当事人还觉得丢脸面。所以，他们宁愿通过亲戚、朋友、邻居或者宗教团体等民间组织加以调解，甚至私了。即便已经告官，也往往会因各种理由而撤诉，而法官对此一般也都予以认可。

例1：福×林等妨害婚姻案（案例49）。

告诉人张×怀29岁，扬州人，木匠，住长宁路表叔家。第一被告福×林（张×怀之妻）29岁。第二被告汪×盛29岁，做木锅盖为业，两人俱为扬州人，住径济桥径济路。因夫妻感情不睦，福×林1941年逃走，到案发时已逾5年，逃走后生育了两个孩子，大的5岁，小的2岁。后被张×怀发现而向法院提起告诉（案卷目录里列有告诉状，可是具体的诉状未找到,大概是遗失了)。

在 1946 年 6 月 18 日下午(刑字第 78 号)的讯问笔录[10]中,张×怀说 1936 年自己与福×林凭媒在扬州结婚,婚书被火烧掉,婚后第二年生一女孩,现已 9 岁,在扬州自己家里,福×林 5 年前逃走,同时带走家里 5 万元储备券[11]及衣物。他知道福×林是在跑单帮时认识姘夫的。

在 1946 年 6 月 22 日下午的讯问笔录中,汪×盛称,知道福×林是张×怀的妻子,也认识张×怀。与福×林跑单帮时认识,自己没有拐骗福×林,是双方自愿的。

而在 1946 年 6 月 24 日下午的讯问笔录中,福×林回答,逃走的原因是跑单帮的货色被充公了,张×怀不许自己回家,回家后也不给饭吃,并说"你去嫁人好了",逃走时带走的衣物为自己的棉袍和两套短衫裤。她是在跑单帮时认识汪×盛的。

1946 年 7 月 18 日,上海地方法院检察官以妨害婚姻为由提起公诉。

1946 年 9 月 18 日,上海地方法院判决:本件公诉不受理。判决理由:因通奸罪系不告不理,告诉人已撤诉。撤诉的原因是:因为经友人调解,双方和解,张×怀与福×林离异,张×怀具状提出撤诉,不愿深究。上海地方法院以"告诉之罪告诉人于第一审辩论终结前得撤回其告诉"为由,作出不受理判决。

例 2:状告汪×林等妨害婚姻案(案例 50)。

申请人(被害人)王×锁 33 岁,南通人,三轮车夫。被申请人王×氏 27 岁,南通人,家务。被申请人汪×林 28 岁,南通人,三轮车夫,丧偶。以上当事人均无前科。

王×氏幼时曾做王×锁的童养媳,系王×锁发妻,双方结婚已经

8年,育有一双儿女,儿子才2岁。王×氏与汪×林认识2年后,秘密相偕至旅馆通奸。事后王×氏怕王×锁打她,与汪×林相偕潜逃,被王×锁发现后向法院提起告诉。1946年8月13日,上海地方法院检察官以妨害家庭为由提起公诉。1946年10月21日,因为被告改过自新,王×锁对王×氏撤诉。在同年11月21日法院审判笔录中记载,因有两个孩子,王×氏愿意回家与王×锁同居,汪×林也表示不会到王×锁、王×氏家胡闹。法院判决:本件公诉不受理。判决的理由是:按告诉之罪告诉人于第一审辩论终结前得撤回其告诉,故作此判决。

例3:陈×泉等妨害婚姻案(案例51)。

告诉人陈×英与被告陈×泉婚后6年,发生此案。陈×泉与寡妇秦×瓶同路居住,1946年的5月间,因跑单帮而相恋爱,很快两人便发生肉体关系。1945年10月26日,经陈×英报警,警察在秦×瓶家中将陈×泉和秦×瓶抓获。上述事实陈×泉和秦×瓶供认不讳,与陈×英呈控相符。1945年10月31日,上海地方法院检察官以妨害婚姻为由提起公诉。因陈×泉和秦×瓶主动分开,陈×英撤诉。1945年12月5日,在上海地方法院的审判笔录上,陈×英表示:陈×泉已与秦×瓶断绝往来,自己不告他了。陈×泉则承认自己一时糊涂,已经与秦×瓶分开了。1945年12月6日,上海地方法院判决:本件公诉不受理。理由是:通奸罪系不告不理,告诉人已撤诉。法院也未追究被告陈×泉曾有因犯盗窃罪和抢夺罪多次被判处有期徒刑的前科。

丈夫在得知妻子红杏出墙后,怒不可遏,将妻子和其通奸情人告上法庭。但是,经冷静思考,日子还要继续,于是又向法院提出撤诉。这样的例子还很多,约占所查阅档案的20%,详见表4。

表4 20世纪中期上海妨害婚姻刑案部分撤诉案件一览

序号	案卷名称	案由	档案号	一审判决结果	判决理由
1	陆×年等妨害婚姻案	通奸	Q185-2-5764 和 Q186-2-6034	不受理	撤诉
2	孙×龙等妨害婚姻案	通奸	Q185-2-7086	不受理	撤诉
3	陈×荪妨害婚姻案	通奸	Q185-2-5629 和 Q186-2-2679	不受理	撤诉
4	江×亭等妨害婚姻案	通奸	Q185-2-6309	不受理	撤诉
5	江×元等妨害婚姻案	通奸	Q185-2-7462	不受理	撤诉
6	状告朱×林妨害婚姻家庭案	通奸	Q185-2-5146 和 Q186-2-1067	不受理	撤诉
7	状告汪×林等妨害婚姻案	通奸	Q185-2-3902	不受理	撤诉
8	谭×凤妨害婚姻案	通奸	Q185-2-6932	不受理	撤诉
9	福×林等妨害婚姻案	通奸	Q185-2-7543	不受理	撤诉
10	陈×泉等妨害婚姻案	通奸	Q185-2-1009 和 Q186-2-487	不受理	撤诉

三、 婚姻刑案中自诉案的“传统背景”

在20世纪中期上海婚姻刑案的大量的自诉案中，许多案件是先由男方提起自诉，而后又常以撤诉而告终，之所以出现这样的情形，除了与传统夫妻关系的观念所崇尚的“一日夫妻百日恩”等思想有关外，更与下列因素密切相关：

（一）经济原因

经济因素往往是夫妻共同生活的基础。作为全国工商业最发达的城市，20世纪中期的上海，表面上看起来经济发达、人民生活相对富庶和稳定。然而从档案资料中可看出，当时的百姓并没有达到普遍温饱的状态(有的人还是为了吃饭而犯罪，有的人则是为了吃饭而放弃了诉讼)。

卢小×子妨害婚姻案(案例23)可谓典型的例子。

蔡×顺于1939年3月26日,以公开仪式婚娶被告蔡×氏为妻,生一男孩,现已四岁。后来蔡×顺离家营业,蔡×氏与卢小×子乘机通奸,后来干脆离家与卢小×子同居。经蔡×顺告诉到案。

1946年4月16日,上海地方法院检察官侦查起诉。

1946年4月25日,蔡×顺具状撤诉。

1946年5月6日,上海地方法院判决:卢小×子与蔡×氏无罪。判决理由:"查刑法第二百三十七条,重婚罪之成立以有配偶而重为婚姻为构成要件。所谓婚姻,须有公开之仪式及二人以上为证人方为合法,本件被告蔡×氏系蔡×顺之妻。因生活窘迫复与卢小×子结婚为被告卢小×子承认……"故作出上述判决。

在上海地方法院检察处1946年4月15日的讯问笔录中,检察官问蔡×氏:"你与蔡×顺是结婚的吗?"蔡×氏答:"在(民国)二十八年结婚的,但他一年多不养我,连消息都没有。"

在法院的审判笔录中,卢小×子答辩称:他没有和蔡×氏结婚,"是蔡×氏父亲和丈夫蔡×顺,因他们没有吃(的),(把蔡×氏)送给我了,(我)就养他们"。

本案中,蔡×氏为了吃饭而犯罪,而蔡×顺为了恢复平静的生活而撤诉。

此外,徐×俊等妨害婚姻案(案例8)也可以证明这一点。

徐×氏的丈夫来上海谋生后与妻子中断了联系,徐×氏在家乡听人传说丈夫在沪另觅新欢,于是来沪寻夫。然而到沪后却寻不着丈夫。在沪的无聊日子里,徐×氏住在娘家[12],与同住锦绣里的徐×俊经常见面,两人认识后,一起去看过几次戏。闲谈中,徐×氏说自己并无丈夫,目前单身来沪,贫病交加,要求徐×俊接济自己。

徐×俊同意后，徐×氏“乃与之苟合”。

在上海地方法院的审判笔录中，徐×氏答通奸的理由：“因丈夫不顾我生活，我回娘家，进厂做工。认识徐×俊遂发生关系。”并说：“他若顾我生活，我愿意跟他回去。”

关于认识的过程，徐×俊说：看戏认识，后来她说并无丈夫，向我借钱。

徐×氏在随后的刑事答辩状中，自诉丈夫先来上海，然后音信全无，听说丈夫在沪另觅新欢，后又听说其丈夫已另娶妻室。其来沪寻夫不着，经同乡人介绍到纱厂做工。不见丈夫，又逢生病，生活无着。为解决生活困难，所以与徐×俊苟合。

徐×俊在刑事答辩状中答辩说：“与徐×氏素昧平生，居住亦属甚远。”缘看戏认识，徐×氏说自己并无丈夫，目前单身来沪，贫病交加。要求自己接济，后“乃与之苟合”。

一审判决后，徐×俊提起上诉称自己不知徐×氏为有夫之妇，先是经济上接济她，后与之通奸。

徐×氏提起上诉，称自己不知法，且为生计所迫，请求撤销原判，从轻处罚。

上诉法院审判笔录：徐×俊所述与上诉状相同。

徐×俊的律师辩称：被告徐×俊不知徐×氏为有夫之妇，所以被告无犯罪意思，再者被告之老母妻儿均依靠被告生活，请求从轻发落。

本案中的被告徐×氏也是为了解决生活困难而犯罪的，说明经济因素在婚姻刑案中的重要影响。

作为一个经济发达的城市，经济因素对上海人婚姻家庭的影响尤其明显，而且男性和女性的表现迥异，具体体现为男性往往因饱暖而思淫欲，女性则为了解决温饱问题而委身于他人，这种情况在当时的上海似乎并不少见多怪，开放的城市造就了开放的市民，精明、注重实惠是上海市民引以为豪的性格，“笑贫不笑娼”是非常正常的情况。

（二）对子女的感情

直到现在，无论古今中外，父母对子女的爱是最无私的，为了子女，许多人不惜牺牲自己的幸福，特别重视家庭的中国人更是如此。这样的案例数不胜数。

状告朱×林妨害婚姻家庭案(案例 40)足以说明这一点。

蔡×珍与祁×彭结婚后育有一名 5 岁孩子。然祁×彭不务正业又不供给家庭费用，蔡×珍为维持生活出去贩米，同在外滩码头贩运白米的朱×林发生奸情。1945 年 11 月 9 日，祁×彭曾将朱×林扭送黄浦分局训诫。蔡×珍为恋奸情热于 1945 年 11 月 20 日前往朱×林家居住，又被祁×彭查知，于同年 12 月 6 日上午 4 时乘朱×林等尚未起床之时报警将被告等在床上抓获。1945 年 12 月 14 日，祁×彭以通奸窃盗为由将朱×林、蔡×珍向法院提起告诉。同年 12 月 27 日，上海地方法院检察官以妨害婚姻家庭嫌疑对朱×林、蔡×珍起诉。在上海地方法院审判笔录中，法官问：“孩子还小，无人抚育，愿意回去吗?”蔡×珍答：“愿意回去的。”

当时祁×彭非常愤怒，从法庭庭审笔录的记载看，法官着重进行了调解，但是没有成功。法官问(祁×彭)：“你妻子愿意回去，你愿意吗?”答：“他为人不顾廉耻、与人通奸，偷了我很多东西，现在已无商量余地，请依法处以应得之刑。”但后经双方亲友调解，当事人和解。1946 年 2 月 5 日，告诉人为了息讼而撤回告诉。

本案中的丈夫并没有原谅妻子，而妻子为了孩子仍然愿意回到原来的家庭。而提起自诉的丈夫为了孩子，经亲友调解，还是撤回了告诉。

状告汪×林等妨害婚姻案(案例 50)也是一个典型的例子。

本案汪×林和王×氏认识 2 年后秘密相偕旅馆通奸。事后王×氏怕丈夫打她,故与汪×林相偕潜逃。

王×氏系告诉人发妻,婚后 8 年,育有子女各一,子才 2 岁。因有两个孩子,王×氏愿意回家。接着,王×锁对王×氏撤诉。理由:因被告改过自新。

本案中的王×氏愿意回家,甚至不惜挨丈夫的打,原因只有一个——就是为了孩子。可见,对子女的爱使得许多人重返家庭,即使这个家庭让他们十分不满。

(三)以最小的成本恢复被破坏的家庭关系

一般地说,一旦婚姻的当事人一方发生了背叛家庭的事,只要出轨者改正错误,总是会被原谅的,特别是在出轨者是男性的情况下,传统社会的人们对男性更加宽容。况且与其偷情的一方未必愿意与之结为夫妻,事情一败露,动力变压力,"情分"也就到头了,出轨者一般也愿意低头回家,而告诉人在这种情况下也可以最小的成本重新恢复家庭。对当事人来说,是双赢。

江×元等妨害婚姻案(案例 18)是一个最常见的例子。

江×元与江×氏结婚后即来沪经商,生意红火,他没有想起自己的糟糠之妻,而是与一个叫王×金的上海女人赁屋同居了 4 年。直到江×氏来沪寻夫才发觉此事并将其告诉至法院。

1946 年 6 月 29 日,上海地方法院检察官以妨害家庭为由提起公诉。

因两被告愿意脱离关系,所以告诉人撤诉。

1946 年 8 月 7 日上午,法院和解笔录上记载:江×元与王×金即日脱离同居关系,江×元于 6 个月内给付王×金法币 100 万元,江×氏撤回告诉。3 人在法院和解笔录上画押。

再如谭×凤妨害婚姻案(案例 47)。谭×凤与张×忻是一对生活富裕的夫妻,然夫妻感情不睦,张×忻越轨在先(不仅与她人生育了小孩,而且还染上了花柳病),妻谭×凤出轨在后(也与他人生育了小孩),因被告谭×凤愿意和张×忻继续过日子,张×忻于是撤回告诉。

又如上文所说的王×锁状告汪×林等妨害婚姻案(案例 50)、陈×英告陈×泉等妨害婚姻案(案例 51),也都是在夫妇一方起诉后,被告愿意回家和告诉人过日子,也就是被告改正错误了,于是告诉人撤诉。

实际上,当事人考虑息讼,往往是建立在对诉求的预期利益与诉讼成本的权衡之上,诉讼成本过高,胜诉的把握不大,或者能够胜诉但是得不偿失,才是民众选择息讼的主要原因。

(四) 和解是通常使用的纠纷处理方法

和解是最古老的纠纷解决形式之一,它通过纠纷主体间的自主协商和妥协来解决纠纷,并不要求纠纷双方明确依据一定的规则。由于建立在直接沟通和自主处分权利的基础上,和解使当事人双方的矛盾与对抗不仅在形式上、行为上,而且在心理上可以得到消除[13]。对于和解协议,由司法机关予以认可并作为对加害人刑事处分的依据。刑事和解的目的是恢复被加害人所破坏的社会关系、弥补被害人所受的损害以及恢复犯罪人与被害者之间的和睦关系,并使犯罪人改过自新、复归社会。[14]

状告朱×林妨害婚姻家庭案(案例 40)就是典型的例子。告诉人祁×彭 41 岁,淮安人,住南市大境路。第一被告朱×林 22 岁,镇江人,职业小贩,住紫莘路平安里。第二被告蔡×珍 26 岁,淮安人,家务,住大境路。

蔡×珍 6 年前与祁×彭结婚,已育有一名 5 岁孩子。朱×林也已经结婚。1944年7月至8月间，朱×林与蔡×珍因同在外滩码头贩运白米而相识相恋继而发生奸情。1945年11月9日，两人奸情被祁×彭发觉，祁×彭曾将朱×林扭送黄浦分局训诫，然而这并未能阻止两人的私情。蔡×珍因恋奸情热竟于同年11月20日前往朱×林家居住，与其继续通奸，又被祁×彭查知，祁×彭于12月6日上午4时乘朱×林、蔡×珍尚未起床之时报警将两人在床上抓获。

1946年1月16日祁×彭又向法院提起附带民事诉讼，要求蔡×珍返还从祁×彭处窃走之现金及其他衣物等。1945年12月27日，上海地方法院检察官以妨害婚姻家庭嫌疑对朱×林蔡×珍起诉。通奸的原因：蔡×珍说其夫不务正业又不供给家庭费用。后经双方亲友调解，当事人和解。

1946年2月5日，告诉人撤回告诉。撤回诉状中撤诉的理由是“为了息讼”。按当时相关的法律规定，1946年2月6日，上海地方法院判决不受理。理由：按告诉之罪告诉人于第一审辩论终结前得撤回其告诉，故作此判决。

在陆×年等妨害婚姻案（案例17）中，陆×年被押后，案卷中多次记载，其母几次具状要求释放其子。告诉人吴×陶后面又追加另一被告即男方的母亲，理由：窃盗家中首饰。男方母亲陆×氏具状称自己年老生病由其侄出庭应诉。因属不告不理之诉，后经亲友及原来媒人调解，双方当事人和解，告诉人吴×陶撤回告诉。法院判决：本件公诉不受理。

再如孙×龙等妨害婚姻案（案例32）。这是一起前法院尚未审结，移送上海地方法院的案件，案卷中有些事实没有交代清楚。告诉人曹×春（又名赵×生）23岁，本地人，做小贩，住西八子桥。第一被告孙×龙30岁，上海人，在菜行谋生，住孙家宅。第二被告王×弟21岁，上海人，住西八子桥，家务。以上当事人均无前科。两被告的共同保人叫陈×其，34岁，江苏海门人，住南市大镜路，是一名商店店主。与被告的关系为“友谊”。

1945年7月6日下午，两被告在大世界（旅馆）开房通奸，双双被捉送警。但笔录上两人均不承认通奸。

1946年9月23日，亲友调解，双方和解。曹×春将王×弟领回。告诉人曹×春撤回告诉。1946年10月12日，法院判决：本件公诉不受理。理由：按告诉乃论之罪，告诉人于第一审辩论终结前得撤回其告诉，故作此判决。

这两个案例都是当事人在亲友的调解下，达成了和解，于是告诉人撤诉。可见，当时亲友的调解在当事人生活中的作用还是很大的。

第二节　民间处理的新时尚

上海在近代中国的城市发展中的确是个另类。由于西风东渐的影响，上海人的思想是开放的；加上近代上海特有的移民社会结构的影响，使得五方杂处的上海人与传统的中国乡土社会的人们思想观念并不完全相同。传统社会的宗法势力似乎对此没有太多的影响。此外，在20世纪中期的上海，民间处理还呈现出一种新时尚。

一、婚姻刑案的发生成为离婚的主要诱因

在中国传统社会，无论丈夫在外面怎样放荡不羁，妻子总是得默默忍受，否则就有“妒”的嫌疑，而这种“妒”是为传统道德观念所不能容忍的，是妻子不贤惠的标志。即使是在民国初年，因丈夫过错，妻子主动提出离婚还被认为是一大奇观。然而，到了20世纪中期，在上海这样的大都市，因丈夫重婚或者通奸，女性主动告诉并且附带提出离婚已变得颇为平常了。

（一）传统社会中关于离婚的歧视性规定已被淡忘

众所周知，在中国传统社会中，离婚通常是男性的特权。直至清末修律，在《大清民律草案》中，对于离婚问题，法律馆认为“不应离而离，则有悖于礼；应离而不离，则与义有乖”。对于离婚原因和离婚申请者，该草案都采取严格限制原则，非法定原因、非婚姻当事人不得呈请离婚。这个草案，可以说是从传统到现代的过渡，虽然因为清政府的覆亡未来得及实践，但对于后来民国时期的立法还是起到了相当大的影响作用。

从上述亲属法关于离婚的规定可知，男女双方基本享有平等的离婚权，法律已以公正的态度对待离婚双方。但是由于法律宣传教育的匮乏，在广大农村地区，传统思想观念仍然主宰着百姓的生活，只有在受西风影响较深的大都市，这种男女平等的观念才逐渐深入人心，民众基本能以平和的心态看待离婚，传统社会关于男性离婚特权的歧视性规定已被人们淡忘并抛弃。

（二）重婚和通奸是民国法律规定的离婚的最重要理由

近代以后，关于离婚制度的规定最成熟的当数《中华民国民法》“亲属编”，其中关于离婚的规定分为夫妻两愿离婚和判决离婚两种。

第一，夫妻两愿离婚者，得自行离婚。但未成年人应得法定代理人之同意。两愿离婚，应以书面为之，有二人以上证人之签名。两愿离婚后关于子女之监护，由夫任之（另有约定者，从其约定）。

第二，判决离婚。根据民法第 1052 条（裁判离婚之原因）的规定：“夫妻之一方，有左列情形之一者，他方得向法院请求离婚：

一、重婚者。

二、与人通奸者。

三、夫妻之一方受他方不堪同居之虐待者。

四、夫妻之一方对于他方之直系尊亲属为虐待，或受他方之直系尊亲属之虐待，致不堪为共同生活者。

五、夫妻之一方以恶意遗弃他方在继续状态中者。

六、夫妻之一方意图杀害他方者。

七、有不治之恶疾者。

八、有重大不治之精神病者。

九、生死不明已逾三年者。

十、被处三年以上徒刑或因犯不名誉之罪被处徒刑者。

有前项以外之重大事由，难以维持婚姻者，夫妻之一方得请求离婚。但其事由应由夫妻之一方负责者，仅他方得请求离婚。”

这里关于离婚的法律规定完全摆脱了传统社会封建思想的影响，基本上做到了客观公正，与发达国家关于离婚的规定接轨，实现了法律的现代化。从民国民法第 1052 条第 1 款、第 2 款的规定看，重婚和通奸是当时判决离婚的主要理由。

（三）因丈夫出轨，妻子主动提出离婚的越来越多

有了法律的明确规定，加上思想文化界的宣传以及西风东渐的影响，当丈夫与人重婚或通奸时，上海的女性往往不愿委曲求全，主动提出离婚的较多。

例 1：严×氏诉严×鸿离婚案（案例 52）。

申请人严×氏 26 岁，阜宁人，住星加坡路新名余姚路仁和祥丝厂对过。对造人严×鸿 24 岁，阜宁人，住哈尔滨路阳恩路瑞兴里。

1947 年 7 月 26 日，严×鸿的妻子严×氏以丈夫与人通奸、恶意遗弃为由向上海地方法院请求调解与严×鸿离婚。严×鸿委任律师为其代理人进行答辩。1947 年 8 月 28 日上海地方法院主持调解，因为当事人双方均未到庭，笔录上记载：庭谕本案视为调解不成立。

例 2：余×娣（案卷中或用“弟”，为叙述方便，统一使用“娣”）诉颜×渊离婚案（案例 53）。

声请人余×娣 24 岁，镇江人，借住劳合路* 太和大楼周骁律师事务所。对造人颜×渊 25 岁，上海人，无业，住梵王渡路**。

颜×渊等妨害婚姻案结案后，因为颜×渊与余×娣的继母通奸，余×娣即以此为由向上海地方法院提出离婚申请。但是，因双方均未到庭，法院视为调解不成立而结案，其实是不了了之。

例 3：倪×氏诉倪×亚离婚案（案例 54）。

申请人倪×氏 26 岁，无锡人，住文监师路。对造人倪×亚 24 岁，住贵州路厦门路角。

倪×亚妨害婚姻案结案后，因为倪×亚与人重婚，倪×氏即向上海地方法院提出调解离婚，同时请求返还妆奁，给付赡养费。1946 年 10 月 29 日上海地方法院主持调解，倪×氏及其律师到庭，但倪×亚未到庭，法院以调解不成立为由而结案。

例 4：周×刚妨害婚姻案（案例 22）。

周×刚与忻×娟凭媒在上海结婚，婚后未逾半月，周×刚即携其情妇李×珍来家，要求三人同吃一桌、同寝一床。忻×娟不堪忍受，主动委托律师要求离婚，同时请求支付生活费及精神损失费。

已过而立之年的周×刚，新婚不逾半月，就带情妇回家，还提出同寝一床。周×刚的行为，即使在今天看来，也已经超越了普通中国人的道德底线。幸运的是，忻×娟不是个保守的人，思想也很新潮，她果断地报警随后就提出离婚，同时请求支付生活费及精神损失费。从今天看来，忻×娟的做法很明智，但遗憾的是，她的请求没有被支

* 劳合路，即今六合路。

** 梵王渡路，即今万航渡路。

持。因为恰遇大赦,周×刚被免诉,附带民事诉讼也被驳回。

例5:洪×泉等妨害婚姻案(案例28)。

本案焦点在于洪×泉与洪甲氏结婚18年,没有生育子女。男方及男方家庭盼子心切,于是"纳妾",洪甲氏不愿忍受这种一夫多妻的生活,于是起诉要求离婚并要求男方给付赡养费。

甚至自己与人产生婚外情时,上海的女性为了追求个人的生活幸福也会主动提出离婚。

陈×荪妨害婚姻案(案例33)可谓典型的案例。

上海女人杨×云为家中独生子女,成年后招杨×泉为赘夫,但是婚后夫妻关系不睦,杨×云曾经为此十分苦恼、甚至自杀过。陈×荪是杨×泉、杨×云夫妇的房东,十年来一直与杨×泉、杨×云夫妇居住在一起,后来暗中与杨×云发生肉体关系,杨×云还为此怀胎一次,后来杨×泉发觉两人不正当关系并获得二人彼此往来之情书,状诉到案。事发后杨×云主动提出与杨×泉离婚。

以上案例都是因婚姻刑案引起婚姻关系破裂的,而且这些案件中都是由女性主动提出离婚的。这些人中有的已经不再年轻,但是面对痛苦的婚姻,她们的处理与传统社会的女性完全不同,她们更注重生活质量,更重视自我价值,不愿意做传统伦理道德的牺牲品。

二、婚姻刑案的受害人频繁提出精神损害赔偿

(一)关于离婚精神损害赔偿规定的由来

在我国,离婚损害赔偿制度已有百年历史,其最早见于《大清民律草案》,该草案中"亲属编"仿照欧陆的原则与理念创建了离婚损害赔偿制度。其第1369条规定:"呈诉离婚者,得准用前条之规定。"但依第1368条规定:"应归责于夫者,夫应暂给妻以生计程度相当之赔偿。"这一规定明确了离婚损害赔偿制度的基本内涵:赔偿的主体是

夫;赔偿的理由是夫之过错——重婚、因奸非罪被处刑、故谋杀害妻、虐待、重大侮辱、遗弃、生死不明逾3年以上、受夫直系尊亲属之虐待或重大侮辱[15];赔偿标准相当于生计程度;赔偿适用范围是呈诉离婚;赔偿目的是照顾无过错方与照顾女性。遗憾的是《大清民律草案》规定的离婚损害赔偿制度,因清廷覆亡而未能施行。但其有关离婚损害赔偿制度的模式设计及价值定位,超越了传统的离婚立法思想,更新了人们的离婚观念,彰显了对女性权益的保护,为该制度的进一步发展与完善奠定了基础。

1914年至1925年起草的《民国民律草案》沿袭了《大清民律草案》的许多规定,其中关于离婚损害赔偿制度的规定,既吸纳了《大清民律草案》的立法精神,又超越了其制度架构。其第1155条规定:"依第1151条规定而离婚者,无责任之一方,对于有责任之一方,得请求损害赔偿或抚慰金。"依据这一规定,离婚损害赔偿的制度架构如下:请求赔偿的主体是无责任方;请求赔偿的事由仅限于《民国民律草案》第1151条规定的离婚事由,该事由与《大清民律草案》界定的离婚事由相同;赔偿的适用范围以呈诉离婚为限;赔偿内容包括物质损失和精神损失。这一时期的离婚损害赔偿制度拟平等地适用于男女双方,以体现男女平等的价值意识。遗憾的是,该草案完成时遭遇政变,故未能及时公布。[16]

离婚损害赔偿制度的成熟立法是以《中华民国民法》的最终完成为标志的。南京国民政府成立之初的法制局于1928年起草了《亲属法草案》,1930年12月26日公布《中华民国民法》"亲属编",全编共7章171条。其第1056条规定:"夫妻之一方,因判决离婚而受有损害者,得向过失之他方,请求赔偿。前项情形,虽非财产上之损害,受害人亦得请求赔偿相当之金额。但以受害人无过失为限。前项请求权不得让与继承。但已依契约承诺或已起诉者,不在此限。"这一时期的离婚损害赔偿制度与前两个时期的立法相比，具有一定的进步性和完善性。其进步性表现为离婚损害赔偿事由的扩大——将有不治之恶疾、有重大不治之精神病、被处3年以上徒刑或因犯不名誉之罪被处徒刑，扩充为诉请离婚损害赔偿的理由；其中，因犯不名誉之罪被处徒刑的通奸或重婚的案件，受害人都是可以提出离婚损害赔偿的。

（二）关于离婚精神损害赔偿的规定形同虚设

离婚精神损害赔偿制度早在1930年颁布实施的《中华民国民法》"亲属编"就已确立，然而从当时的档案看，在法院关于重婚或通奸案件的实际审判中，关于离婚精神损害赔偿的要求在司法实践中未见被支持的例子。以下案例可以证实：

例1：王×根等妨害婚姻案（案例11）。

本案告诉人诸×璋因妻子与王×根在家奸宿，报案的同时提起附带民事诉讼请求离婚及赔偿损失，这里的损失就是离婚的精神损失。1946年7月5日，上海地方法院最后判决各处有期徒刑3个月，如易科罚金，以500元折算1日。后被执行罚金，受害人的精神损害赔偿未得到支持。

例2：周×刚妨害婚姻案（案例22）。

告诉人忻×娟30岁，宁波人，住北新径××号。忻×娟与周×刚新婚不久，周×刚就携其情妇李×珍来家，要求三人同吃同寝。忻×娟不堪忍受，就通过律师要求离婚并请求支付生活费及精神损失费6 020万元。因为经大赦，1947年4月15日，上海地方法院最后判决：周×刚免诉，附带民事诉讼驳回。

例3：黄×生等妨害婚姻案（案例35）。

黄×妹是黄×生发妻，因黄×妹婚后多年不育，黄×生遂与寡妇高×妹同居，七八年后，黄×生与高×妹生育了一子一女，儿子已经

5岁了，女儿已夭亡。开始时，黄×妹与高×妹尚能和睦相处，后来两人关系恶化，经常争吵甚至殴打，于是黄×妹以黄×生与高×妹两人通奸为由将其向法院提起告诉，同时请律师提起附带民事诉讼，要求离婚并赔偿损失及生活费200万元。尽管黄×妹当时就提出了损害赔偿的要求，但1946年8月19日，上海地方法院最后的判决却是：本件公诉不受理。附带民事诉讼被驳回。

因为受到时代的局限和中国传统思想观念的影响，虽然法律已有明确规定，当事人在案件中也频繁地提出，可是实践中，中国的法官对于离婚的精神损害赔偿还是没有从内心接受，所以，在当时还是看不见支持离婚精神损害赔偿的判决。结果，《中华民国民法》"亲属编"第1056条关于精神损害赔偿的规定形同虚设。

三、新时尚的社会背景

（一）上海人婚姻观念的更新

所谓婚姻观念，就是人们对婚姻的看法和认识。它是意识形态的一部分，是人们对于婚姻本质的认识，反映了人们缔结婚姻的目的，包含着人们观念上对婚姻成立条件的认同和排斥，这些观念的形成依赖于一定时期人们的物质生活条件以及政治制度和文化传统。

众所周知，中国传统的婚姻观念强调从一而终，这一观念在先秦时即已形成，是中国传统社会片面要求妻对夫应尽的义务，无论夫是否恪守其本分，妻均要忠贞不贰。以通奸为例，丈夫与人通奸，妻无告诉权；而妻与人通奸，则须受严惩。如《元史·刑法志》载："但夫获妻奸，妻拒捕则得杀之。"

随着中国传统专制制度的发展，理学正统地位的确立，传统纲常礼教对"从一而终"的渲染愈加强烈，以至元、明、清三代，贞节观念迅速强化。由于官方对贞节观念的推崇，使从一而终、争做节烈之风日盛，贞女、烈女、节妇、烈妇人数激增。上海原是个偏僻的小渔村，受传统思想影响不大，即使如此，也不能完全摆脱纲常礼教的影响，在上海地方志书中，还专设《列女》专卷，“总计元明清三代《列女》卷的记载，上海地区有节妇七千二百一十五人，贞女九十六人，烈妇烈女六百六十六人”[17]。“从元到清，这些烈女的人数逐代增加，如元代节妇仅六人，明代二百九十六人，清代竟达六千九百一十四人”[18]，这其中固然有人口增长、有关统计记录趋于细致等因素，但和统治阶级一代比一代更致力宣扬传统礼教、从精神上愚昧和压迫女性更有关系。

从一而终，作为中国古代婚姻伦理的基本原则，是片面要求女性遵守的伦理原则。宗法制度将女性“从一而终”作为女性的道德要求。在伦理观念上把“贞”、“节”、“烈”视为女性情操的高尚境界，为妇女制作了一条精神枷锁。

“中国近代婚姻观念的嬗变，渊源于中国近代伦理思想的嬗变，而中国近代伦理思想的嬗变，渊源于西方‘文明’的启迪。输入中国的这种西方文明对当时的中国人而言，是完全陌生的新文明，对西方文明的欢迎、接受、审视、批驳，不仅拓展了近代中国人的视野，而且也改变了中国人的思想文化观念。中国近代可谓是‘西学东渐’的时代，在学习西方文明的同时，中国近代的思想家们感悟了西方的伦理学、政治学和社会学，并试图用‘自由、平等和博爱’的近代资产阶级思想学说，反对‘三纲五常’的旧道德；以‘求乐免苦’的幸福主义、快乐主义的某些观点，修改一些理学家提倡的‘存理去欲’说；主张开明的、合理的利己主义和‘崇奢黜俭’[19]的功利主义；论述自由与服从、权利与义务、利己与利他、独立与合群、公德与私德诸道德范畴及其相互之间的关系。并试图将资产阶级民主主义伦理思想引入中国。中国近代伦理思想家对西方伦理思想的参悟，加速了中国旧道德的改造，推进了中国新道德的建立，并为中国婚姻观念的变革奠定了思想基础和理论基础。”[20]

20世纪初期，中国开展了一场“道德革命”，这场革命使中国传统的纲常礼教和伦理学说遭到了有史以来最沉重的打击。自此，资产阶级的道德观念和伦理学说开始在中国传播。中国近代向西方文明学习的历史，可谓是先进的中国人思想文化观念变革的历史。也正是因为观念的变革，才使中国婚姻观念发生了重大变革。

20世纪中期，尤其是抗战胜利后，国家政治形势稳定，人民生活恢复正常，上海人的婚姻家庭生活也恢复了常态。在国内国际诸因素影响下，上海人进一步打破了传统宗法制度的枷锁，他们的婚姻观念发生了巨大的变化，与全国其他城市相比，上海人最早接触并接受了西方先进的思想和平等的意识，最早挑战了传统，最早更新了他们的婚姻观念。这种新的观念在反对传统婚姻陋俗、解放妇女的同时，也导致了与抗战前相比，上海婚姻家庭刑案有较大的增长[21]。下面具体分析这些影响上海人婚姻观念变化的诸因素。

（二）影响上海人婚姻观念更新的诸因素

从表面上看，对上海传统婚俗产生冲击波的，第一是“台基”现象。[22]台基之风出现以后，尽管遭到社会舆论的谴责和官府的明令禁止，但此风并没有因此而受到遏制，相反却有所蔓延，甚至屡禁不止。根据有关资料记载，“台基”在上海开埠后发展很快。在1877年时，上海的租界内有台基200至300家，到了19世纪80至90年代，数目大增，日益兴盛。[23]

第二是“姘居——见怪不怪，相沿成习”。姘居之风主要流行于上海的中下层单身男女之中，这同双方的经济条件有很大的关系。有一些小商贾，虽小有积蓄，但资财不足以行明媒正娶之礼娶妇，只得与一些单身独居的妇女同居。而姘居的女方，则多为下层妇女，主要是一些离乡入城帮佣者。她们为了维持生计，同时也为了一解心头寂寥，就找姘夫同居。而这种现象在上海的市民中则是邻舍故作不知，亲族佯作不晓，相习成风，恬不为怪。

第三是“弃夫——‘糟糠’之夫下堂”。那些离乡进城的妇女在与人姘居以后，嫌弃自己的丈夫，丈夫进城寻妻，妻不认丈夫。[24]

在这些现象背后，导致上海人婚姻观念更新的则是各种复杂的社会因素，除了法律因素外，还存在着其他因素，现分述如下：

1. 经济因素

上海开埠后，逐步发展成为中国近代最发达的城市，其中的轻工业尤其是棉纺业占据着重要的地位。随着外国资本的侵入，上海成为了中国近代工业中纺织业最发达的城市。由于纺织业是比较适合妇女的一项工作，所以上海妇女参与做工的机会相对较多，直到20世纪初期，上海工人的主体都是女工，所以，了解近代上海女工的工作参与状况对以后理解她们婚姻家庭转变的状况是有积极意义的。

（1）上海女工占工人总数比例较高

根据1929年8月的一项调查，表明了当时上海各个行业的工厂及工人人数中女工情况：当时调查的全部工厂数为2 326家，全部工人数为285 700人，每个工厂平均工人数为123人，其中男工84 786人占29.68%，女工173 432人占60.70%，童工为27 482人占9.62%。[25]可见，当时整个上海所有工人中女工人数占了很大比重，比之男工所占比重要高一倍。

（2）上海女工是生产中的能工巧匠[26]

上海在近代从商业化城市向工业化城市发生转变的过程中，女工比例高是一个重要的特征。这种近代历史上持续高比例的状况使上海女工能够较为充分地发挥出自身的潜力，上海女工技术水平较高就是明证，也是上海女工成为工人主力生产群体的重要原因之一。

上海女工的这种优长之处和其他地区一比较也可知晓。《七省华商纱厂调查报告》为我们提供了一个可比较的资料：当时分别调查了上海与他埠各 9 家工厂，分别调查到上海工人 7 562 人，其中女工为 6 346 人；他埠工人 6 274 人，其中女工为 4 163 人。通过原始资料我们可以分析和得出结论：(a) 上海女工在 9 个工厂工人总数中占 83.9%，而外埠女工占 69%，说明在经济条件和就业机会以及产品产量不变动情况下，上海女工参加工作的机会大于外埠女工；上海女工能干上海男工可以干的工作，外埠的女工的替代性较低。(b) 上海、他埠两处男工与女工之比分别为：1∶5.2 和 1∶1.5，可见差距之大。也就是说外埠女工的能力与技术均不及上海女工，否则，在劳动力价格相同的情况下，工厂应该雇佣更多的女工才是。所以上海女工整体技能上比外埠女工更加发挥其作用些。[27]

此外，值得一提的还有一类女工就是上海的女佣。上海通商后，女性流民大量涌入，由于传统社会行业大多是男性独霸的领域（纺纱织布等少数行业除外），女子不能介入，她们最为普通和易于从事的职业就是做女佣，即为人家做些料理衣食、服侍起居、浣衣浆洗、端茶送水等生活杂务。这对她们来说是以往在乡间家务劳动的一种自然延伸，她们依靠原有的技艺就基本能够胜任，因而女佣成为来上海谋生的贫穷妇女的首选职业。[28]

与其他地区不同，上海的女佣依服务场所不同可分为两类，最普通的是家庭女佣，主要在人家中照料家居生活。上海是中外四方商贾云集的城市，大家小富不计其数，这些常居此地、特别是携家带属居于上海者，无分华洋士商，凡中人以上之家，无不雇用女佣照料家务。另一类是在妓馆等商家照料生意、帮忙做清洁工作的女佣。上海妓馆林立，每一妓馆都需要雇佣多名女佣帮助接待、照应、招揽客人以及做清洁工作，她们成为妓业不可缺少的生意帮手。后来一些烟馆、饭馆等服务业商家，也曾雇佣过女佣做跑堂，帮助照应生意。

这些女佣因此可得衣食糊口，又能得佣资养家，以致在上海附近乡间出现了妇女争相来沪当佣工的现象。这种情形使上海女佣人数日多，成为贫穷女子在上海聚集人数最多的一支就业大军。[29]这种现象也是其他城市所没有的。

据此，我们可知近代上海女工在生产过程中具有相当重要的地位，这个历史事实为我们理解上海妇女的社会地位和家庭地位一直较高，找到了较为合理的根据。抗战胜利后，生产的恢复也使得原来上海本地的贫穷女子有了更多的就业机会。结果，上海妇女的就业率居全国第一，上海妇女也较其他城市的妇女在经济上更为独立，客观上为她们反抗旧式的不幸婚姻提供了经济支持。

2. 文化因素

(1) 近代文化在上海的传播

近代文化在上海传播的主要标志之一是新闻报刊的出现。五四运动前后，上海的报刊业发展十分迅速，其中学生报刊尤为活跃，主要有《全国学生联合会日刊》、《上海学生联合会日刊》等。1922 年，中国共产党中央最早的机关报《向导》周刊在沪创刊，以后曾在全国产生很大影响。此外，《救亡日报》是抗战期间上海最有影响的一份报纸。上海沦为孤岛之后，《大美晚报》、《文汇报》、《中美日报》等十多家报纸坚守阵地，采用灵活的方式，继续进行抗日宣传。抗战胜利后，《中央日报》、《和平日报》、《东南日报》、《联合晚报》等曾先后在上海创刊或复刊。

这些报纸在传播西方近代科技知识和民主思想方面起过很大作用，是中国人特别是上海人了解世界、开阔眼界的重要窗口，对上海人观念的更新起过很大的作用。

(2) 上海教育的发展

上海教育历来较其他地方发达，这与上海的开放密切相关。近代的上海教育，一直是两条主脉并进发展的。其一是教会传教士创办的教会学校；其二是中国官办和私立的学校。由于中国近代屡遭外强侵略，并且屡战屡败，使清朝政府中一批头脑较清醒的官员和社会上的有识之士认识到中国社会的落后，他们怀着“富国强民”的心愿，纷纷兴办新式学校。1898 年，爱国工商业家经元善创办经正女学，成为中国自办的第一所女子学堂。自此，办女学之风在上海兴起。

20 世纪初，爱国女学、女子中西医学校、务本女塾等相继在上海创办。至 1907 年，上海已有 271 所学校，其中，中国人办 231 所、华洋合办 5 所、外国教会兴办 35 所，基本上形成了小学、中学、大学三级教育体系。民国成立后，办学之风更兴，出现了各种类型的学校，有私立复旦大学[30]、私立中国公学[31]、私立同德医学院[32]、私立上海美术专科学院[33]、国立音乐学院[34]、国立同济大学等。至 1952 年上海进行院系调整时，高等学校已多达 40 所。

这些在中国创办的著名高等学府，都曾培育了大批新式人才，同时也将科学、先进的新思想传入了上海。随着新文化新思想在上海的率先传入以及教育的发达，上海人的眼界更加开阔，上海人的婚姻家庭观念也更为开放。

(3) 妇女解放运动的蓬勃发展

在历史上，上海原本是一个人口稀少的荒凉渔村，这里与广大内陆地区不同，传统思想的影响较小。然而，即使如此上海女性也不可能完全摆脱传统礼教的愚昧和束缚。据上海地方志书的记载，在传统纲常礼教的影响下，上海曾出现过大批的贞女、烈女、节妇、烈妇，甚至还有一种孝妇孝女，因为父母或翁姑患有重病，或无力就医，就割肉煮汤以疗亲人，甚至有“割股”、“剖肋”、“割肝”等这类愚昧的行为，竟被传统礼教誉为“孝行”，记入志书的也有 206 人。1832 年，上海竟设立专门的“采访节孝公局”，聘请乡绅专门搜罗节孝贞烈事迹。[35]

上海的女性地位的变化首先表现在女学和缠足两大问题上。

上海开埠后，租界的辟建，使上海人最早接触到西方人生活方式中表现出的夫妇关系、男女平等现象。而西方人对中国女性所受的种种压迫和歧视，常有不平之词，认为“中国之待妇女如待狱囚”(1876 年《申报》载文语)。1850 年美国一传教士的夫人格兰德、1851 年另一女传教士琼司先后创办裨文女塾和文纪女塾，招收女学生，虽然所学内容不外乎宗教及一些文化知识，终究开创了上海女性接受近代教育之先例。1898 年寓沪浙江商人经元善创办了第一所中国人办的女学校——经正女塾，招收了 8 至 14 岁女生二十多人。学习的课程分中西文两种，中文课有“女孝经”、“女四书”、“幼学须知句解”、“内则衍义”、唐诗、古文等；女红、图画、医学间日习之；西文课于读书写字之余，兼习体操、针补、琴学等。从所学内容看，是以贤妻良母主义为办学方针，目的是要女子做个贤妻良母。但从此兴起女学之风，使越来越多的妇女能够接受教育，知识开拓了她们的视野，增长了她们的见识。

另一个问题是缠足，1895 年美国人李德尔夫人发起了首次废止妇女缠足运动，提倡天足，在上海影响很大。3 年后梁启超、谭嗣同发起组织“不缠足会”，总会在上海，倡导废除缠足恶俗，凡入会者所生之男不得娶缠足女子，所生之女不得缠足，已缠足的女子 8 岁以下一律放缠等。

辛亥革命前后，各地追求妇女解放的女性大多集聚在上海。上海光复后准备攻打南京和北伐，青年女子组织了“女子北伐队”、“同盟女子经武讲习队”等团体。此后女性参政意识也萌芽了。在上海光复后出现的民主热潮中，成立了大约三十多个政党，其中女性也组成了“女界参政同盟会”、“女界共和协进会”等 4 个政党。这在当时影响很大。1927 年国民政府定都南京后，终于在法律上确立了男女具有平等的法律地位，女性享有参政、遗产继承、受教育、职业和参加社团等权利。20 至 30 年代女权运动高涨，特别是在受教育和社会就业这两个方面。在上海，妇女率先走出家庭，参加商品生产的劳动，获得了应有的经济地位。上海的妇女进入手工业，甚至创造了男性无法做到的功绩。在女权运动的影响下，上海出现了全国最早的一批职业妇女，数量也日益增多。

这些数据都高于同领域的全国平均水平，反映了上海社会中男女平等程度在全国处于较前列的地位。妇女运动的蓬勃发展，大大提高了妇女的地位，和全国其他城市相比，上海女性的地位也是相对较高的。

此外，报纸和杂志等新闻媒体也大力地推动了上海的妇女解放运动。

1907 年秋瑾在上海创办《中国女报》。这份报纸和以后的《女子世界》、《神州女报》等杂志主要以妇女为读者，批判传统的纲常礼教，宣传男女平等，呼吁女性走出家庭，投身社会，参加革命。这些报纸当时不仅对女性、对整个社会的震动都很大。

妇女解放运动的理论与实践，推动了女性的思想解放、教育解放和形体解放。在重新塑造女性形象的同时，使女性伦理观、婚姻观发生了重大变化。在上海，许多妇女将之付诸实践，反对包办买卖婚姻。一时间，抗婚、逃婚的女性人数大增。

3. 宗教因素

近代的上海一度成为中国传教中心，是因为基督教在上海的广泛传播。

基督教在上海的传播，始于明代上海人徐光启。万历二十三年

(1595年),当时尚为布衣的徐光启,途经广东韶州时认识了天主教耶稣会修士意大利人郭居静,初闻天主教教义和西方科学,从此热衷于研究西洋科学,并与利玛窦等过从甚密,共同翻译了《几何原本》等西方科学著作。他于万历三十一年(1603年)在南京接受洗礼皈依天主教。万历三十六年(1608年),徐光启请郭居静到上海开教。受徐光启的影响,他的子孙和周围部分居民以及一些士大夫也先后受洗入教。

1844年,《中法黄埔条约》签订,条约规定清政府有保护教堂的义务,不久法国又迫使清政府取消了对天主教的禁令,准许他们在通商口岸自由传教。自此,天主教在上海的传播日趋活跃。进入20世纪后,上海出现不少基督教大教堂,如国际礼拜堂、怀恩堂等,小教堂则遍布全市,拥有众多信徒。

基督教在上海传播的同时,还办起了徐汇公学、徐汇女中、启明女校、幼稚园等教育机构。1850年上海最早的一所教会学校徐汇公学由天主教会创立。同年,美国公理会传教士裨治文夫人创办了上海第一所女子学校——裨文女塾。以后陆续有文纪女塾[36](1851年,美国传教士琼司女士)、明德学校(1853年,天主教耶稣会)、清心中学堂(1857年,美国耶稣会)、经言学校(1867年,法国耶稣会)、圣芳济学堂(1874年,法国天主教)、圣约翰书院(1879年,美国圣公会)、中西书院(1881年,美国监理会传教士林乐知)、中西女塾(1890年,林乐知、海叔德)等学校创办。教会学校尽管带有浓厚的宗教色彩,但在传播西学、培养人才方面,还是起到了积极作用。此外,基督教传教士还在上海创建了著名的徐家汇天文台、藏书楼以及育婴堂和土山湾孤儿院等慈善场所。

基督教最初是禁止离婚的,直到近代早期,在基督教人文主义者和新教思想家的影响下,基督教婚姻观念才发生了一系列变化:婚姻的地位得到真正的提高；对婚姻缔结的规定更加理性；在婚姻的目的中注入了夫妻感情的因素；因此也允许因感情不和而导致的离婚，并且出现了现代意义上的离婚。[37]同时，基督教也是反对奸淫的，原则上说，基督教的结婚观和离婚观对于婚姻刑案的发生应该是有抑制作用的。

近代的上海，一方面成为宗教浸染较深的地区，另一方面也是接受西方先进的科技文化和近代资本主义民主思想最早、最多的城市。从 20 世纪 20 至 30 年代起，上海的女性就成为较为前卫的女性，她们最早具有民主意识，也最早具有反叛精神，她们的追求也与传统大相径庭，追求个性、追求自由，成为上海女性的风格。表现在婚姻家庭领域，她们主张男女平等，反对传统的包办、买卖婚姻，追求婚姻自由，追求个人的婚姻幸福，当自己的利益受到侵害时，她们大多不愿再忍声吞气，一部分人一怒告上法院；但是，因受传统思想的根深蒂固的影响，并不是所有人都倾向于提出离婚，相当一部分人则是选择离家出走、与心仪的男性同居等方式，这些因素客观上使得上海的婚姻刑案数量较多。

4. 法律因素

伴随着近代中国社会的转型，中国的法律制度也发生了巨大的变革。这一改革的实质就是将近代西方的法律体系和原则引入中国，这种法律移植的结果，导致中国法律近代化的实现。

中国法律近代化，是在非常特殊的社会背景下展开的，并经历了由不同社会力量推动而逐步完成的过程。清朝末年，为挽救民族危机，赶上世界发展的潮流，同时，也为实现收回领事裁判权的具体目的，在统治集团内部较为开明的力量推动下，清朝政府开始了自上而下的法律变革。辛亥革命推翻了清王朝，纯粹的以维护皇权为目的的封建专制制度随之完成了历史使命。以孙中山为代表的资产阶级革命派在短暂的时间内确立了近代意义的民主、共和政治体制，同时，引进西方法律制度，使中国法律的近代化在制度层面迅速展开。袁世凯北洋政府成立后，在名义上继续了南京临时政府开始的共和政体和法律近代化进程。为扩大其统治基础，寻求更多的支持，北洋政府在建立近代法律制度方面，做了诸多工作，使得自清朝末年即已起步的法律近代化有了较大的进展，基本形成了门类较为齐全的近代法律体系。

南京国民政府时期，出于对民主、法治、人权等法制文明的追求，开展了卓有成效的立法工作，极大地推进了中国法律的近代转型。其中中华民国六法的颁布实施，标志着中国实现了法律的近代化。

首先，国民政府依照大陆法系模式，创建起了比较完备的六法体系，其中与婚姻刑案有关的，在刑事法律方面，主要有先后两次颁布的《中华民国刑法》(1928 年 9 月 1 日，1935 年 7 月 1 日)；在诉讼法方面，先后制定了《中华民国刑事诉讼法》(1928 年 7 月，1935 年 1 月)、《中华民国民事诉讼法》(1931 年 2 月，1935 年 2 月)；在民事法律方面，主要是《中华民国民法》“亲属编”。

其次，在内容上，国民政府时期虽然保留了不少中国传统法律的规范，但顺应世界发展潮流，将之前数十年间移植外国法的经验成果也巩固了下来，并使其生根发芽。如在宪政方面，进一步将三权分立基础上确立的五权制度、国民主权、保障公民的各项权利和自由、法律面前人人平等内容规定了下来；在民事法律方面，明确了婚姻家庭方面的男女平等原则，采纳了西方资产阶级的三大民法原则即私人所有权神圣、契约自由、过失责任；在刑事法律方面，国民政府吸收了前一阶段立法中的进步因素和当时世界各国施行的一些先进经验，如西方资产阶级的三大刑法原则即罪刑法定主义、罪刑等价主义和刑罚人道主义；在司法制度方面，国民政府时期基本上将北洋政府时期吸收的西方先进法律制度都继承了下来。

刑法的颁布实施，导致法律的改革及妨害婚姻家庭犯罪量刑的减轻，客观上为大量婚姻刑案的发生提供了法律支持。

此外，《中华民国民法》的颁布，加速了上海人婚姻观念的更新。

在20世纪初期各国民法的演变发展过程中，从法律上确立平等原则已成为一种潮流，虽然这种平等还不彻底，而且也较具形式意义。这一潮流同样影响了民国时期的民事立法。在我国几千年的传统中，夫为妻纲，夫权与父权、家长权三者鼎立，妇女没有任何权利，在离婚、财产等方面均体现了男尊女卑原则。这些不良传统延续影响至民律第一次草案和民律第二次草案。1926年1月，国民党第二次全国代表大会通过的《妇女运动决议案》，对不良的传统习俗具有一定的改革作用，它提出了一些婚姻问题的立法原则：制定男女平等的法律；规定女子有财产权和继承权；严禁买卖人口，保护女性和儿童；反对多妻制和童养媳。根据结婚离婚绝对自由的原则，制定婚姻法，保护被压迫而逃婚的妇女，对再婚的妇女不得蔑视，应一律平等对待；打破奴役女性的礼教；反对司法机关对男女不平等的判决。[38]该决议案明确了改革婚姻制度的基本原则，对日后制定更为完善具体的婚姻法规，奠定了良好的基础。

1927年由国民政府法制局完成的亲属法草案和继承法草案，在婚姻、继承等方面确立了不为传统观念束缚的平等原则。到抗战胜利后，这种观念在上海这样的大城市已有较大影响，体现在婚姻家庭领域，虽然传统的影响依旧很有市场，但人们的观念已有所更新。

第三节　时尚与传统的较量

20世纪中期上海发生的妨害婚姻家庭刑案揭示了时尚与传统

的博弈。博弈的结果如何？刑案结束了，案件的最终结局是怎样的，是喜剧还是悲剧呢？下面对此问题进行分析。

一、 传统仍占主导地位

在中国传统社会，离婚是难以想象的。“夫妇间的感情，无论到了怎样恶劣的程度，决不肯提出离婚这么一个办法，因此，离婚的事实，在中国便简直听不见。”但是，“欧风东渐”以后，“离婚这种习惯，便也被一般人所习染得来”。及至20世纪20至30年代，“这种风气便是更加的来得厉害了”[39]。“近来法庭诉讼，男女之请求离婚，实繁有徒，此皆前所未有。”[40]“这种趋向在城市表现得更为明显。”[41]而到了40年代，在十里洋场的大都市上海，离婚这种现象则更是屡见不鲜(除了有大量的外国人在华离婚的记载外，中国人诉讼离婚的也比较多)。

从上海市档案馆查阅的20世纪中期上海实际发生的妨害婚姻家庭刑案看，这些案件的当事人多为中青年，对于年轻的当事人来说，他们的选择面宽阔，一旦婚姻破裂，再婚并不难；但是，如果当事人年龄稍大，而又有子女的话，问题就不那么简单了，对子女生活的担忧加上再婚难的困惑，使得当事人不会轻易地离婚，他们大多数人会选择维持原来的家庭。

卢小×子妨害婚姻案(案例23)足以说明这一点。告诉人蔡×顺在诉状中说，其妻趁他离家营业时，与第一被告卢小×子乘机通奸，并将自己室内所有细软席卷潜逃。

在上海地方法院检察处1946年4月15日的讯问笔录中，问告诉人蔡×顺：“你还要这女人吗？”告诉人蔡×顺答：“我还是要他(她)的。”

在法院的审判笔录中，问(卢小×子)：“蔡×氏今日为什么不到？”卢小×子答：“检察官问过后，我把他(应是‘她’，指蔡×氏)送回去了(蔡×顺处)。”

可见,最后各方当事人达成了谅解,出轨的妻子回归了原来的家庭。

江×元等妨害婚姻案(案例18)的处理可能是传统中国人处理该类案件最常用的方法。本案第一被告江×元也是来沪移民,他很幸运,来沪后事业顺利,他没有想起家中的糟糠之妻,置之不顾,在上海与一个名叫王×金的年轻女子姘居,居然同居了4年,江×元的发妻来沪寻夫才发觉此事。江×氏将江×元和王×金通奸的事告上法院,1946年8月7日上午,当事人在法院的调解下达成和解,法院的审判笔录记载:江×元与王×金即日脱离同居关系,江×元于6个月内给付王×金法币100万元,江×氏撤回告诉。1946年8月7日,上海地方法院判决:本件公诉不受理。

该案的结局是事业顺利的江×元,通过补偿情妇王×金一定数额的金钱,与其脱离关系,江×元回归家庭,于是江×氏撤回告诉。

也有走得很远,依然愿意回归家庭的,如徐×俊等妨害婚姻案(案例8)。在该案中,被告徐×氏因为与徐×俊通奸已经怀孕临产,这在通奸案中属于走得比较远的,即使如此,与他人怀孕的女性当事人还是愿意回归原来的家庭。而该案男性被告徐×俊却从未脱离也从未打算离开自己原来的家庭。

在谈到丈夫出轨后的回归率时,出身医生的日本著名作家渡边淳一认为:“总之,丈夫们的外遇数量虽然也许很多,但是终归容易回到原来的壳里去,即使离家出走去和其他的女性同居,重返家庭的比例仍然很高。”[42]

二、原因

中国传统文化认为婚姻是“前世姻缘”、“命中注定”。离婚被认为是“绝两姓之好”、“有损家族门楣”。男子虽享有“七出”的休妻特权，但是同时也要受到“三不去”的礼制的限制，而且也要遵从父母的意志作决定：“子甚宜其妻，父母不悦，出；子不宜其妻，父母曰‘是善事我，行夫妇之礼焉？没身不衰。’”[43]而妻子提出离婚更为礼法所不容，即使丈夫另行婚娶，“前妻去留在本夫，若妇自欲去者不许”。若寡妇再嫁，缙绅之家则认为有辱门第，并且会遭到世人唾弃。而坚持守节或殉夫的妇女则可得到政府的表彰，社会的景仰。20世纪以后，传统的“婚姻不可离异”及妇女必须“从一而终”观念产生动摇，出现了“不合则离”、再嫁自由的思潮。

观念的变化引起了社会习俗的变动，离婚现象时有发生。[44]

在20世纪30年代主要报刊上的那些法律广告中，就有不少是女性当事人为了保护自己的权利而聘用律师发布的，而其中涉及离婚问题的最多。如果以离婚的不同原因去观察男女平等状况的话，一般人们首先会去关注究竟是谁先提出了离婚。因为在传统中国社会里，离婚一般来说是男子才享有的权利，女子只能顺从。如果妻子要主动提出离婚，那么只有在被丈夫长期遗弃或被其重伤及被其强迫犯奸时才能要求解除婚姻。单从男女双方所依据的离婚条件来看，就存在着明显的不平等，更何况妻子还不能像丈夫那样自主离婚，必须通过衙门的裁决，这之间的差异是很大的。[45]到了国民政府时期，这种情况在上海有了很大的变化，女子同样可以主动提出离婚。国民政府颁发的第一部民法，就规定了允许离婚的10种情况，只要“夫妻之一方以他方有左列情形之一者为限，得向法院请求离婚”。这对于男女双方来说是平等的，离婚的理由对男女双方来说没有任何偏向。20世纪30年代上海的相关统计数字表明，男女主动提出离婚的比率已十分接近[46]。而在这一过程中的相关法律事务都要通过律师来办理，并由他们来维护这些女性当事人应得的权益。[47]

到了 40 年代，男女平等的观念更加深入人心，更多的女性不愿忍受不幸的婚姻，女性主动提出离婚的情形更加频繁。

然而，“即使是现在，离婚在道义上仍是被否定的，从个体道德评价来看，往往将个体的离婚和个人的品行联系在一起；从社会道德评价来看，往往把社会离婚率作为衡量社会风气的重要指标。人们习惯于将社会离婚率的提高与社会道德滑坡、世风日下联系在一起”。[48]所以，在传统中国社会中，即使夫妻关系不和谐，甚至出现了严重的问题如一方或双方出轨，但绝大多数当事人最终还是不会选择离婚。从 20 世纪中期上海妨害婚姻家庭刑案的实际情况看，因为通奸、重婚等原因导致家庭解体的依然较少，绝大多数人依然愿意维持原来的家庭，特别是在有子女的情况下（在查阅的五十余件妨害婚姻家庭刑案中，因此导致离婚的不足 10 件）。

注　释

[1] 参见朱采真：《刑事诉讼法新论》，世界书局 1929 年版，第 68 页。

[2] 朱采真：《刑事诉讼法新论》，世界书局 1929 年版，第 156—157 页。

[3] 夏勤编著：《刑事诉讼法要论》，商务印书馆 1944 年版，第 54—57 页。

[4] 参见郭卫修编：《刑事诉讼法论》，上海法学编译社会文堂新记书局 1946 年版，第 34 页。

[5] 同上书，第 228 页。

[6] 陈应性编著：《中华民国刑法解释图表及条文一册》，王云五 1936 年印，第 2 页。

[7] 以下所引民国刑事诉讼法条文，除特别说明外，均见《中华民国刑事诉讼法》，1935 年 1 月 1 日公布，1935 年 7 月 1 日施行。

[8] [日]渡边淳一：《丈夫这东西》，上海人民出版社 2004 年版，第 73—74 页。

[9] 夏勤编著：《刑事诉讼法要论》，商务印书馆 1944 年版，第 188 页。

[10] 讯问笔录没有台头，也没有具体单位的落款，系白纸黑字写成，只有讯问人马玉怀的签名。

[11] 原文中括号伪币，并据张×德说是卖掉租田三亩预备做生意的。

[12] 徐×氏的娘家在上海，恰与徐×俊住一个弄堂。

[13] 参见洪浩：《非讼方式：农村民事纠纷解决的主要途径》，《法学》2006年第11期。

[14] 参见郭云忠：《刑事诉讼谦抑论》，2005年中国政法大学博士论文，第59页。

[15] 参见杨立新：《大清民律草案》，吉林人民出版社2002年版，第175页。

[16] 参见王歌雅：《离婚损害赔偿的伦理内涵与制度完善》，《北方论丛》2005年第5期。

[17][18] 施宣圆主编：《上海700年》，上海人民出版社2000年版，第297页。

[19] 应为"崇奢黜俭"，否则"黔"字根本解释不通。

[20] 王歌雅：《中国婚姻伦理嬗变研究》，黑龙江大学2006年博士学位论文，第175页。

[21] 根据笔者在上海档案馆看到的档案数量目录统计，1940年以前没有统计或者没有，1940年17件，1941年5件，1942—1944年没有统计或者没有，1945年7件，1946年128件，1947年155件。

[22] 所谓"台基"，是指男女私相交际幽会的场所。为什么以"台基"名之？根据当时人的解释是："台基者何？偕台演戏，仅租基地，云雨自兴，巢窟是备。"（《台基宜禁说》，《申报》1883年7月28日）还有人更是直截了当地说："台基者，借留男女奸宿处也。"（《论上海借台基恶俗禁后染及租借事》，《申报》1873年3月9日）这两种说法，或隐晦，或直接，但都表明，"台基"是当时男女私交、自由结合的场所。"上台基"现象不同于卖淫嫖娼，上台基的妇女与青楼女子有着根本区别，这些女性都是自由之身，她们上台基基本上是主动的，即使有的被引诱上台基也至少是半推半就的。虽然其中也不乏为赚钱而上台基的女子，但大多也不像娼妓那样以此为生。应该说妇女上台基的主因是为私情，当然也不排除其中有好奇、娱情的成分。

[23] 参见邓伟志、胡申生：《上海婚俗》，文汇出版社2007年版，第77页。

[24] 同上书，第76—87页。

[25] 参见张伟：《近代城市女工状况初探》，《西南民族学院学报·哲学社会科学版》2000年第12期。

[26] 据商埠志1908年载："最老的一家缫丝厂是怡和洋行的怡和丝厂，丝厂雇有剥茧与拣茧的女工200人，缫丝的女工500人，刷丝的女工250人，清理废丝以备供应市场的女工100人。"怡和洋行的怡和丝厂是近代上海较早也是较为成功的缫丝厂之一，它"缫制精良，出售时常得高价"，而这些都是剥茧与拣茧、缫丝、刷丝、清理废丝等各种工序上的女工所创造出来的。上海的《申报》也有类似记述："上海机器缫丝局雇佣妇女极多，每日计需用女工数百人。凡一切剥茧、检茧、司机、司缫诸事，莫不假手于妇女……"这些都不仅表明上海女工较多，且能

胜任工业行业中多数工序的工作。

[27] 参见张伟:《近代城市女工状况初探》,《西南民族学院学报》(哲学社会科学版)2000 年第 12 期。

[28] 参见张国刚主编:《家庭史研究的新视野》,三联书店 2004 年版,第 408 页。

[29] 同上书,第 408—409 页。

[30] 1905 年,由退出震旦学院的学生组成,初名复旦公学。

[31] 1905 年留日回国学生自组,1922 年改大学。

[32] 1918 年成立,初为医学专门学校。

[33] 1912 年,为我国最早的美术学院。

[34] 1927 年创办,(今上海音乐学院前身)是我国最早的一所新型音乐高等学府,创办人及首任院长是我国教育界、学术界享有盛誉的蔡元培先生。

[35] 参见施宣圆主编:《上海 700 年》,上海人民出版社 2000 年版,第 297 页。

[36] 1881 年,美国圣公会将原裨文、文纪两女校合并,更名为圣玛利亚女校。

[37] 参见宋佳红:《论近代早期基督教婚姻观念的变化》,《历史教学问题》2004 年第 1 期。

[38] 参见《婚姻——新时尚对垒旧礼俗》,人民网,http://past. people. com. cn/bike/viewnews. btml?id=365352, 2009-02-15。

[39] 徐亚生:《离婚略论》,《妇女杂志》第 16 卷第 3 号。转引自方旭红、王国平:《论 20 世纪二三十年代的城市离婚问题》,《江苏社会科学》2006 年第 5 期。

[40] 无妄:《闲评二》,《大公报》1913 年 9 月 15 日。转引自方旭红、王国平:《论 20 世纪二三十年代的城市离婚问题》,《江苏社会科学》2006 年第 5 期。

[41] 方旭红、王国平:《论 20 世纪二三十年代的城市离婚问题》,《江苏社会科学》2006 年第 5 期。

[42] [日]渡边淳一:《丈夫这东西》,上海人民出版社 2004 年版,第 72 页。

[43] 参见陈顾远:《中国婚姻史》,北京商务印书馆 1937 年版,第 240—247 页。

[44] 参见安秀玲:《二十世纪初中国婚姻变动初探》,《长春师范学院学报》第 22 卷第 2 期。

[45]《大清律例・户律・婚姻》,法律出版社 1999 年版,第 313—314 页。

[46] 据 1930 年 1—7 月上海市离婚统计显示:男方主动提出离婚的为 95 例,女方为 86 例。

[47] 参见陈同:《在法律与社会之间:民国时期上海本土律师的地位和作用》,《史林》2006 年第 1 期。

[48] 周玉珍:《关于古今离异之伦理比较》,《山东社会科学》2004 年第 4 期。

第四章
法律规定、官方操作与民间处理达成了某种默契

通过对20世纪中期上海婚姻家庭刑案的法律规定及处理结果的研究发现,法律对相当数量的婚姻刑案采取"告诉乃论",而且允许当事人撤诉;官方采用拖延诉讼、尽量不受理的策略;民间则出于多方考虑往往采取怒而起诉、继而撤诉的方式。这三者之间实际上达成了一种微妙的默契——也就是通常采用息事宁人的方法,从而达到无讼的目的。

第一节 民国刑法关于"告诉乃论"的规定

根据民国刑法第238条(诈术结婚罪)、第239条(通奸罪)、第240条(和诱罪)第2项之规定,这些罪属于告诉乃论之罪。这三种罪都属于妨害婚姻家庭犯罪的范畴,它们的共同特点是须"告诉乃论"。在查阅的五十多个婚姻刑案中,属于"告诉乃论"的案例就有39个,占婚姻刑案总数的76%以上,也就是说绝大多数婚姻刑案都属于"告诉乃论"的案件。

一、告诉乃论的渊源

告诉乃论，也叫亲告罪，又称为告乃坐、亲告乃论，“指刑法明文规定以告诉权人的告诉作为追究行为人刑事责任的条件的犯罪”[1]。我国现行法律称之为不告不理，也就是说，某些犯罪只有被害人告诉时，才可以追究被告人的刑事责任。

告诉乃论是继承古罗马诉讼中关于没有告诉就不能受理的司法实践发展而来的一项刑事诉讼原则。即对任何人，未经法律规定的程序提出控诉，不得将其置于被告人地位判处刑罚。在许多发达国家，这一原则既是刑事案件的受理原则，又是民事案件的受理原则。根据不告不理原则，刑事诉讼必须由法定的诉讼机关提出公诉；自诉案件，必须由被害人提出自诉，法院才能受理。而且要求法院在审理公诉或自诉案件过程中，不管是对初审还是上诉审，皆受原告或上诉人提起诉讼的范围所限制，即告谁就审谁，告什么就审什么。法院不按此规定受理案件的诉讼活动，就是违法。如法国 1791 年宪法第 5 条规定：“在刑事诉讼方面，倘非根据陪审员所收到的控告，任何公民不得受到审判。”法国 1808 年和现行的刑事诉讼法中也继续规定，要求法官对案件的审理，必须根据检察机关的起诉；日本在 1890 年《刑事诉讼法》第 184 条，以及现行《刑事诉讼法》第 249 条和第 378 条皆规定了不告不理的原则和制度；英国虽然没有成文的法律予以规定，但是在习惯法中确认，如果没有个人、团体和法定政权机关直接的、罪名肯定的并附有誓言的控诉，法院是不能受理的。

弹劾式诉讼（又称控告式诉讼）是人类历史上最早出现的诉讼模式，主要实行于奴隶制时期的古巴比伦、古希腊、古罗马共和国以及封建社会初期的一些国家之中。弹劾式诉讼最主要的特点是“不告不理（告诉乃论）”，即没有原告，法院就不依职权主动启动诉讼程序。正如古罗马的法谚所表达的：“没有原告就没有法官”，“无告诉即无审判”。

随着社会的发展，弹劾式诉讼逐渐被纠问式诉讼所取代，不告不理原则也就失去了存在的依据，法官开始依职权主动追究犯罪。资产阶级革命取得胜利后，继承了古代弹劾式诉讼的不告不理（告诉乃论）原则并加以发展，重新实行控诉职能与审判职能的分离，建立专门的起诉机关代表国家追诉犯罪。

不告不理（告诉乃论）原则从世界历史发展的过程来看，可以划分为两个阶段：一是奴隶制社会弹劾式诉讼模式下的不告不理原则；二是近代社会混合式诉讼模式下的不告不理原则。民国刑法规定的“告诉乃论”[2]，应当属于后者，从上海市档案馆看到的婚姻刑事档案的审判，也验证了这一点。

不告不理原则的变化发展过程，也就是诉讼历史上对犯罪的控诉权由分到合、由合到分的演变过程，反映出控诉权与审判权的分离是诉讼制度发展的必然要求。不告不理原则从产生到沉寂、再到复兴，体现了社会生产力对社会政治构造和司法制度的影响，是社会文明进步，司法走向发达，程序逐步完善的重要象征。[3]

不告不理原则是英美法系和大陆法系刑事诉讼中普遍采用的一项原则，这一原则要求控审双方机构职能分离，防止审判方先入为主而产生预断，有利于其在控告方和辩护方之间保持中立和公正，也有利于辩护方权利的行使。从这些特点看，我国传统社会始于唐代的亲告罪[4]中的“告乃论”或“告乃坐”等词语，并不是这里所说的现代诉讼法意义上的不告不理。直至清末法律改革后，中国的刑事诉讼中才引入了不告不理原则。如清王朝1907年制定的《各级审判厅试办章程》第103条规定：“刑事未经起诉者，审判厅概不受理”；民国的刑事诉讼法则将不告不理原则落到了实处。如《中华民国刑事诉讼法》第245条规定：“起诉之效力不及于检察官所指被告以外之人。”

又第 247 条规定:“法院不得就未经起诉之犯罪审判。”[5]

由于文化背景、道德伦理观念以及立法价值取向的差异,各国刑法关于告诉乃论犯罪的数量和范围不尽一致,但它们却具有共同的特点:

一是从这类犯罪侵犯的客体来看,一般都是侵犯个人法益的行为,法律出于尊重个人意志自由的角度,赋予有追诉权的个人以是否提起追诉的选择权利。

二是这类犯罪罪行不重,处罚较轻,对国家利益和社会公共利益不会造成严重危害,而且受侵害性往往取决于被害人的主观感受。

三是这类犯罪的犯罪人与被害人之间往往具有亲属等较为亲近的社会关系。

四是适用告诉乃论的犯罪,一律由法律规定。法无明文的,则实行国家追诉主义,由检察官向法院提起公诉(罪刑法定原则)。

二、 告诉乃论的意义

告诉乃论,在刑法中具有重要的意义:

首先,有利于防止司法权的专横,使法院所能审判的事项只限于当事者的告诉的范围,司法权行使的范围受到了原告方起诉权的制约,这能够有力地防止其专横。

其次,它禁止法院主动介入案件,有利于防止其因为先入为主而产生对案情的预断,从而有利于保持其超然性、中立性。而裁判者的中立性又是诉讼程序公正的前提,也是实现司法公正的关键。正如有学者所指出的那样,“中立性是程序正义的基础,如果没有这一前提条件,那么程序的正统化功能、强制力保障功能、疏导功能等便都无从落实”。

再次,有利于司法的社会“平衡器”功能的发挥。司法在政治及社会体系中占有的是一种可称为“平衡器的特殊位置”，社会中发生的几乎任何一种矛盾、争议，尽管经过各种各样的决定仍不能得到解决并孕含着给政治、社会体系的正统性带来重大、冲击的危险时，最终可以被诉讼、审判所吸收或中和。通过诉讼审判活动而发挥的上述特殊作用以及人们对法院的信任，在很大程度上正是以司法的消极性或自我抑制性为前提的。这里司法的消极性或自我抑制性，是指司法审判必须遵循不告不理的原则。

最后，告诉乃论还给了有告诉权的当事人一个权衡利弊、重新选择的机会。有的当事人通过反复思考，可能就会选择不告了，这样客观上为传统的“无讼”理念的实现创造了条件。

第二节　官方操作婚姻刑案的方法

自古以来，中国官员审判妨害婚姻刑案的方法可谓五花八门，称得上丰富多彩，可以简单地分为积极做法与消极做法。积极做法有调解、感化；消极做法有压制讼师、拖延和拒绝。

一、调解、感化是传统中国官吏的息讼技巧

感化息讼是儒家德教思想在诉讼中的体现。在传统诉讼文化中官吏对百姓的纷争如何判决并不重要，重要的是他能否通过道德教化恢复当事人之间业已被破坏的和谐关系，从而实现无讼的政治目的。古代官员办案原则是“人有争讼，必谕以理，启其良心”，纠纷的解决过程首先是对争讼双方道德教化和训导的过程。用儒家经典教义或先前道德高尚者的典型事例引导双方在道德层面追问纠纷产生的原因，让争讼者认识自己的错误，进而对症下药，使其息讼并防止纠纷的再次发生是公认的治本之道。

中国传统社会的历代官员均有劝民息讼和清讼化俗之举。

清代名臣刘衡曾以身说法，宣传忍气止争的好处，“本府在江西，也是百姓，我家二百年来，不敢告状讦讼，暗中得了多少便宜，也只是忍气的好处，你们不可辜负我教你一片苦心。切记，切记！”[6]后蜀杨玢官显贵，归后唐致仕回家。子侄告之邻居占地，要告官，杨玢在诉状尾批词戒之曰：“四邻侵我我从伊，笔记须思未有时。试上含元殿基望，秋风吹草正离离。”[7]杨玢对子侄的批词，印证了民间“千年田，八百主”的谚语，不仅仅是一个邻里之间谦让的道理，还包含了世事无定，不必恶讼的训诫。

然而，要解决好讼事，远非一两句古代贤达名言就能万事大吉。千百年来，中国士大夫为实现“政平讼理”的美好理想，可谓竭尽思虑地在观念和制度层面探索。有关讼的智能宝库，也令后人叹为观止。如在观念层面，理讼必须做到情讯，即“用情讯之”[8]，就是置身于当事人的实际情况和人情特点来判解纠纷。如家庭亲人之间的纠纷诉讼，要以情感化。中国古代官吏在处理亲族讼事中的天理人情之圆融，远比后人思虑醇厚得多。显然，情讯在中国古代理讼中的内涵具有丰富多样性，“推穷须察于事情”[9]，“讼者无不烛之情”[10]。又如，同是父母讼子不孝，历史上的典故也颇多版本，说得最多的，当属洞察继母讼夫前妻之子不孝。五代晋朝权臣安重荣曾经遇到一对夫妇共讼其子不孝，他在对“逆子”训斥一番之后，抽剑令其父亲自处置“逆子”，其父泪流满面地说，“我不忍心啊！”安重荣又令其母杀之，其母一边骂詈，一边仗剑追杀。安重荣即刻怀疑母子之间亲情的真实性，喝止问话，果然是继母妒恨起讼。安重荣痛恨“逆子”，但更痛恨妒妇绝人命脉，随即张弓自后射之，一箭将其毙命，闻者莫不快意[11]。此讼案的解析也全在一个“情”字上，即以平常人的情理来揣度。理讼者能够成功地解决讼事，关键也在情理上细心揣摩，以情化之则讼解，以情度之则见讼结之所在，情理的天然圆融与思虑的逻辑连贯性实际上始终保持一致，全在于剖判者的条分缕析。

然而并不是所有的民事诉讼都可以通过感化能化解的，有的当事人虽然当时被感化了，事后又反悔怎么办呢？古人为了防止少数“刁民”缠讼，便及时缔结和息状，以为息讼依据。从理论上说，息讼是当事人的一种自愿选择，但实际生活中，息讼的结果不一定对各方都是公平的。人们考虑接受息讼的因素也很复杂，一旦时过境迁，难免会出现反悔，所以缔结息讼字据常常显得特别重要。责令当事人具结画押成为公堂审案的最后一道程序，目的在于防止翻供而再起讼争。

20 世纪中期上海的婚姻刑案的调解分为民间调解和诉讼调解两大类。民间调解主要有邻里调解、亲友调解、自行调解，而以亲友调解最为常见。诉讼调解则是指司法机关的官员在审理案件时，当堂对纠纷当事人进行调解以解决纷争。即使进入诉讼程序，法官仍会作调解劝和的努力。当事人和解后，官方要求其出具书面文书保证此后息讼止诉。

江×元等妨害婚姻案（案例 18）就是一个典型的例子。

江×元与江×氏在老家正式结婚后即来沪经商，他很幸运，来沪后生意红火，事业有成后却忘记了远在家乡的糟糠之妻，在上海认识了一个叫王×金的女子，并与她在大利大楼××号赁屋同居，居然同居了 4 年。江×氏来沪寻夫发觉此事，向法院提起告诉。1946 年 6 月 29 日，上海地方法院检察官以妨害家庭为由提起公诉。

根据法院和解笔录的记载：江×元与王×金即日脱离同居关系，江×元于 6 个月内给付王×金法币 100 万元，江×氏撤回告诉。1946 年 8 月 7 日上午，3 人在法院和解笔录上画押。这里的三个当事人在和解笔录上画押，就是为了保证此后的息讼止诉。

二、压制讼师、拖延办案是传统中国官吏的共同选择

统治者总是希望百姓不知法、不会讼。而讼师恰好可以为百姓提供帮助，所以历代统治者都把讼师作为好争、好利的小人和导致社会不安定的因素加以鄙视和打击。

《吕氏春秋》记载："子产治郑，邓析务难之，与民之有狱者约：'大狱一衣，小狱襦袴。'民之献衣襦袴而学讼者，不可胜数。以非为是，以是为非，是非无度，而可与不可日变。所欲胜因胜，所欲罪因罪。郑国大乱，民口喧哗。子产患之，于是杀邓析而戮之，民心乃服，是非乃定，法律乃行。"[12]邓析子以善辩著名，荀子对其辩术有一个描述："山渊平，天地比，齐秦袭，入乎耳，出乎口，钩有须，卵有毛，是说之难持者也，而惠施、邓析能之。"[13]在邓析子这个祖师爷的身上，几乎能够看到后世讼师的所有特征：私家表达法意，与官方形成对立；授徒研习辩论，培养讼学人才；代理诉讼收费，形成业务市场；耸动民间讼风，官方严厉打击。邓析子最终遭到了杀戮的命运，这是统治者压制讼师的一个典型的例子。

南北朝时期，虽然官方不断提倡儒学，招致名儒讲学，告诫学校"非圣哲之书不得教授"，并且根据学生品行优劣确定座次，给予酒食，勤学异等、聪令有闻者甚至被升堂设馔，其余坐在廊下。但是，好讼之徒仍然活跃在学子之中，不过他们已经成为这种礼遇场合的反面教材而已，"有好诤讼惰业无成者，坐之庭中，设以草具"[14]。这种场面表现了官方对他们的厌恶态度，只是当时还比较理智，允许这些讼徒可以"坐"在"草具"上，已经算是非常优待了。

唐代法律明确规定了对帮助他人写词告状者的责罚，如"为人作辞牒加状"、"教令人告事虚"等条款，对于代书词状堆砌情节或者教唆他人诬告者给予严惩，而对于无法申冤的愚弱者，如果讼徒出于同情挺身代告，而所告属实的话，免受处罚[15]。在这一点上，后世的

律例规定则苛刻得多，对于挺身出告事不关己者，一律归入打击的对象。

史载宋代的讼师非常嚣张，官方不惜一切努力进行打压。“史沆、王逵以善讼名天下，(魏)瓘既废沆，又尝奏抵逵罪，专任机数，不称循吏。”[16]史沆、王逵是什么身份，已不得而知，但他们善讼必须具备一定的知识基础和讼辩技巧，能够“名天下”，说明导讼次数频繁，包揽诉讼的业务量非常之大。“有法吏罢居乡里，导人为讼，(王)岩叟捕挞于市。”[17]罢职闲赋在家的法吏介入民间讼事，并诱导他人讼争，说明讼师队伍的成分非常复杂。官方对他们防不胜防，唯恐有失而令其翻告缠讼，“健讼之人，在外则教唆词讼，在狱若与余囚相近，朝夕私语，必令变乱情状，以至翻异，故健讼者须独匣，不可与余囚相近”[18]。可见，当时的州县官吏是想方设法铲除讼师的。

《唐律疏议》和《大清律例》都设有“教唆词讼”条，限制讼师的业务活动。[19]只是到了清末以后，讼师的名称变成了律师，其地位才不断提高。

拖延也是一种颇为有效的息讼方式，特别对于婚姻、家庭等亲族纠纷，需要各方面冷静下来协商，是急不得的。元代名臣张养浩就认为：“亲族相讼宜徐而不宜亟，宜宽而不宜猛。”[20]为什么亲族相讼宜徐不宜亟呢？因为彼此都是近邻亲族，对簿公堂在面子上实在有失和睦，贻人笑柄。后来，明代人们对亲族之讼宜缓决还有更进一步的考虑：一是亲族之讼，往往因为一时气忿，思虑不周，而未顾及彼此割舍不了的亲族情谊，一旦对簿公堂，暴丑于外人之后，就没有了回旋的余地，缓决使得双方有一段利害分析和对策选择的时间；二是亲族之讼，本来就有一个家族内部自我调判的机制存在。通常来说，官方遇到家族讼案往往都要发回家长、族长加以训诫、调解和裁判，亲族之讼也就更没有必要另惹事端，就是在家长、族长那里处断不公，还有族众评理，得到公平的渠道。[21]缓决使人有一个解恨释忿的缓冲余地，气消怒息之后，撤诉成为人们最理性的选择。

《明史》上记载松江府太守赵豫为了平息百姓争讼，采取拖延之术。患民俗多讼，讼者至辄“喻之曰‘明日来’”，如此拖延诉讼，竟赢得“松江太守明日来”之谚。可见，亲族之间诉讼纠纷的缓决拖延，往往是最方便也最成功的理讼方式，上海的官吏在历史上早就用过这种方法了。

三、法官的办案诀窍：拒绝受理

除了拖延之外，拒绝受理诉讼则是更为极端的息讼方式，明人何良俊所撰写的《语林》中记载了晋朝刘尹治郡为平息百姓“好讼”之风竟然对百姓的诉讼“寝而不问”。这种极端的处理方式，体现了古代官员对“好讼”之风的厌恶，然而，这种方法却使得许多诉讼当事人主动息讼了，因此，它也成为流传千古的息讼美谈。然而，官吏盲目追求“无讼”，必然导致对讼事的厌忌畏累心态，“今之官者，以无讼为乐，遇讼民而先厌之，未登堂而即思退”[22]。有的官吏常常采取迁延讼事的办法，致使“诉者悉含诟去，则转以相告，无复来者”[23]，由此博得无讼虚名。有的官吏“变乱黑白，颠倒是非”，民众“深被其毒，而不愿终讼，于是乎讼竟无矣”[24]。这在当时明眼人看来，显然不是圣人所期待的无讼境界，“使民畏惧之不敢讼，亦非真无讼也”。[25]

与传统社会官方对此类案件的处理方法不同，20 世纪中期的上海法官，作为现代文明社会的法官，他们对案件的处理既不能拖延、拒绝，又不能压制律师，而且他们也没有古代官员那样的耐心，他们不再注重调解、劝和和感化，他们有自己独特的办案方法，那就是在当事人撤诉的情况下，不受理此类案件。

20世纪中期的中国,刑法将妨害婚姻家庭刑案界定为告诉乃论的案件,根据民国刑事诉讼法第217条第1项的规定:按告诉乃论之罪告诉人于第一审辩论终结前得撤回其告诉。如检察官仍提起告诉,最后法院的判决则是:本件公诉不受理。

而且当时刑法第239条之妨害婚姻及家庭罪规定非配偶不得告诉,也就是说有被害人(配偶)的告诉则处理,否则,官方便不主动追诉;而且,即使有人告诉,一旦发生刑事诉讼法第217条第1项规定的情形,官方的处理也是不受理。例如:陆×年等妨害婚姻案(案例17)、孙×龙等妨害婚姻案(案例32)、陈×苏妨害婚姻案(案例33)、江×亭等妨害婚姻案(案例34)、状告朱×林妨害婚姻家庭案(案例40)、状告汪×林等妨害婚姻案(案例50)、陈×泉等妨害婚姻案(案例51)等都是这种情况。

上述官员种种做法的目的只有一个,就是达到"无讼"的结果。"无讼"自古以来就是传统中国人的一种理想和价值追求,因为在统治者的眼里,任何纠纷的产生都是对既有和谐秩序的破坏,所以"无讼"在一定程度上被异化为"息讼"。然"自有生民以来莫不有讼",对于妨害婚姻家庭案件,中国传统的观念认为"清官难断家务事",所以官方的通常做法就是"息讼",在以"无讼"作为政绩考核主要指标的情况下官吏们更是不遗余力地"息讼"。官吏息讼的方法具体而多样,见诸史载,可谓缕不绝书。

第三节　民间对于婚姻刑案的处理

对于婚姻刑事纠纷,不管是传统的处理方法,还是近代上海的处理方法,都贯穿一个理念——不对簿公堂的无讼理念。民众之所以愿意这样做,是因为:

一、传统厌讼情结的一定程度的影响

中国传统诉讼文化的价值取向在于“和谐”精神：以“无讼”理想为总原则，在其总原则之下，又有四个具体的价值取向：一是维护“秩序”；二是贯彻伦理纲常；三是漠视权利；四是“厌讼”、“贱讼”之诉讼心理与“息讼”之诉讼趋向。[26]

这种对于“和谐”与“无讼”理想的憧憬和追求在根本上决定了中国传统诉讼文化的性质，无讼在制度上和文化上都成为价值取向。就个人而言，息讼、止讼是爱惜自己“面子”、保持自身品德、维护家族声誉之所需；而对国家而言，“息讼”、“去讼”则更是维护礼教、弘扬道德之大事业。于是，从皇帝到各级官员、到乡绅族老，无不倡导止讼之善、宣讲诉讼之害，一般文人同样力倡息讼、止争，形成了一种强大的息讼氛围。[27]

从某种程度上说，讼是对现有的社会资源和人际关系的一种潜在破坏。在中国传统社会，对簿公堂被认为是暴丑于外，赢得官司的人往往失去了美好的人缘和彼此间原有的和睦亲情。所以，正统儒家经典就公开表达了“讼则终凶”[28]的价值判断，即对任何事情无休止争议吵闹下去，最终是不会有什么好结果的。史家在叙述历代讼争变故时，便直接诠释为“凶，讼也”[29]，甚至认为争讼是对原有秩序的一种破坏，是衰世薄俗的具体体现。[30]

随着西学东渐，在追求建立现代民族国家的进程中，许多传统的东西逐渐被淡化，甚至被视为现代化的障碍而被清除。然而，作为一个民族精神的文化沉淀，作为一种“本土资源”，非讼传统仍然保持着强大的生命力。至今，农村流行的各种乡规民约和家法族规也常常将“息讼”、止讼列为其中的重要内容。[31]曾有《劝农诗》写道：“唆汝致争元是贼，劝令和忍是良师。”[32]甚至还有借助因果报应论的谚语来呼吁人们分清善恶是非：“为人解忿息争，胜造七级浮屠。唆人告状倾家，定入阿鼻地狱。”[33]

总之，在民间，唆讼是小人所为，而劝忍则被奉为良师益友。所以，自古以来中国百姓一直不愿动辄对簿公堂。对簿公堂在面子上实在有失和睦，贻人笑柄。打官司是伤害亲属感情、邻里关系、惹是生非的不体面的事，而习惯于大事化小、小事化了。在官方的眼里，打官司的人常被视为“刁民”。文化的传承性决定了人们通常具有的厌讼情结。尽管近代的上海是中国著名的摩登城市，但是它毕竟不能完全摆脱传统思想的影响，厌讼情结或多或少地存在于民众的意识中并或多或少地影响着人们的思想。

二、 注重对讼的成本和利益的权衡

客观地说，传统社会之所以厌讼，很大程度上是出于对讼的成本的考虑以及利益的权衡。特别是涉讼所付出的成本是使当事人望而生畏的主要原因之一。

以清代为例，州县衙门在各个诉讼程序中都向当事人索取费用，其中包括：代书盖戳有戳记费，告期挂号有挂号费，传呈有传呈费，准理而交保息有和息费，又隔数日无票，便索出票费，呈词数日不批，便索升堂费，审讯时有坐堂费，将结时有衙门费。其中，胥吏与差役索取的费用各有不同。胥吏索取的费用为：戳记费、挂号费、传呈费、取保费、纸笔费、和息费、索批费、出票费、升堂费、坐堂费、衙门费；差役索取的费用为命案检验费、踏勘费、鞋钱、解绳费、到案费、班房费、进监费、保释费、和息费、结案费。[34]

亲历晚清司法实践的徽州知府刘汝骥证实了当时徽州各县衙向当事人收取的讼费有承案费、值堂费、取保费、和息费，等等。[35]

关于讼费种类，曾于江西乐平县任县令的清代武穆有过如下详细说明：“大凡告状之人，未必全能自写呈词，或托亲友延访讼师，讼师平空效劳否？必假代书盖印戳记，代书平空徒当差否？承科挂号，未必无费。已递词而守候批示，岂能无费？差役执票到家，何能无饮馔馈赠之费？请公亲，延词证，又何能无往返供给之费？”[36]

一旦讼端既启，则当事人需支出诸如招待差役、往返县衙、延请讼师与代书、找寻证人证据等费用。在清代绍兴师爷汪辉祖的论述中，当事人讼费支出也涉及多个方面：

> 一词准理，差役到家，有馔赠之资；探信入城，则有舟车之费。及示审有期，而讼师词证，以及关切之亲朋，相率而前，无不取给于具呈之人；或审期更换，则费将重出，其他差房陋规，名目不一。谚云："在山靠山，在水靠水。"有官法之所不能禁者，索诈之赃，又无论已。[37]

清代安徽婺源*人程春荣在福建泉州做官时提到："自告状之日起，到结案之日止，无事不要花钱。递一呈，先要状式钱，讼师要做状钱，代书要戳记钱，差役要保家钱。此状不准，倒也罢了，一经批准，又要抄批钱，差票一出，又要草鞋钱、差礼钱。此案不审，倒也罢了，一经传审，就要禀到钱、干证钱、歇家钱、铺堂钱、甘结钱。"[38]

上述各项诉讼费用并非由当事人向衙门一次付清，而是随着诉讼程序的进展，费用名目、需索人、被索人及费用数目不断发生变化。

至于上述每项讼费的具体数目，在一些文献中略有记载。曾任江苏巡抚的丁日昌调查发现，江苏如皋县每逢告期"代书戳费五六百文至千余文不等，传呈约费十千内外。其不在告期传呈，须三十千内外"。[39]戴炎辉据晚清档案认为，当事人需购买官定状纸，代书与吏

---

* 婺源，县名，原属安徽省，1934 年划归江西省。

差、家丁勾结，提高价钱分肥。启动诉讼后，当事人所交的讼费包括买批费（或送稿执笔费）、出票费、鞋钱（或车马费）、到案费、带案费、堂礼、分班费，等等。[40]这些费用最终或落入办理案件的差役手中，或由讼棍包揽。

清代绍兴师爷汪辉祖曾这样分析：

> 然民间千金之家，一受讼累，鲜不破败。盖千金之产，岁息不过百有余金，婚丧衣食，仅取足焉，以五六金为讼费，即不免称贷以生，况所费不止五六金乎？况其家不皆千金乎？受牒之时，能恳恳恻恻，剀切化诲，止一讼，即保一人家，其不能不讼者，速为谳结，使无大伤元气，犹可竭力补苴，亦庶几无忝父母之称欤！[41]

由于涉讼所支出的各项费用如此巨大，这些支出不仅对只具薄产的当事人而言，易陷于倾家荡产；即使家财雄厚者，也难保因涉讼而不破产。所以，许多人往往望讼止步。

当事人除了应付必需的诉讼费用外，还得奔走劳程，耽误工作和生计；而且，生活在传统社会的彼此亲邻，即使胜诉，也破坏了原有的人际和睦。如果彼此为宗亲，简直就是将祖宗暴丑于外。所以民间始终以涉讼为戒，以忍字为先，其根源也即在此。[42]古人在天理、人情与国法之间反复权衡，力求达到一种均衡的态势，这种最终权衡的结果往往是决定放弃诉讼。

本来，传统的中国人对性犯罪往往是深恶痛绝的，特别是在受害人是男性的情况下。所以一旦东窗事发，受害人往往怒而起诉；然而，思想开放而又注重实惠的上海人更愿意反复权衡利弊，找出一种最“合算”的解决办法。而对于女性当事人来说，大多希望“多一事，不如少一事”。打官司会带来其他负面影响。人是趋利避害的,总是在权衡利弊后作出决定。通常司法的干预可能会使被害人承担更大代价,如因加害人的入狱而受到亲戚、朋友、邻居和同事的责难,或担心因被害人入狱而失去物质上的补偿等。结果多是受害人忍耐、出于某种考虑单方谅解,被害人与加害人的和解,也有是因为被告改正错误而选择放弃诉讼甚至私了的方式解决。这种做法正好符合传统的“无讼”理念。

三、 崇尚亲友调解

调解在中国一直有着广泛的适用性,西方学者称之为“东方经验”。作为“类法律式”的冲突解决手段,它是介于和解与诉讼的中间形式,特征在于解决纠纷的居间第三者的出现。该第三者的任务在于劝导纠纷主体消除对抗,提出纠纷的解决办法。担当第三者的人往往是家族或村落中享有威信的长者或官员。[43]这里的家族中的长者就是“亲”,村落或社区中的官员就是通常所说的“友”。

亲友调解之所以在20世纪中期的上海能够具有广泛的适用性,是因为纠纷所涉的人际关系的复杂性,普通居民大多遵循着传统的天然的聚居方式,人际交往比较密切,家族观念依然强烈,而发生在他们之间的婚姻刑事纠纷往往渗透了错综复杂的人际关系,纠纷往往发生于熟人之间,即使不是亲戚朋友,至少也是彼此认识的。完全陌生的人之间发生婚姻刑事纠纷的情况是非常罕见的。在这样一个熟人社会中发生的纠纷,和解或第三人出面调停成功的可能性就比较大了。另外,20世纪中期的上海的婚姻刑事纠纷主要是重婚和通奸,这些纠纷大多发生在家庭内部、邻里及同事之间,换言之,发生在没有陌生人的社区共同体中。这种共同体往往受制于同一种生活观念及生活方式,这为调解提供了可能。

20世纪中期的上海，国家刚刚从战争的阴霾中走出，教育和法治宣传还很有限，许多当事人不识字，既不谙法律，又不懂诉讼程序，更不明官场套路。而诉讼所要面对的是陌生的场所、陌生的纠纷解决人员、陌生的法律和解决程序，这些都不是一般民众熟悉的，超出了一般市民知识的谱系，容易给人造成心理上的不安和怀疑。而非讼方式则不同，和解也好，调解也罢，面对的都是熟悉的人，熟悉的地方，熟悉的操作程序，心中的安全感自然增加几分。其结果具有和谐性，更加有意义。一般地说，一旦涉讼，无论结果如何，都可能导致社会和谐性的缺失。对当事人而言，对簿公堂后他们很难毫无芥蒂地相处。因而，进行诉讼无疑是一件极其危险的事，也是很丢面子的一件事，可能导致双方当事人之间在审判以后无休无止地对立和冲突。就更大范围而言，"由于纠纷常扩及家族、村庄及行会，因此诉讼经常导致争持者与其家族之间多年怨恨关系的产生"[44]，纠纷双方可能因为诉讼而扩大对立层面与冲突范围，进而带来连环的不稳定因素。有时候由于纠纷的不当解决，世代为仇也就不足为奇了。这对于生活在低头不见抬头见的传统社会中的人们无疑极其不利。而非讼方式则在当事人的满意度和社会效应方面具有优势。一方面，就当事人而言，在非讼方式运行过程中，有充分的协商机会，双方都有平等、直接表达自己看法与要求的机会。因此，在心理上，当事人感觉自己受到了尊重；在解决结果上，当事人对自己充分参与后得出的结果更容易接受。另一方面，从社会效果上看，非讼方式解决纠纷对社会的震荡是较小的。而且更有利于当事人之间的社会关系的挽回和修复，消除当初对立情绪。

从上海市档案馆馆藏的20世纪中期的婚姻刑案看，亲友调解是较为常见的一种社会现象，其形式多样、适应性强，既没有法定的程序，也没有差役的勒索，因而受到民众的欢迎。

从实际情况看，大量的婚姻刑事纠纷在审理之前往往已经在家族、乡里内部调处息讼，真正呈诉到官，审理结案的是很少一部分。这种从民间调处演变而来的亲友调解，有其便民的一面，其积极作用是与其所处的社会状况相适应的，有其存在的合理性。而且有利于社会秩序的稳定，有助于特定领域人们相互关系的和谐，防止了胥吏的侵渔，减轻了诉讼当事人的讼累，传播了传统社会统治者所需要的纲常观念与法律意识。其消极作用主要是在调处过程中往往贯穿的是族长、保甲长、州县官吏等人的意志，而非双方当事人的意志。调处的结果虽然体现了宗族与国家的愿望，却往往与当事人的意志相悖，而且，由于原被告所处的族内地位、社会地位不同，调处的偏袒性和强制性也是不可避免的。[45]

第四节 默契的原因是传统的无讼理念

通过上面三节的分析可知：当时的法律规定、官方操作和民间处理达成了一种微妙的默契。而默契的原因正是传统的无讼理念。

一、中国传统社会关于"讼"的价值理念

中国传统社会对于"讼"的解释，可谓众说纷纭。清代阮元对此作了比较全面的罗列[46]，现分述如下：一是根据《广雅・释诂》的解释："讼，责也。"汉唐以后士大夫之中常常有所谓自讼者，即内心自责，自责的过程实际上仍然有一个是非评判在里面。到宋代，太学还设立"自讼斋"，并向地方学府推广[47]。"自讼"就是自我反省，"自讼斋"也就成为违犯教规者进行"革心自新"的自省场所[48]。二是根据《易・杂卦》的解释："《讼》，不亲也。"指骨肉之间存在芥蒂，纠缠于矛盾之中，彼此隔阂不亲近。在我国古代社会，处理亲族之间的纠

纷，常常用天然的骨肉亲情来化解彼此之间的怨结，出发点就认为讼事是破坏亲族和睦的罪魁祸首。“骨肉之恩亲，争讼之原息。”[49]三是根据《易·讼》释文：“讼，争也。言之于公也。”这里的“讼”就是有争议的意思，也即在大庭广众之下讨个说法。四是根据《史记·吕后本纪》“未敢讼言诛之”一语注释，集解引韦昭的解释：“讼，犹公也。”即公开说出来。吕后死，吕产等诸吕作乱，丞相陈平与太尉周勃在铲除他们之前，担心势力不敌，不敢公开其罪而号召大家诛杀之。五是根据《周礼》的解释：“争罪曰狱，争财曰讼。”[50]意思是以罪与非罪相告者为狱，以财货相告者为讼，这里的“讼”是指因为财产归属引起的纠纷，这种解释也最接近现代意义上的民事诉讼。

以上对“讼”的各种字面意义的诠释，从不同侧面刻画了“讼”的特征，基本上能够对我国历史上对讼的价值判断作一初步的把握：讼的核心是分辨当事人之间的是非曲直，最终的结果总是要有所归责的，理亏的一方即使蛮横不知自责，最后的判决总会给予相应责罚，同时公众舆论也会给予谴责。所以，从某种程度上说，讼是对现有的社会资源和人际关系的一种潜在破坏。

在中国传统社会中，对簿公堂被认为是暴丑于外，赢得官司的人往往失去了美好的人缘和彼此间原有的和睦亲情，所以，“不亲”是讼的一种外在表象，这种看法在中国古代根深蒂固。正统儒家经典就公开表达了“讼则终凶”[51]的价值判断，即对任何事情无休止争议吵闹下去，最终是不会有什么好结果的。史家在叙述历代讼争变故时，便直接诠释为“凶，讼也”[52]，甚至认为争讼是对原有秩序的一种破坏，是衰世薄俗的具体体现，“及至周室之衰，其卿大夫缓于谊而急于利，亡推让之风而有争田之讼”。[53]

其实在世界各国的早期血缘聚居社会，讼事都是不被人们认同和看好的，因为有了纠纷，完全可以通过团体内部的协商得到解决，如布尼奥罗人认为任何诉讼都是“不友好的”[54]。就是在崇尚法治的古罗马，对好讼的人也要绳之以法。[55]

讼是在有裁判者居间区处的情况下的公开辩论，将纠纷产生的来龙去脉和某些隐情全部爆料出来，是一种寻求公正的公开对辩，“讼庭者，公论所在也”[56]。在中国传统法律文化中，长期以来就反复强调“凡命夫命妇，不躬坐狱讼”[57]。即有身份的士大夫和妇女不必到衙门抛头露面参与诉讼。到明清时期，这种观点被演绎为一系列状式程序，如生员未经斥革不能随意传唤对讼，也不许扛帮作证[58]。同样，妇女除了人命等重案之外，也不许牵扯讼累，原因在于保存其体面，因为公开在讼庭上舌辩，首先不是妇女应有的妇容妇德，就是男人出入讼庭也常被视为非良善之辈。许多人顾及脸面，不愿与“讼棍”、“刁民”一起露丑，于是不得不撤诉。[59]

中国传统社会在观念和技巧层面对讼进行全面探索和把握的同时，就如何妥善解决诉讼案件的实践中，还建立了一系列保障机制，在制度层面将讼的内涵加以凝固化。而讼作为言词的辩驳竞对，如何加以规范使之不至于泛滥成灾，同样需要制度来保障。秦代诉讼主体就作了一定的限制，把告状的性质分为“公室告”和“非公室告”[60]，作为家庭内部诉讼的“非公室告”被摒弃在官府受理之外，后来唐律更严禁以卑告尊甚至良贱相讼。明清以后对生员、妇女等涉讼都给予许多限制性的保护措施，从而尽可能保全社会中的普通善良百姓免于讼累。“妇人露面以入公庭，为终身之耻。奸民或以此图凌辱，差役亦以此重需求。若妇人非犯奸盗，不许牵告。即应告者，亦不许擅自锁项，违者责革。”[61]对于牵涉进讼案中的人们，如何防止彼此之间的恶意诈害，唐律制定了限制越诉、诬告反坐的基本原则，对于遏制诈讼具有特别重要的意义。在此基础上，对于迁延时日、年代久远甚至已经赦免的罪行，不许纠缠讼争，如不许“以赦前事相告言"[62]。这一诉讼规则在明清时期的状式中被扩大为不许"一诉两告",即一个已经了结的讼事就不允许再告,至于了结方式到底是赦免还是判决都无关紧要。另外,从规范诉状内容来限制滥讼也是一项重要的理讼制度。如秦律《封诊式》通过规定告状的书面形式和主要内容,为官吏受理讼案和剖析案情提供了方便,所以后世理讼断案无不以"讯簿"(书状)为准据。唐律对于状词也作了详细的规定,如告状须注明年月、告发对象不在身份限制之内、不得堆砌漫告等。尤其对于堆砌漫告式的诈讼给予了制度防范,如"为人作辞牒加状"一款,要求代书者严格按照当事人所陈述的事实写状,如果添油加醋,歪曲事实,必须依法惩处;而在"教令人告事虚"一款中,对于教唆诱导他人告状而所告不实时,处以诬告罪[63]。这些扼讼良策后来均被保留,如元代"凡讼而自匿及诬告人罪者,以其罪罪之"。[64]自唐实行"狱结竟取服辩"[65]以来,具结画押成为公堂审案的最后一道程序,其目的在于防止翻供而再起讼争。

可见我国古代先贤不仅对讼有一个完整的理解和认识,而且对如何理讼也有许多值得称道的方略、技巧和制度,它扎根于我国传统社会的生活实践,蕴含着丰富的实际生活内容。

二、"无讼"——传统法律文化的最高追求

关于"无讼"的价值问题,已经有学者研究过。有的认为它是"中国传统法律文化的根本价值取向"[66],也有的认为它是"传统法律文化的基本价值取向"[67],上述观点值得商榷。如果说"无讼"是中国传统法律文化的基本价值取向,那么这个要求太高了。但可以认为它是传统法律文化的最高追求。理由如下:

(一)古代的神话传说可以证明

在我国传统社会早就有着"鼠雀之讼"[68]的说法,可是人类据

于自身利益之争讼是不可避免的，“圣人不能使世无讼，而但责人之听讼”[69]。在官方话语中的雀角之争、鼠牙之讼，就平常百姓来说，常常关涉其现实生活的基本依靠或其生活的基本内容。鼠雀之讼尽管在官方和各种教化文书中都被鞭挞，但与百姓生活息息相关，因而往往成为现实社会中一种利益诉求的常态。只是人们在诉求过程中，其利益被讼师、衙吏等恶棍从中瓜分殆尽，从最后讼争的结果看来既伤和气又所得无几。所以民间视鼠雀讼累为倾家荡产之一途："民间兴讼易倾家，多少银钱暗里花；摆弄身忙劳若草，来回心思乱如麻；哀求书吏呼前辈，遇着差人叫大爷；公得其情诚不忍，穿墉化及鼠无牙。"[70]地方衙门甚至在大堂上张贴对联，告诫民众不要因为细小微嫌轻率涉讼而自取其辱："惟民多健讼，雀角微嫌，蝇头细故，必匍匐公庭而后已。"[71]

与之相对应的“甘棠理念”[72]，则成为后世歌咏的对象，一旦发生诉讼纠纷，人们很快便联想到了召公甘棠树下为民理讼的典故："昔召公述职，当民事时，舍于棠下而听断焉。是时，人皆得其所，后世思其仁恩，至乎不伐甘棠，《甘棠》之诗是也。"[73]后世人们把那些德泽惠民的官吏，常常比附召公之治，而把他们理讼衡平简洁视为召公甘棠治讼的遗音。

甘棠理念一反法家严刑峻法的主张，基本可以作为儒家仁政思想在官方理讼行为中的具体表现，成为古代理讼思想的一种主流。"卫鞅之无所自容，韩非之不胜其虐，与夫《甘棠》流咏，未或同归。"[74]宋代桂万荣治理狱讼的著作《棠荫比事》不仅在冠名上直接禀赋于甘棠荫泽，而且理问方法之审慎平和，远非法家惨刻者所能为。到明清时期，刑官常常比况击节，身体力行“召伯甘棠听讼之意”。[75]甘棠理念甚至演变为一种舆论评价，州县官吏无不以得到民众比喻为召公甘棠治道而洋洋自得。

“鼠雀之讼”与“甘棠理念”这两个典故看似南辕北辙，实际上却是“异曲同工”。第一，“鼠雀之讼”既表明了诉讼纠纷在百姓日常生活中发生的普遍性和经常性，同时又显示出一贯讲究礼义纲常的官府以及士大夫们对这些讼争发自内心的一种鄙视。因为，在他们看来，这些讼争仅仅发生于匹夫匹妇、闾巷野民之间，过于琐屑，超出“情理”之外，有时甚属无聊；对于谦谦君子，根本不值得，也不会为此呶呶不休，自然会以“情理”化解消弭。而“甘棠理念”基本代表了官府对于解决讼争的技术层面的一种理想追求。无疑，甘棠之下，官府所面临的诉讼纠纷必然包括上述的“鼠雀之讼”。为了化解发生在平民百姓之间的这些“小民细故”，官方所秉持的根本原则仍旧是礼仪纲常，即以适当的“情理”折服小民的讼争欲望。因此，“鼠雀之讼”和“甘棠理念”皆代表了官方以及士大夫们对诉讼的观念：前者代表了官府对诉讼的价值评价或道德评价，而后者代表了官府追求诉讼解决的一种理想状态。第二，在“牧民”思想的指引下，不管是“鼠雀之讼”，还是“甘棠理念”，官方对诉讼的整体认识显示出一种“居高临下”的姿态。我们既无法从中发现官方对于涉讼当事人的尊重和平等的观念，更难看出在纠纷解决过程中有任何的权利和义务的明确分野。然而，我们并不能对此全盘否定，因为我们很难确定当时人们通过对“甘棠理念”的追求和践行，究竟使多少“鼠雀之讼”在多大程度上达到了公平、正义的效果或者实现天理、国法、人情的完美结合。[76]总之，不管是“鼠雀之讼”，还是“甘棠理念”，它们都是神话似的传说，表达了中国传统社会的一种无讼理想，所以，它是中国传统法律文化的最高追求。

（二）古代主要思想流派道家、法家、儒家倡导的理想可以证明

法律是一种文化，它源于社会文化，反映社会文化。传统的法律文化追求建立一个和谐、有序、无争的社会，这不仅成为先哲的政治

理想，也是古代官员的办案追求。即使在诸侯混战、百家争鸣的时代，各种思想激烈交锋，但对于诉讼的看法却殊途同归。

中国古代的主要思想流派道家、法家、儒家等，虽然在治国方略上截然不同，但其最终的社会理想却是相同的，这个社会理想最主要的特征就是崇尚“不争”、“无讼”。道家崇尚自然和谐的境界，向往“小国寡民”的理想社会，提倡“寡欲”、“无为”，“使民不争”。法家提出的“以刑去刑”，最终目的也是取消刑罚和诉讼。儒家期待的也是没有诉讼、没有纷争，人们和睦相处、情同手足的和谐社会。

孔子曰：“听讼，吾犹人也，必也使无讼乎！”孔子在“听讼”的同时追求“无讼”的目标，“听讼”是实现无讼的一种手段，“无讼”才是听讼的最终目的。在以孔子为代表的儒家眼里，人与人之间相争相讼，是对社会和谐的破坏，而人与人之间和睦相处、无争无讼，才是最重要的和最美好的。孔子的这番话是古代中国人“无讼”理想的经典写照。而中国古代自汉以后，儒家思想占据了统治地位，所以我国的传统社会，实际上是以儒家文化为主导文化的社会，儒家文化崇尚谦让，追求中庸，注重社会的和谐。在这种文化的熏陶下，中华民族养成了调处息讼的传统习惯，无讼于是成了传统法律文化的最高追求。

（三）古代官吏关于“无讼”的理论和实践可以证明

息讼止争以至无讼，是古代社会普遍追求的一种治道境界。古代官吏关于“无讼”的理论和实践颇多。南朝时期葛洪就有“弭讼”之作，针对当时社会普遍存在的悔婚讼争，提出了息讼之策[77]。唐代武则天曾作《明堂乐章》十二首，其中一首就叫《讼息金科》[78]。民间家族宗规甚至认为：“绝争讼，便是天堂世界。”[79]官方“无讼”的理想，常常见诸官吏与文人的笔端。“庭无诤讼，里有弦歌”[80]、“花开时听讼，吏散却成歌”[81]、“官清讼少，黎民欢乐”、“讼庭有青草，狱吏服儒风”[82]、“讼庭无士子迹”[83]、“临江地僻民不欺，讼庭无人青草肥”[84]、“讼少民还朴，心平政自和”[85]、“讼庭自生芳草，官阁只种梅花”。[86]

为了减少诉讼，封建统治者除制造无讼的舆论外，还从制度上限制民众的自诉权。譬如卑幼不得告尊长、卑贱不得告尊贵；妇女、残疾、废疾人的诉讼权或者是有限的，或者完全被剥夺。正是从稳定社会、巩固国家的政治利益着眼，封建政权支持一切形式的调处息讼，尽管它并不见于国家制定法的条文。有的诉讼当事人，拒绝州县的判决，执意上诉，则被视为“刁民妄滋兴讼成习”，先予杖责之后再行审判。至于上诉的结果，在官官相护，官无悔判的传统习俗的笼罩下是不言自明的。[87]

但是，对无讼的祈祷只不过是一厢情愿罢了，现实生活中，矛盾无处不在，讼事也是频繁发生而且不可避免的。

总之，息讼是我国传统法律文化中的重要特色。息讼的方式、方法在各地各衙门各有绝招，具有特别丰富的乡土文化内涵。尽管其中包含各种非正常干预手段和盲目求息的畏累心态，需要全面认识和客观评价。但从总体上看来，息讼有利于降低诉讼成本，缓和社会矛盾，促进社会和谐发展。在传统中国社会的人际关系中，有其积极的一面，这也是它能够植根于传统中国社会的重要原因。息讼所反映的中国法律文化传统，也清楚地表明，民间社会对于诉讼所要达到的是非曲直评判的目标具有相对大的弹性，息讼是诉讼双方利益博弈的一种妥协结果，不能说尽善尽美，但肯定不是最坏的结果。[88]

三、 中国传统的无讼思想的根源

无讼，作为中国传统法律文化的价值取向和影响悠久的历史传统，有它自己的经济、社会、文化和政治根源。

（一）经济根源

中华民族生活在一个特定的地理环境之中，它位于东亚大陆的中心，四周是海洋、高原、草原、沙漠和森林，近乎封闭的生活空间和富饶的中原，决定了中华民族的经济以农业为主体，而且是自给自足的自然经济。

农业生产是周期较长的生产，因而，农业社会是个力求稳定的社会，而且农业社会内部具有抑制商品经济发展的天然免疫力。

在这种自给自足的自然经济模式下，生产和消费大体上是以一家一户为单位存在的，家庭或家族既是生产单位，又是日常生活管理单位。作为农业生产者的家庭或家族之间是彼此孤立、相互隔绝的，它们既然不可能通过平等的经济交换手段来实现自己的权利并进而形成“市民社会”，便只能仰赖至高无上的专制王权，从它那里获得安宁和秩序。[89]

这种自给自足的自然经济社会，导致商品经济极不发达，客观上限制了人际间的广泛交往，压抑着人们的社会性要求。与农耕经济相适应的是一种相对封闭的村落社会，很多村落往往由一个家族组成，人们之间存在着各种亲缘关系，人们之间的纠纷和诉讼自然很少，即使偶有纷争，也往往由村落或家族内部解决。对于统治者来说，只要人们交足赋税，也就懒得去管百姓间的一般纠纷，这在一定程度上也限制了百姓向官府的起诉。

（二）社会根源

家国一体的社会结构是无讼思想产生的社会根源。我国传统社会历来强调家国一体，即家与国的利益是根本一致、不可分割的。这种观点起源于周朝的中国传统宗法制度，它规定着世袭继承制度和血缘系统之间的等级亲疏关系。天子依照宗法制度对同姓子孙、异姓亲属以及有功之臣进行分封，诸侯又对自己的子孙进行分封，嫡长子继承侯国，余子封为大夫，整个社会呈现金字塔式结构。封建国家以宗法制为其组织形式，家庭是国家的逻辑起点和缩影，国家又是家庭的延伸和扩大，政权组织与宗法组织水乳交融，宗法与国法并行不悖，家族伦常原则成为人际关系的一般模式，国家与家族之间具有同构关系。

在这种社会关系中，家是国的缩影，国是家的扩张。国家政务好比是家务，皇帝是最大的家长——“君父”。他派出的地方官为各地老百姓的“父母官”，治下的民众为“子民”。处理民间的诉讼就像父母申斥子女的不良行为，调停兄弟姐妹间的争执这种家务事，为政者如“父母”，人民如“赤子”。

在这种社会环境下，一国犹如一家，自然以安定和睦为上，争讼是家内不睦的表现。而家庭、家族内部成员之间有着割不断的血缘亲情，个人之间再大的纠纷和冲突，也应在家庭整体利益面前退居次要地位，关起门来总是一家人。如果以家人为被告而起诉之，则是大逆不道的行为。儒家的无讼思想正是在宗法制度盛行的氛围中得以萌芽和发展的。

不仅如此，宗法时代所提倡的以血缘为纽带的聚族而居和世代毗邻的地域关系，使得社会成员如同生活在一个大家庭中，枝蔓相连，很少流动。再加上儒家伦理道德学说的渗透与潜移默化，形成了和睦共处、和谐无争的生活准则。以致发生纷争时人们很少诉诸法律和求助于官府，而是寄希望于纲常礼教的德化作用和族长邻里的调解功能。[90]经过这种方法对民间纠纷的过滤，诉诸国法的案件就少多了。

（三）政治根源

在中国传统社会中，对社会和谐和稳定的追求永远是根本目标之一，以无讼为法制建设的价值取向，突出地体现了这一点。由于诉讼所涉及的决不只是双方当事人个人,而常常是一家一族,甚至更多的人都被卷入。胜诉者固然得遂己愿,败诉者也绝不甘心,以致有的诉讼延续几代未结。这就造成了社会关系的紧张和社会秩序的动荡,因此统治者宁愿将民间诉讼化解在公堂之外。[91]

在中国古代的官吏们看来,太平气象远比百姓争讼的是非曲直重要得多。他们往往运用调解的方法对争讼者进行道德说教、劝和,使之放弃权利要求以息事宁人,从而实现社会的稳定与和谐。当然,我们所说的能够使用调解结案的案件的范围,显然主要指那些能够和解的民事诉讼,或者是属于不告不理的轻微刑事案件,而非刑事重案。

由于诉讼必然耽误生产,影响生活,甚而造成许多人家破人亡、流离失所。这样既影响国家的赋税收入,而且又可能影响社会的稳定,这是统治者所深忌的。为避免讼累所造成的社会不安定因素,因此奖励息讼、无讼,成为传统社会的统治者维护其统治的手段之一。

而且有些诉讼,由于执法官贪赃枉法,营私舞弊,严重损害了当事人的利益,造成了官与民的尖锐冲突,使得固有的矛盾更加激化,从而成为社会动乱的诱因。[92]

所以,官方总体上的态度是希望百姓安居乐业,不要轻易涉讼,"纳税完粮父老有闲须教子,省钱息讼乡民无事莫来衙"[93]。官员在公堂剀切剖析、晓以大义的同时,还倡建"申明亭"、"旌善亭"、"无讼堂"、"省气楼"等风雅之所;而民间从家谱中的"戒终讼"、"息讼歌"等条规歌诀,到乡村社会"中人劝处"、"茶肆乡评"、"里老剖断"式的讲约教化,甚至众姓合资兴建"息庵"式的义举,无不表达了息讼宁人的现实谋划。

(四)文化根源

中国古代的文化崇尚和谐,在以儒家文化为主导的中国传统文化价值体系中，追求和谐与无讼一直是主流的价值观，以和为贵、厌讼恶争已经成为一种文化性格深深植根于中国人的血脉之中。儒家自孔子提出“无讼”的主张以来，“无讼”、“无争”的和谐社会一直是其追求的最高理想或价值取向，这个社会是“一个没有纷争和犯罪而不需要法律或虽有法律而搁置不用的社会”。

道家的老子追求“无为”的境界，提出“人法地，地法天，天法道，道法自然”（老子《道德经》第25章），其“自然”就是要求人们“无为”，反映在诉讼上就是“使民不争”（老子《道德经》第3章）。“争”是万恶之源，为了避免“争”，人们就要“绝圣弃智”、“绝仁弃义”、“绝巧弃利”、“见素报扑”、“少私寡欲”（老子《道德经》第19章），从而才能达到自然和谐的无争的理想境界。[94]

法家从好利恶害的人性恶的理论出发，认为法律的功能之一就是定纷止争，“一兔走，百人追之。积兔于市，过而不顾，非不欲兔，分定不可争也”[95]。他们大多主张“以刑去刑”，奉行重刑主义，其根本目的还是“无刑”，“无刑”的潜台词就是“无讼”。[96]

儒家文化一向重视德治，反对严刑峻法，坚持为政以德，主张以德入刑，强调教化对臣民的影响和作用。董仲舒提出的“德主刑辅”主张，意思是法律虽以刑为主，但刑罚只是手段，最终目标是要借助道德教化来实现和谐的无讼世界。统治者深知普遍的和谐与稳定不是只依靠法律与权利义务关系的平衡所能取得的，还需要借助道德教化。因此，大力提倡兴教化、重人伦、厚风俗、明礼仪。在实际的执法施政中积极主张息讼、止讼，以致在古人的心目中，诉讼日益变成为礼所不容、为贤者所不肖的卑鄙行为。

此后，“德主刑辅”成为两千多年中国传统社会立法的主导观念。在“德主刑辅”方针指导下，统治阶级重视官吏德行，主张用教化的方法推行传统道德，最高统治者要求所有官吏都要重视德行。统治者对司法道德的要求主要是:“教化为首,德刑并用,慎狱恤刑。”在“德主刑辅”观念的指导下,“息狱讼”、“求无讼”,不仅成为各级官员的首要职责,也成为他们声名和政绩的标榜。一旦有案件诉诸官府,各级官吏总会想出各种办法来息讼。

我国传统法哲学中的价值学说虽然有儒、法、道、墨四家,但汉武帝之后,墨家中绝,法家受到唾弃,道家流传不兴,儒家学说成为我国传统社会的正统思想和主流文化,因受到独尊而占据了主导地位。作为儒家法哲学最高标准的“和谐”便成为我们整个传统法律文化的最高价值理想,无讼思想正是这一价值取向的结果。

注　释

[1] 安翱:《论亲告罪的范围》,《国家检察官学院学报》2003 年第 1 期。

[2] 民国刑法第 238 条(诈术结婚罪)【告诉乃论】、第 239 条(通奸罪)【告诉乃论】、第 240 条(和诱罪)第 2 项【告诉乃论】、第 245 条(告诉乃论与不得告诉)之罪,须告诉乃论。

[3] 王刚、沈莺:《论不告不理原则的由来》,《湖南省政法管理干部学院学报》2002 年第 6 期。

[4]《唐律·斗讼律》规定:“诸殴妻者,减凡人二等,死者以凡人论。殴亲折伤以上,减妻二等。若妻殴伤杀妾,与夫殴伤杀妻同。”其注云:“皆须妻妾亲告乃坐。即至死者,听余人告。”“诸妻殴夫,徒一年,若殴伤重者,加凡斗伤三等。”其注云:“须夫告乃论。”其范围一般仅限于亲属之间的轻微犯罪。在我国唐代以后的历代律文、判词、文牍、著述中也有亲告罪、告乃坐、告乃论、亲告乃论、亲告乃理等词语。

[5] 钱国耀、黄双全主编:《诉讼法大辞典》,复旦大学出版社 1993 年版,第 78 页。

[6] [清]刘衡:《州县须知》之《劝民息讼告示》。见刘俊文、张忱石、田涛等编:《历代官箴书集成》第六册,黄山书社 1997 年版。

[7] [明]姜南:《抱璞简记·邻居占地》(丛书集成新编)。

[8]《周礼·秋官司寇·小司寇》。

[9]《旧五代史》卷一四七《刑法志》。

[10][明]高攀龙:《高子遗书》卷九下《嵩台集后序》。

[11]参见《晋书·安重荣传》。

[12]《吕氏春秋·离谓》。

[13]《荀子·不苟篇》。

[14]《北史》卷八六《列传第七十四·梁彦光》。

[15]参见《唐律疏议》卷二十四《斗讼四》。

[16]《宋史》卷三〇三《列传第六十二·魏瓘》。

[17]《宋史》卷三四二《列传第一百一·王岩叟》。

[18][宋]陈襄:《州县提纲》卷三《健讼者独匣》,载刘俊文、张忱石、田涛等编《历代官箴书集成》第1册,黄山书社1997年版。

[19]参见刘泽玉:《传统诉讼观及其现实价值》,《法制天地》2006年第9期。

[20][元]张养浩:《为政忠告·听讼第三·亲族之讼宜缓》,载刘俊文、张忱石、田涛等编:《历代官箴书集成》第1册,黄山书社1997年版。

[21]参见[明]汪天锡:《官箴集要》(3卷)卷下《听讼篇·缓族讼》,载刘俊文、张忱石、田涛等编:《历代官箴书集成》第1册,黄山书社1997年版。

[22][清]龚未斋:《雷鸿轩尺牍》之《规劝类·又答(甘林侄)》。

[23][明]《刘基集》卷四(跋)《书苏伯修御史断狱记后》,浙江古籍出版社1999年版。

[24][明]张澍:《养素堂文集·无讼论》,载屈万里主编:《明清未刊稿汇编初辑》。

[25][清]焦循:《雕菰集》卷九《使无讼解》。

[26]参见胡旭晟:《中国传统诉讼文化的价值取向》,转引自《中西法律传统年刊》第2卷,中国政法大学出版社2002年版,第75页。

[27]参见洪浩:《非讼方式:农村民事纠纷解决的主要途径》,《法学》2006年第11期。

[28]《周易·讼》。

[29]《史记·五帝本纪》。

[30]参见龚汝富:《明清讼学研究》,华东政法大学2005年博士学位论文,第26页。

[31]参见胡旭晟:《中国传统诉讼文化的价值取向》,转引自《中西法律传统年刊》第2卷,中国政法大学出版社2002年版,第168页。

[32][元]王恽:《秋涧先生大集》卷六十二《劝农诗·省讼》。

[33][明]萧雍:《赤山会约·止讼》(泾川丛书本)。

[34]参见那思陆:《清代州县衙门审判制度》,台湾文史哲出版社1982年版,第34、43页。

[35]参见刘汝骥:《陶甓公牍》卷一〇,见《禀详·徽州府禀地方情形文》,清宣统三年

安徽印刷局排印本。

[36] 武穆:《劝息讼说》,见盛康辑:《皇朝经世文编续编》卷一一〇《刑政四·治狱上》,台湾文海出版社 1972 年版(影印本),第 4634—4635 页。

[37] 汪辉祖:《佐治药言·省事》,同治十年慎间堂刻汪龙庄先生遗书本。

[38] 程春荣:《泉州从政纪略·劝民息讼示》(不分卷),同治丙寅秋镌,吟雨楼藏板。

[39] 丁日昌:《抚吴公牍》卷三六,《饬裁如皋陋规、减复典当利息》,光绪年间刊本。

[40] 参见邓建鹏:《清代诉讼费用研究》,《清华大学学报》(哲学社会科学版)2007 年第 3 期。

[41] 汪辉祖:《学治续说·宜勿致民破家》,同治十年慎间堂刻汪龙庄先生遗书本。

[42] 参见龚汝富:《明清讼学研究》,华东政法大学 2005 年博士学位论文,第 44 页。

[43] 参见洪浩:《非讼方式:农村民事纠纷解决的主要途径》,《法学》2006 年第 11 期。

[44] [美]罗伯特·F. 尤特:《中国法律纠纷的解决》,周红译,《中外法学》1990 年第 2 期。

[45] 参见张晋藩:《中国法律的传统与近代转型》,法律出版社 2005 年版,第 279 页。

[46]《经籍纂诂》卷六十一《讼》。

[47] 参见《宋史》卷九《本纪第十九·徽宗一》。

[48] 参见张百廷:《〈名公书判清明集〉中所见的宋代士人犯法问题》,载宋代官箴研读会编:《宋代社会与法律——〈名公书判清明集〉讨论》,台湾东大图书公司 2001 年版。

[49]《史记》卷一一二《平津侯主父列传》。

[50]《周礼·大司寇》,又见《吕氏春秋·孟秋纪》。

[51]《周易·讼》。

[52]《史记·五帝本纪》。

[53]《汉书》卷五十七上《司马相如传第二十七》。

[54] [美]布莱克:《法律的运作行为》,唐越、苏力译,中国政法大学出版社 1994 年版,第 124 页。

[55] 参见查士丁尼《法学总论》第 4 卷第 16 编“对健讼者的罚则”,张企泰译,商务印书馆 1989 年版。

[56] [元]赵汸《东山存稿》卷七《处士汪君墓志铭》。

[57]《周礼·秋官司寇·小司寇》。

[58] 参见嘉庆《钦定学政全书》卷三十一《约束生监》(故宫珍本丛刊),海南出版社 2001 年版。

[59] 参见汪康年:《汪穰卿笔记》,上海书店出版社 1997 年版,第 87 页。

[60]《睡虎地秦墓竹简·法律答问》,文物出版社 1978 年版。

[61][清]凌铭麟:《新编文武金镜律例指南十六卷》卷一《州县新任·禁牵告妇人》,康熙 27 年刊本。

[62][63]《唐律疏议》卷二十四《斗讼四》。

[64]《元史》卷七《本纪第七·世祖四》。

[65]《唐律疏议》卷三十《断狱下》。

[66] 任志安:《无讼:中国传统法律文化的价值取向》,《政治与法律》2001 年第 1 期。

[67] 张文香、萨其荣桂:《传统诉讼观念之怪圈——"无讼"、"息讼"、"厌讼"之内在逻辑》,《河北法学》2004 年第 3 期。

[68] 我国传统息讼观对轻微讼案的判断用语,相对人命重案而言,专指那些不值得缠讼的鸡毛蒜皮的小事情。它源于《诗经》中的一首咏事诗:"谁谓雀无角,何以穿我屋?谁谓女无家,何以速我狱?虽速我狱,室家不足。谁谓鼠无牙,何以穿我墉?谁谓女无家,何以速我讼?虽速我讼,亦不汝从。"这首诗的意思是:"哪个说雀儿头上没有角的?他怎么又能穿入我的屋子呢?哪个说你还是没有夫家?为什么强逼着我,和我打官司呢?虽和我打官司,要成夫妻是不能够的。哪个说老鼠嘴里没有大牙的?他怎么又能穿进我的墙头呢?哪个说你还是没有夫家?为什么强逼着我,和我打官司呢?虽和我打官司,我却不愿从你做夫妻的。"(江荫香:《诗经译注》,中国书店 1982 年印,第 25—26 页。)这首诗原是表达召南的百姓服从教化,已摒弃过去那些蝇营狗苟的淫乱陋习,后来人们把这些容易引起纠纷的陋习比喻为"鼠牙雀角",那些为此争讼不已的丑恶现象也就被认为是"鼠雀之讼"。

[69][清]伍承乔:《清代吏治丛谈》卷三《慎刑》。

[70][清]陈福龄:《宦海伏波大事记》之《经理词讼》(何廷珊题诗),民国 3 年刻本。

[71] 民国 7 年雷瑨:《楹联新话》卷二《公署·安宜县署》(同治年间武陵龚淦卿为安宜县令作)。

[72]"甘棠理念"是对"鼠雀之讼"的一种否定判断,它抒发了传统社会对于民间渴望和睦团结而官方努力营造和保障民众安居乐业的一种治道理想。它仍然源于一个美好的历史故事:传说召公姬奭在治内体察民情,与民同乐,深得百姓爱戴。他经常下乡到民间巡察,问民疾苦,遇到民间纠纷,就在甘棠树下坐下来与民众一起分析裁判,无论侯伯庶人,都平等相待,百姓无怨无悔,感恩戴德。后来召公去世,民众常在甘棠树下抚摩凭吊,无论甘棠树多么老朽,民众都不忍心砍伐剪截,并且作《甘棠》之歌怀念这位先贤(《史记》卷三十四《燕召公世家第四》)。《甘棠》之歌也保留在《诗经》中:"蔽芾甘棠,勿翦勿伐,召伯所茇。蔽芾

甘棠，勿翦勿败，召伯所憩。蔽芾甘棠，勿翦勿拜，召伯所说。”（《诗经·国风·召南·甘棠》）

[73]《汉书》卷七十三《韦贤传第四十三》。

[74]《晋书·刑法志》。

[75][清]方大湜：《平平言》卷三《棠阴听讼》，载刘俊文、张忱石、田涛等编：《历代官箴书集成》第7册，黄山书社1997年版。

[76]参见龚汝富：《明清讼学研究》，华东政法大学2005年博士论文。

[77]参见杨照明：《抱朴子外编校笺》之二十三《弭讼》，中华书局1991年版。

[78]参见《旧唐书》卷三十《音乐志三》。

[79][清]周石藩：《共城从政录》（一卷）之《劝息讼》，载刘俊文、张忱石、田涛等编：《历代官箴书集成》第6册，黄山书社1997年版。

[80]《唐故淮南进奉使检校尚书工部郎中兼御使中丞赐绯鱼袋会稽骆公墓志铭》，见周绍良：《唐代墓志汇编》，上海古籍出版社1992年版，第2514页。

[81][明]董份：《泌园集》卷四《赠钱明府之新建》。

[82]《清史稿》卷一〇〇《志七十五·乐志》。

[83]《清史稿》卷四九一《列传二百七十八·王汝揆传》。

[84]《清江县志》卷二十一《艺文》，李昌昱《春游慧力寺有怀施愚山先生》。

[85][清]李奎：《龙珠山房》卷下《逆朱九疑守宁州》。

[86][清]赵曾望：《江南赵氏楹联丛话》上卷《题掘港官署》。

[87]参见张晋藩：《中国法律的传统与近代转型》，法律出版社2005年版，第282—283页。

[88]参见龚汝富：《明清讼学研究》，华东政法学院2005年博士论文。

[89]参见吴勇：《传统无讼思想的产生及其历史根源》，《广西社会科学》2005年第7期。

[90]参见张晋藩：《中国法律的传统与近代转型》，法律出版社2005年版，第280页。

[91][92]同上书，第282页。

[93][清]何品玉：《两龙琐志》卷七杂联，光绪二十六年刊本。

[94][96]参见李文玲：《中国古代的“无讼”理念与现代“和谐”社会》，《甘肃社会科学》2006年第5期。

[95]《慎子》。

附录一
案例索引

（注：所有案例均根据上海市档案馆馆藏资料整理归纳。为保持原貌，案件的名称都采用上海市档案馆馆藏案卷封面本身的名称。为保护当事人隐私，故当事人姓名、地址部分隐去。原诉状、起诉书、判决书等司法文书均系竖排，且无标点符号。下列58件案例中包括7件婚姻刑案导致的离婚案件。）

1. 秦×林等妨害婚姻案，档案号：Q185-2-7047。

告诉人：周×，男，43岁，无锡人，职业：纸掮客，住慈溪路。

第一被告：秦×林，男，35岁，镇江人，职业：钱庄。已婚，有两个儿子，住宁波路。在押后旋经保释。

委任人：秦×邦即秦×林之弟，26岁，镇江人，商业，住蓬莱路九如里。

被委任人：吕燮华、吴德远律师，住林森中路。

第二被告：何×英，女，36岁，汉口人，住池浜路。在押。

两被告共同保人：秦×二，42岁，镇江人，英租界金隆街。职业：板箱。与被保人关系：友谊。

以上当事人均无前科。

案情:周×与何×英凭媒在上海结婚,婚后生有女孩4个,现存活3个,因夫妻感情恶劣,周×已向法院提出离婚申请。周×得知何×英与秦×林通奸并有吸食鸦片等行为,于1946年5月27日上午2时报警,桂林路派出所派4539、4383两名警士同至西藏南路会稽街慎余里××号,在楼下厢房内,恰好撞见两被告与何×英的姐姐短衣同睡床上,并合盖一被,同时见有鸦片吸食用具在旁边。即由两警士唤醒嘱令穿衣到警察局接受调查。

1946年6月10日,上海地方法院检察官向法院刑庭提交起诉书。

1946年7月10日,上海地方法院判决:两被告构成通奸罪,各处有期徒刑2个月,如易科罚金,以500元折算1日。后两被告被执行罚金。

2. 状告王×莘(案卷中有时写"馨")妨害婚姻案,档案号:Q185-2-5204。

告诉人:王×氏,女,34岁,宁波人,家务,住朱葆××路。

第一被告:王×莘,男,33岁,宁波人,初业掮客,后失业。住武定路。

第二被告:沈×萍,女,21岁,北平人,初业歌妓,后家务,住武定路。

以上当事人均无前科。

案情:"第一被告人与告诉人结婚已十有四载,先后生有四子二女,现仅存男孩三人,双方感情尚称融洽。后王×莘于上年(1944年)二月间迷恋歌女沈×萍,初同居于群玉坊,继赁屋于武定路紫阳里××号。"王×氏知悉后于1945年10月21日向戈登路警察分局告诉,警局派警双双拿获解送检察处侦查。

1945年12月31日,上海地方法院检察官对王×莘以妨害婚姻提起公诉。

1946 年 2 月 1 日上海地方法院判决：王×莘有配偶与人通奸(犯妨害家庭罪)，处有期徒刑 4 个月。如易科罚金，以 400 元折算 1 日。

1946 年 1 月 30 日，暂住母家的王×氏以通奸罪对检察官仅对王×莘一人起诉，而对沈×萍未起诉一事再行起诉。执意要求追究沈×萍的刑事责任。

1946 年 2 月 28 日上海地方法院检察官以通奸罪提起公诉。

1946 年 3 月 8 日上海地方法院判决：沈×萍明知王×莘有配偶与其相奸，处有期徒刑 6 个月。准以 500 元折算 1 日，易科罚金。1946 年 3 月 30 日，上海地方法院刑庭改判：不受理。理由：查已经提起公诉或自诉之案件，在同一法院重新起诉者应谕知不受理之判决为刑事诉讼法第 295 条第 2 款所明定，本件被告沈×萍业经本院于 1946 年 3 月 8 日以同一事实判处有期徒刑 6 个月，应依上开法条判决如主文。

3. 朱×生等妨害婚姻案，档案号：Q185-2-7374 和 Q186-2-7214。

告诉人：张×芳，男，45 岁，余姚人，油桶业老板，住北成都路聚宝坊。

第一被告：朱×生，男，28 岁，余姚人，油桶小贩，住陆家浜路仁和坊。丧父，为家里长子。家里有三个弟弟及其母均靠其养活，其母选任律师为其辩护。

保人：吕×绪，45 岁，崇明人，职业：国药，住陆家浜路。

保状原因：判决宣示无罪。

第二被告：张×珍，女，24 岁，绍兴人，家务，住北成都路聚宝坊。

以上当事人均无前科。

案情：告诉人与第一被告朱×生是亲戚。第一被告朱×生与告诉人之同居女人勾搭成奸，初通奸于女人房内，后住旅馆，为告诉人侦悉并于1946年5月告诉到案。1946年6月29日，上海地方法院检察官以妨害家庭嫌疑提起公诉，后告诉人对第二被告张×珍撤回告诉。

1946年8月12日，上海地方法院判决：朱×生无罪。

理由：张×芳与张×珍系非正式夫妻，是同居关系，所以张×芳无权提起告诉，朱×生、张×珍的行为不构成犯罪。

4. 状告钱×阮妨害婚姻案，档案号：Q185-2-3903。

案情：两男女青年均未婚，两人乘女方母亲外出、家中无人之际偷情，以钱×阮、钱×甫为代表的几个邻居看不惯，于是，破门而入，集体捉奸。该女子的母亲徐×氏回家后，以自己家中丢失贵重物品为由报警。

上海地方法院检察官以妨害自由罪提起公诉。

法院经审理认定，因两人均未婚，故不构成通奸罪。对破门而入的徐×氏的邻居钱×阮、钱×甫以妨害自由罪定罪判刑。

1946年10月9日，上海地方法院判决：钱×阮、钱×甫共同以非法方法剥夺他人行动自由各处罚金国币15 000元，如易服劳役以500元折算1日。最后两人缴付罚金结案。

5. 状告顾×氏妨害家庭婚姻案，档案号：Q185-2-3901。

告诉人：吴×良，男，25岁，湖南人，军人，住杨树浦路长发里。

告诉人：吴×氏，女，16岁。

告诉人：后还有顾×福及其妻。

被告：顾×氏，女，41岁，浦东人，家务，住苏州路。无前科。

顾×氏委任辩护人：吴德远律师为其出庭辩护。

证人：致远旅馆茶房方×发证明。

案情：顾×氏与吴×氏母亲家比邻而居，顾×氏于1945年8月28日探知吴×氏与其夫吴×良不睦，乘其归审(省)母家之便，多方诱惑，帮助其子顾×福和诱该氏至天津路致远旅馆，(1945年8月28日下午5点)开室奸宿。嗣后顾×福前往航海，置该氏于旅馆不顾，(吴×氏)始回家哭诉。前情经吴×良诉警，解送法院，由上海地方法院接收，检察官侦察起诉。

1946年5月31日，上海地方法院检察官以妨害婚姻家庭罪提起公诉。

1946年9月30日，上海地方法院判决：顾×氏帮助奸淫和诱有配偶之人脱离家庭，处有期徒刑4个月。

后顾×氏在上海监狱第一分监服刑。

6. 彭×源妨害婚姻案，档案号：Q185-2-1840。

告诉人：朱×友，男，21岁，当兵，崇明人。

第一被告：彭×源，男，33岁，宿迁人，做小工，住浦东杨家渡，前科：窃盗。

第二被告：朱×喜，女，17岁，崇明人，小贩，住浦东北草泥塘。

犯罪发觉之原因：1945年12月由被害人朱×友扭送杨家渡派出所。

案情：朱×喜从小就在未婚夫家，朱×友与朱×喜婚后2年，夫妻感情不和，后妻子离家出走，朱×友认为系其邻居彭×源拐走于是报警。

1945年12月22日，上海地方法院检察官提起公诉。

因证据不足，1946年1月31日，法院判被告人彭×源无罪。

7. 陈×兆等妨害婚姻案，档案号：Q185-2-3483和Q186-2-3949。

告诉人[1]：曹×卿，男，24岁，盐城人，职业木柴，后又写工，住平凉路(棚户)。

第一被告：曹×氏(即×淑贞)，女，24岁，盐城人[2]，中纺第三厂女工(在被告人陈×兆的询问笔录中说的)，住长寿路大旭里。

保人系其第一任丈夫。

第二被告:陈×兆,25岁,江北人,住同右。右手残废,无业,后职业写商,在押。

上述当事人均无前科。

案情:第一被告曹×氏系告诉人曹×卿发妻,两人于1943年12月22日[3]在盐城都凉镇结婚[4]。后因告诉人曹×卿谋事[5]离乡他去,曹×氏因生活难以维持[6],于是经邻居介绍、父母作主,于1945年3月4日在盐城金家舍与第二被告陈×兆举行婚礼[7]。婚后来沪同居于长寿路大旭里××号,为告诉人侦悉。1946年5月29日,曹×卿具状对陈×兆提起自诉。

1946年7月10日,上海地方法院检察处以妨害婚姻对陈×兆起诉。

1946年8月12日,上海地方法院判决:陈×兆与有配偶之人相婚,处有期徒刑6个月。

8. 徐×俊等妨害婚姻案,档案号:Q185-2-7465。

第一被告:徐×俊,男,29岁,盐城人,业司机(开汽车),住槟榔路锦绣里。

第二被告:徐×氏(即×根弟),女,22岁,扬州人,女工,住海昌路。

案情:徐×氏的丈夫徐×云为谋生计先来上海,然后音信全无,徐×氏前来寻夫。然而却找不着丈夫,于是经同乡人介绍到纱厂做工。在沪的无聊日子里,徐×氏与同住锦绣里的徐×俊常常见面,认识后去看过数次戏,然后两人通奸。1946年6月15日,徐×俊与徐×氏同行,结果被其丈夫徐×云撞见,徐×云上前质问并斥责她,徐×氏不听,反与徐×云争吵、继则扭殴。这时徐×俊即帮助徐×氏殴打徐×云,当时正好有警察到来将他们带至警局,于是案发。

1946年8月16日，上海地方法院一审判决：徐×氏有配偶而与人连续通奸，徐×俊连续与有配偶人相奸，各处有期徒刑3个月。被告不服提起上诉，1946年10月19日，上海高等法院二审当庭宣判：上诉驳回。本案最后的结果是徐×俊妨害家庭被执行徒刑，期满开释，徐×氏被赦免。

9. 谭×贵妨害婚姻(家庭)案，档案号：Q185-2-6396。被告在逃。

告诉人：成×吉，男，其他不详。

被告：谭×贵。

案情：谭×贵曾在浦东老三井地方与成×吉比邻居住，久之渐与成×吉之妻×氏有奸。于1946年2月12日早晨和诱×氏出走，私自逃匿，比经成×吉约同林×氏、陈×华等四处探听。谭×贵即挽王×修、孙×顺、周×宝等向成×吉友人徐×伯、仇×山等说合，愿出法币50万元作为成×吉另娶费用。因钱未兑现，后成×吉将谭×贵、王×修、孙×顺、周×宝一起告诉到庭。经检察官侦查，王×修、孙×顺、周×宝系证人地位，与诱拐无关，应于免议，检察官只对被告谭×贵起诉。

因被告谭×贵经拘传未获，被通缉。

10. 状告李×惠妨害婚姻案，档案号：Q185-2-5931。

告诉人：潘×荣，男，35岁，五金店主，住天潼路。

第一被告：李×惠，男，19岁，绍兴人，玻璃五金店学徒，住麦特赫司脱路通安里。

第二被告：潘×氏，女，28岁，武进县人，系五金店老板娘，住天潼路。以上当事人均无前科。

证人：旅馆两茶役。

案情：第二被告潘×氏出身贫苦，13岁做童养媳，与告诉人潘×荣婚后生育子女4人；最幼者尚未断乳。五金店的生意全由潘×氏打理，因丈夫经常晚回甚至通宵不归，潘×氏乘机与店里的学徒李×惠偷情，初通奸于老板娘房内，后于1945年12月19日至1946年2月7日陆续在花园饭店开房通奸。被其夫发觉报警。

1946年3月13日，上海地方法院检察官提起公诉。

1946年4月10日，上海地方法院判决：两人通奸，各处有期徒刑2个月。如易科罚金，以200元折算1日。最后易科罚金。

11. 王×根等妨害婚姻案，档案号：Q185-2-6850和Q186-2-7428。

告诉人：诸×璋，男，32岁，常州人，职业：酒馆业商人。住南市福佑路。

第一被告：王×根，男，28岁，无锡人，职业：皮匠。已婚，配偶不在沪，住南市福佑路。

第二被告：翟×宝，女，24岁，浦东人，住南市福佑路。帮人洗衣。

以上当事人均无前科。

案情：翟×宝系诸×璋之发妻，婚后4年，已育有4岁孩子。诸×璋在西藏路老正兴菜馆服务常不回家，翟×宝遂于1946年5月25日下午11时许留王×根在家奸宿，恰被诸×璋回家撞见。1946年6月29日，诸×璋具状请求离婚及赔偿损失。

1946年5月29日，上海地方法院检察官以妨害婚姻为由提起公诉。

1946年7月5日，上海地方法院判决：各处有期徒刑3个月。如易科罚金，以500元折算1日。后两人均被执行罚金。

12. 吴×秀英等妨害婚姻案，档案号：Q185-2-7245。

告诉人：吴×宝，男，30岁[8]，苏州人，商人[9]，住圣母院路××弄。

第一被告：吴×秀英（又名×彩弟），女，27岁，上海人，单帮，文盲，住长乐路××弄。

第二被告：徐×顺，男，23岁，未婚，宁波人，店员[10]，住泰山路。家有老娘，靠其赡养。

以上当事人均无前科。

证人：金×氏，女，34岁，苏州人，住南市斜徐路。

案情：吴×秀英与吴×宝是自己认识而恋爱结婚的，婚后11余年，已育一子二女。吴×宝因闻其妻不守妇道，于1946年6月10日晚10点许，尾随其妻至巨鹿路××号化兴旅馆，旋即报警，由巨鹿路派出所警士进入旅馆房间，见吴×秀英与徐×顺同睡一床，带局解院。

1946年6月20日，上海地方法院检察官提起公诉。

1946年7月19日，上海地方法院判决：吴×秀英有配偶而连续与人通奸，徐×顺与有配偶人通奸，各处有期徒刑6个月。

1946年8月8日、8月10日，吴×秀英和徐×顺各自请律师，提起上诉。

1947年3月16日，上海高等法院判决：撤销原判，各处有期徒刑2个月。结果是收押送监执行徒刑，期满开释。

13. 状告沈×挺等妨害婚姻案，档案号：Q185-2-5106和Q186-2-1846。

告诉人：汤×生，男，37岁，常州人，住山海关路。请了律师。

第一被告：沈×挺，男，27岁，宁波人，住大同路在保。

第二被告：汤×氏，女，36岁，常州人，住山海关路。无前科。

案情：汤×氏系汤×生之妻，沈×挺与汤×生同业，汤×氏与沈×挺易于接触遂致有染。1945年11月4日下午7时许，两人在海宁路世界大旅社开6号房间奸宿（用两人的市民证[11]号码登记房间），1945年12月21日，汤×生将沈×挺和汤×氏以通奸罪诉至法院，并对汤×氏提起附带民事诉讼。

1945年12月22日，检察官侦查起诉。

1946年1月31日，上海地方法院判决：汤×氏有配偶与人通奸（犯妨害家庭罪），沈×挺相奸，各处有期徒刑4个月。附带民事诉讼告诉人之诉驳回。

沈×挺不服一审判决提起上诉，1946年5月27日上海高等法院二审判决：上诉被驳回，但允许其以500元折算1日，易科罚金。

14. 沈×生等妨害婚姻案，档案号：Q185-2-2526。

告诉人：沈×雪英（即沈×氏），女，33岁，宁波人，住亚尔培路钱家塘。

第一被告：沈×生（即沈×林），男，崇明人，职业[12]：经营民用轮船公司，住东熙华德路元芳路。

第二被告：施×珍，25岁，宁波人，住东熙华德路元芳路。

被捕当天（4月15日），没有寻到保人。4月16日被保人保出。

案情：沈×雪英19岁时，凭媒与沈×生在上海闸北旱桥芝康里结婚。婚后生有六个孩子，现存男女三口。沈×生战争时期“因与日人交往故颇有金钱”，遂于1946年1月19日在福州路万利菜馆与第二被告施×珍重婚。1946年2月7日，沈×雪英以重婚罪将两人向法院提起告诉。后经双方父母出面和解，及亲戚相劝，沈×雪英于1946年2月25日撤回对沈×生的起诉。

1946年3月5日，上海地方法院检察官以重婚罪对施×珍提起公诉。

1946年6月17日，上海地方法院判决施×珍有期徒刑6个月，缓刑3年。

15. 郭×氏妨害婚姻案，档案号：Q185-2-5832和Q186-2-6541。

告诉人：郭×松，男，36岁，盐城人，住合肥路（即劳神父路），电车公司稽查员。

第一被告:郭×氏,女,33岁,盐城人,住合肥路。在押。前科:因通奸被判处有期徒刑8个月(系告诉人所述)。

第二被告:叶×根,男,21岁,泰州人,未婚,人力车夫,住大林路沙家街。在押。前科:盗窃3次。

案情:郭×氏系郭×松之妻,已生一女,现年11岁,因夫婿患有肺病不能满足其性欲,早在婚后3年,即因通奸被判处有期徒刑8个月,婚后16年时,还是"因夫婿患有肺病,不能满其淫欲"[13],郭×氏无法克制自己的性欲,1946年2月24日用淫语引诱邻居叶×根,与其幽会通奸,1946年3月6日被告诉人当场捉奸在床后报警。1946年3月28日,郭×松以通奸盗窃财物为由将郭×氏和叶×根向法院提起告诉。

1946年3月9日,检察官侦查起诉。

1946年4月17日,上海地方法院作出一审刑事判决:郭×氏有配偶而连续与人通奸,叶×根连续与有配偶之人相奸,各处有期徒刑6个月。

16. 傅×泉等妨害婚姻案,档案号:Q185-2-6788。

告诉人:吴×田,男,39岁,业工,住浦东东昌路张家巷草棚。无前科。

第一被告:傅×泉,男,40岁,扬州人,小工[14],住浦东东昌路张家巷。

保人:刘×祥,40岁,扬州人,住浦东东昌路,店主。关系:友谊。

第二被告:吴×氏,女,35岁,高邮人,无业,有小孩。住浦东东昌路张家巷草棚(后拆除)。

案情:傅×泉原系和尚,现已还俗,目前无业。家有妻子和一个二十多岁的儿子,儿子现在码头做野鸡小工[15],其妻也在做工。

傅×泉因无业终日在外游荡，于1945年10月间与吴×氏通奸。告诉人吴×田发觉后因顾及颜面，拟迁移了事，遂于1946年5月5日将原盖草棚拆除以便迁移至浦西。傅×泉竟前往阻止。吴×田及其妻报警，经查明拘获两被告到案。

吴×氏被捕后找不到保人，法院"责令其夫领回"。后来，法院发拘票传唤时，查找不到她，于是被法院通缉。

1946年5月9日，上海地方法院检察官侦查起诉。

1946年7月6日，上海地方法院作出判决：傅×泉与有配偶之人通奸，处有期徒刑2个月。被告吴×氏所在不明待缉获另判。最后，傅×泉被执行徒刑。

17. 陆×年等妨害婚姻案，档案号：Q185-2-5764和Q186-2-6034。

告诉人：吴×陶，女，24岁，太仓人，大学肄业，住徐家汇路。

第一被告：陆×年，男，24岁，海门人，受过高等教育，大夏大学毕业，区公所助理员，住常熟路，系家中独子。

第二被告：陈×文，女，19岁，文盲，未婚，广东人，住同上。

两被告前一保人：沈×祥，男，49岁，浙江余姚人，店主。住南黄陂路。关系：友谊。

后一保人：郑×龙，24岁，杭州人，森大祥五金号店主。住海口路。关系：友谊。

并附书面保证书写明保证金法币100万元。受选辩护人：单喜律师。

以上当事人均无前科。

告诉人请律师马楠庚撰状，被告选任律师单熹为其辩护。第一被告陆×年的母亲陆×氏委托律师单毓华撰写刑事申请，请求对其儿子停止羁押。

案情：陆×年因与其发妻吴×陶不睦，遂在外与舞女陈×文姘居并生1女，经吴×陶访悉报警移解到案。

1946年2月25日，上海地方法院检察官侦查起诉。因属不告不理之诉，后经亲友及原来媒人调解，1946年3月14日，吴×陶撤回告诉。

1946年4月3日上海地方法院判决：本件公诉不受理。

理由：按告诉之罪告诉人于第一审辩论终结前得撤回其告诉，故作此判决。

18. 江×元等妨害婚姻案，档案号：Q185-2-7462。

告诉人：江×氏，女，25岁，南通人，无业。住北西藏路。

第一被告：江×元，男，31岁，南通人，茶房，住福州路。

第二被告：王×金，女，34岁，镇江人，做过娘姨（即保姆），住四马路外滩。

案情：江×元18岁时凭媒娶江×氏为妻，婚后即来沪经商，事业顺利，遂与王×金姘度赁屋大利大楼××号同居。江×氏来沪寻夫发觉，告诉来案。

1946年6月29日，上海地方法院检察官以妨害家庭为由提起公诉。因两被告愿意脱离关系，所以告诉人撤诉。

1946年8月7日，上海地方法院判决：本件公诉不受理。

19. 朱×和妨害婚姻案，档案号：Q185-2-5724。

告诉人：任×章，男，33岁，盐城人，船主。住船上及维而蒙路。

第一被告：朱×和，男，36岁，住船上，船夫，无前科；

第二被告：任×氏，女，30岁，盐城人，船娘，住船上。

案情：任×章凭媒与任×氏结婚，婚后11年未育子女。因任×章常不在船上，寂寞的妻子主动勾引在任×章船上摇船的伙计朱×和，自1945年2月间起朱×和连续与任×氏通奸多次。任×章发觉后，因打不过伙计朱×和，所以通奸关系并未中断。1946年2月13日两人又通奸时被任×章发觉，报告水上警察捕送归案。

1946年2月16日，上海地方法院检察官提起公诉。

1946年3月7日，上海地方法院判决：二人通奸，各处有期徒刑3个月。如易科罚金，以500元折算1日。

法院判决后，1946年3月16日，告诉人又申请撤回告诉，并请求将其妻领回。最后，任×氏交了罚金易刑，朱×和无力交纳罚金，被执行徒刑，期满开释。

20. 倪×亚等妨害婚姻案，档案号：Q185-2-7161。

告诉人：倪×氏（即倪×招弟）女，26岁，无锡人，住无锡南乡华庄镇。

第一被告：倪×亚，男，24岁，住满洲路，旧铁店店主（自述月收入40 000元）。

第二被告：陆×英，女，21岁，无锡人，家务，住同倪×亚。

案情：1943年，倪×亚与倪×氏经媒人介绍，在无锡老家拜堂，正式结婚。婚后没几天，倪×氏因发精神病，住进上海疯人医院。第一被告倪×亚恐告诉人不能生育，或不能生育健康的孩子，1945年阴历1月，经倪×亚姊姊做媒，父母作主，与第二被告陆×英同居。因陆×英已怀孕，恐被告诉人所伤，即移居上海同居。

1946年5月31日，上海地方法院检察处以两被告通奸为由提起公诉。

1946年7月19日，上海地方法院经审理判决：倪×亚有配偶而与人通奸，处有期徒刑6个月；准以500元折算1日，易科罚金。结果：易科罚金。附带民事诉讼告诉人之诉被驳回。陆×英与有配偶之人通奸，处有期徒刑6个月；准以500元折算1日，易科罚金。案卷中有倪×亚及陆×英各缴纳罚金90 000元的收据。

21. 状告顾×宾妨害婚姻案，档案号：Q185-2-4522。

告诉人：顾×秀珍，27岁，川沙人，住大沽路马安里，家务。

第一被告：顾×宾，男，27岁，川沙人，住安纳金路纯德里，商人[16]。

第二被告：程×珍，女，21岁，无锡人，住西藏南路，家务。

以上当事人均无前科。

案情：1940年年初，顾×秀珍与顾×宾承父母之命，在上海五马路东南鸿庆酒楼结婚。1940年12月，生一女孩，现已7岁，已经求学[17]。1942年6月间第一被告又与第二被告结婚。1946年9月5日，以顾×宾遗弃自己为由向法院提起诉讼。

1946年10月21日，上海地方法院检察处以重婚为由对两被告提起公诉。

1946年11月28日，上海地方法院判决：顾×宾有配偶而重为婚姻，程×珍与有配偶之人相婚（大来集团结婚，有结婚照片为证），各处有期徒刑6个月，缓刑2年。

22. 周×刚妨害婚姻案，档案号：Q185-2-5944和Q186-2-1726。

告诉人：忻×娟，女，30岁，宁波人，住北新径。

被告：周×刚，男，32岁，上海人，职业：书记。住吕班路。因不到庭，被通缉。后被收押。

案情：1945年3月3日，告诉人与被告凭媒结婚，婚后未逾半月，被告周×刚即携其姘妇李×珍来家，要求同食共寝。1945年7月20日，忻×娟以遗弃及与人通奸为由向法院提起告诉。接着，周×刚逃匿。1945年9月5日，忻×娟具状请求拘提被告。

1946年3月11日，上海地方法院检察官侦查起诉。

1947年4月11日，忻×娟通过律师提起刑事附带民事诉讼，要求追究周×刚通奸遗弃罪责，同时要求离婚并请求支付生活费及精神损失费6 020万元。

1947年4月15日，上海地方法院判决：周×刚免诉，附带民事诉讼驳回。

理由：经大赦。

23. 卢小×子妨害婚姻案，档案号：Q185-2-2879 和 Q186-2-3410。

告诉人，蔡×顺，35 岁，盐城人，住西康路永庆里 49 间××号，职业，商人。

第一被告卢小×子（即卢×奎），男，25 岁，盐城人，住西康路，职业：拉车。

第二被告蔡×氏（即×招弟），女，37 岁，盐城人，住大自鸣钟。[18]

案情：蔡×顺于 1939 年 3 月 26 日，以公开仪式婚娶被告蔡×氏为妻，尚称和顺，生一男孩，现已 4 岁。因家中房间少，蔡×顺与妻别居北樱华里××号。蔡×顺于旧历十月十三日离家营业，卢小×子与蔡×氏乘机通奸。

1946 年 4 月 16 日，上海地方法院检察官侦查起诉。

1946 年 4 月 25 日，蔡×顺具状撤诉。

1946 年 5 月 6 日，上海地方法院判决：卢小×子与蔡×氏无罪。

24. 陈×方妨害婚姻案，档案号：Q185-2-2966 和 Q186-2-3477。

告诉人：陈×氏（即×小三子），女，26 岁，盐城人，住康定路。

第一被告：陈×方，男，25 岁，盐城人，住其美路蒋家桥。

第二被告：王×，女，25 岁，盐城人，住址同前。

案情：告诉人陈×氏幼年丧父依母生活，13 岁经母舅为媒到陈×方家做童养媳，19 岁时与陈×方正式结婚。婚后育有一子，年已 4 岁，因近年夫妻关系恶化，陈×方又与王×在本市蒋家桥其居所举行结婚，1946 年 4 月 12 日，陈×氏以被告重婚为由告诉到院。

1946 年 4 月 30 日，上海地方法院检察处提起公诉。

1946 年 6 月 19 日，上海地方法院经审理后判决：陈×方有配偶而重为婚姻，王×与有配偶之人相婚，各处有期徒刑5个月。后陈×方和王×选任律师于1946年7月12日向上海高等法院提起上诉，1946年10月3日上海高等法院以其未举行公开仪式（即未拜天地）为由撤销原判，改判两被告无罪。

25. 张×氏等妨害婚姻案，档案号：Q185-2-7153。

告诉人：张×道，男，28岁，浦东人，皮鞋匠，住老西门进修路。

第一被告：张×氏（即×小妹），女，25岁，浦东人，住江苏路[19]。在押。

第二被告：朱×荣，男，35岁，南翔人，木匠，住忆定盘路赵家径，在押。

案情：第一被告张×氏16岁时与张×道在原籍南汇乡间举行旧式婚礼，同居乡间，且生子女二人，均于早日夭亡。因夫妻关系不睦，1945年10月张×氏为谋生计来上海帮人绣花，1946年2月与朱×荣姘识，即租赁江苏路××号同居，俨如夫妇，旋被张×道侦悉送警察局转送法院起诉。

在1946年6月12日上海地方法院检察官起诉书。

1946年7月16日，上海地方法院判决：二人通奸，各处有期徒刑2个月。

26. 严×鸿妨害婚姻案，档案号：Q185-2-6539。

告诉人：严×氏，女，25岁，阜宁人，住星加坡路新名余姚路仁和祥丝厂对面。[20]

第一被告：严×鸿，男，24岁，阜宁人，住哈尔滨路瑞兴里，在押，

保人：孙×全，36岁，盐城人，住本市陆家浜路三角街。关系：友谊。

第二被告：施×萍，23岁，山东人，住址同严×鸿。

案情：严×鸿原配严×氏于19岁时由父母做主凭媒嫁与严×

鸿，次年生一小孩，已夭亡。被告趁来沪打工期间又凭媒于1942年8月另娶施×萍为妻，已逾4年，后育一女，案发时已经3岁了。近因其原配来沪探悉告诉由检察官侦察起诉。告诉人初告严×鸿目的是要他赔一点钱维持生活，并不要他吃官司。但第一被告严×鸿被保人保出后，不与告诉人谈判，不与其见面也不顾其生活，严×氏感觉和好无望，经济上得不到补偿，又加上生活困难，故于1946年5月20日、1946年6月12日两次续状要求追究被告的刑事责任并要求生活上给予照顾。[21]

1946年5月8日，上海地方法院检察官提起公诉。

1946年6月6日，上海地方法院判决：严×鸿有配偶而重为婚姻，处有期徒刑3个月。1946年6月17日，附带民事诉讼被驳回。

27. 王×娟妨害婚姻案，档案号：Q185-2-2823和Q186-2-3075。

第一被告人[22]：王×娟（即王×弟[23]），女，21岁，南京人，家务，住大西路汪家弄。

第二被告人：尹×山，男，34岁，安徽人，看门，住大西路汪家弄。

被害人：杨×风，男，37岁，南汇人[24]，运货员，住马家宅三德里。

案情：王×娟于1943年与杨×风在吕班路伯多禄堂（天主教堂）由查神父证婚的[25]。婚后生活困难，夫妻经常吵打，王×娟从家里逃走。1945年初经人介绍，“又与尹×山结婚，旋生一小孩，经杨×风告诉警察局转送本院侦查”。[26]

1946年3月30日，上海地方法院检察处以妨害婚姻为由对两被告提起公诉。

1946年5月14日，上海地方法院认定王×娟重婚，处有期徒刑4个月，缓刑2年。尹×山因对王×娟已婚不知情，认定其无罪。

28. 洪×泉等妨害婚姻案，档案号：Q185-2-468。

告诉人：洪甲氏，女，38岁，绍兴人，住梅白克路××弄。

第一被告人:洪×泉,男,年36岁,绍兴人,住浙江路,业商。

第二被告人:洪乙氏,女,32岁,绍兴人,住浙江路,业无。

案情:洪×泉在16岁时与洪甲氏结婚,婚后18年,无出。第一被告洪×泉于是纳洪乙氏为妾。1945年10月,洪甲氏提起自诉。

1946年1月10日一审判决两被告犯重婚罪,判有期徒刑4月缓刑2年。后两被告于1946年1月24日提起上诉,1946年6月26日,二审法院维持原判,被告再次上诉于最高法院,因遇大赦,最高法院在三审时撤销一审及二审判决,两被告免诉。

29. 徐×标等妨害婚姻案,档案号:Q185-2-7308和Q186-2-3956。

告诉人:徐×桃珍,女,31岁,浦东人,住霞飞路。

第一被告:徐×标,36岁,上海人,初中文化,厂主,住浦东高桥。在押于马斯南路看守所,后被朋友保出。

第二被告:王×英,32岁,初小3年,籍住同上。

案情:在徐×桃珍17岁时,徐×标与徐×桃珍因父母之命、媒妁之言结婚,曾生一女,已夭亡。徐×标因与发妻徐×桃珍关系不睦,于1942年私与王×英姘识,不久即将王×英由沪带往高桥原籍,居于老宅。徐×桃珍发觉后于1946年5月27日,将两人告诉至法院。

1946年6月27日,上海地方法院检察官以妨害婚姻罪起诉。

1946年9月10日,上海地方法院一审判决:二人重婚,各处有期徒刑2个月。被告不服,1946年10月31日,提起上诉,上海高等法院经审理后,于1947年1月27日,作出二审判决:撤销原判,徐×标王×英免诉。理由:“符合大赦赦免之规定”。

30. 李×炳等妨害婚姻案,档案号:Q185-2-7095和Q186-2-7591。

告诉人:姚×明,男,38岁,南汇人,住南市陶沙场。

第一被告:李×炳,男,50岁,周浦人,铜匠,住周浦朱行街。在押。选任翟成律师为其辩护人。

第二被告：谢×宝，女，33岁，上海人，住浦东南汇路周浦镇，在押。

以上当事人均无前科。

案情：姚×明与谢×宝在谢×宝19岁时凭媒在乡下结婚，拜过堂，系其发妻。婚后，姚×明租房安置其妻子后即去宁波经商，回家后不见其妻，遂四处查访，后在上海查得其妻与李×炳先在南汇乡间后到上海通奸。

1946年6月12日，上海地方法院检察官以妨害婚姻罪提起公诉。

1946年7月26日，上海地方法院判决：李×炳与有配偶人通奸，处有期徒刑4个月；和诱有配偶之人脱离家庭，处有期徒刑4个月，合并有期徒刑6个月。谢×宝有配偶与人相奸，处有期徒刑6个月。徒刑均准以500元折算1日，易科罚金。谢×宝从家里带走的东西[27]返还，其余之诉驳回。

后李×炳提起上诉，1947年1月19日，上海高等法院判决：原判决关于李×炳罪行及附带民事诉讼部分均撤销，李×炳免诉。附带民事诉讼被上诉人在第一审之诉驳回。理由：经大赦。在执行案卷中，最后两被告均免诉。

31. 高×禹等妨害婚姻案，档案号：Q185-2-2409。

告诉人：陈×弟，女，26岁[28]，上海人，职业：开小店。住周家桥[29]。

第一被告：高×禹，男，28岁，上海人，职业：地货行。住虹桥镇薛家巷。

第二被告：邹×弟，年龄不详，住址同被告高×禹。

上述当事人均无前科。

案情：告诉人陈×弟21岁时凭媒嫁与第一被告为妻，婚后夫妻共同开设协利商店。次年生一女，因物价飞腾，生活困难，第一被告高×禹外出另图他事，所留商店因资本缺乏几呈停顿现象，留给告诉人经营。1945年8月，告诉人回家祭祖，见第一被告与另一女子同居，并结为婚姻。1946年1月26日，告诉人具状将其诉至法院。

1946年2月18日，上海地方法院检察处提起公诉。

后因遇大赦，1947年3月31日，上海地方法院判决两被告免诉。

32. 孙×龙等妨害婚姻案，档案号：Q185-2-7086。

告诉人：曹×春(即赵×生)，男，23岁，本地人，职业：小贩。住西八子桥。

第一被告：孙×龙，男，30岁，上海人，职业：菜行。住孙家宅。在押。

第二被告：王×弟，女，21岁，上海人，住西八子桥。家务。在押。

共同保人：陈×其，34岁，海门人，住南市大镜路，店主。关系：友谊。当事人均无前科。

案情：1945年7月6日下午，两被告通奸于大世界(旅馆)，双双被捉送警。但笔录上二人均不承认通奸。

1946年9月23日，亲友调解，双方和解。曹×春将王×弟领回。告诉人曹×春撤回告诉。

1946年10月12日，法院判决：本件公诉不受理。理由：按告诉乃论之罪，告诉人于第一审辩论终结前得撤回其告诉，故作此判决。该案系前法院尚未审结，移送现法院。

33. 陈×荪妨害婚姻案，档案号：Q185-2-5629和Q186-2-2679。

告诉人：杨×泉，男，33岁，无锡人，住北苏州路德安里。系招赘的赘夫。职业：商人。

第一被告：陈×荪，男，25岁，江阴人，住北苏州路德安里。

第二被告：杨×云，女，31岁，无锡人，住址同上。

选任辩护人：钱兴中律师。

案情：杨×云3岁丧父，与母亲一起生活。杨×云成年后招杨×泉为赘夫，但是婚后夫妻关系不睦，为此杨×云曾自杀过。陈×荪与杨×泉杨×云夫妇同住有年（杨×泉是陈×荪房客，一起同住约10年了），遂密与杨×云发生肉体关系。中间杨×云怀胎一次，经杨×泉发觉并获得二人彼此往来之情书，1946年1月10日，以通奸妨害家庭为由状诉到案。

1946年2月19日，上海地方法院检察官以妨害婚姻罪起诉。

因杨×云提出与告诉人杨×泉离婚，1946年3月18日，告诉人撤回告诉。1946年3月20日，上海地方法院一审判决本件公诉不受理。理由：按告诉乃论之罪，告诉人于第一审辩论终结前得撤回其告诉为刑事诉讼法第217条第1项所明定。

34. 江×亭等妨害婚姻案，档案号：Q185-2-6039。

告诉人：江×秀英，28岁，扬州人，住北海路。

第一被告人：江×亭，29岁，扬州人，住北海路。

第二被告人：王×芳，女，25岁，嘉定人，19岁便成寡妇，生活困难，通讯处：天潼路协志里。

两被告交保的共同保人：江×贵，28岁，扬州人，玉记烟号店主，住天津路，与被保人关系：友谊。

案情：江×秀英与江×亭在告诉人18岁时结婚，婚后未育，认养一子。后第一被告乘告诉人回乡，登报与其妻脱离夫妻关系，与同弄之邻居寡妇王×芳通奸。1946年3月11日，告诉人得知后提起诉讼。

1946年3月27日，上海地方法院检察官以妨害婚姻罪起诉。

1946年4月19日，上海地方法院判决：本件公诉不受理。理由：撤诉。

35. 黄×生等妨害婚姻案，档案号：Q185-2-6492和Q186-2-3198。

告诉人：黄×妹，28岁，上海人，住槟榔路泰兴染织厂，未育。

第一被告：黄×生，男，39岁，上海人，职业：初写农，后文中为园丁，住王家楼西朱家巷，在押。

第二被告：黄×妹，35岁，上海人，寡妇，工厂女工，住址同前。

案情：告诉人黄×妹与第一被告黄×生为夫妻，结婚后因告诉人不育，第一被告遂于1945年12月间与黄×妹通奸，同居于西朱家巷××号，旋被黄×妹发觉，告诉到处。

1946年6月14日，告诉人请律师提起附带民事诉讼，要求离婚并赔偿损失及生活费200万元。

1946年8月19日，上海地方法院判决：本件公诉不受理，附带民事诉讼被驳回。

36. 颜×渊等妨害婚姻案，档案号：Q185-2-7600。

告诉人：余×达，男，52岁，镇江人，职业：草行(在刑事告诉状中写"商")，住沪西梵皇(王)渡路。

第一被告：颜×渊，男，25岁，上海人，无业，住梵王渡路。

第二被告：潘×英，女，34岁，宜兴人，无业，住梵王渡路。

案情："颜×渊之岳父余×达，年近望六，其继配潘×英则年仅三十四岁，老夫少妻感情上颇多冷淡"[30]。颜×渊"昔充吴江警察局侦缉员，因知余×达年老无能，及于上年(1945年)十月间，与徐×达之继配潘氏连续通奸。余×达乃向本市警察局新泾分局告诉到案"。

1946年7月25日，上海地方法院检察官以通奸为由起诉。

1946年9月，一审法院判决：本件公诉不受理。1946年10月19日，上海地方法院检察官提起上诉，1946年12月12日，上海高等法院二审判决：撤销原判，两人通奸，各处有期徒刑4个月。最后，两被告被执行徒刑，刑满释放。

37. 状告周×章妨害婚姻案，档案号：Q185-2-3966和Q186-2-2424。

告诉人：周×氏，女，21岁，扬州人，职业系女佣，住定海路。

告诉人：陈×发，女，20岁，海门人，家务，住六合路××弄。[31]

被告：周×章，男，25岁，扬州人，三轮车夫，住六合路××弄[32]。前科：窃盗3次。[33]

前一保人：陈×弟，男，35岁，海门人，住大上海路，职业：福昌车行行主。

后一保人：陈×昌，六合路德泰昌车行车主人。

原因：庭谕交保，关系：友谊。责任：随传随到。

案情：告诉人周×氏12岁时，由父母之命、媒妁之言即为周×章童养媳，于17岁时在原籍成婚。婚后，被告周×章先来沪打工，3年后周×章在上海又与陈×发在上海市江宁路新仙林舞厅内附设之上海良缘集团结婚社举行婚礼，因周×氏来沪帮佣发现其夫重婚，告诉陈×发，于是周×氏与陈×发两人同时来院告诉。

这个案子本由周×氏向前伪警局解送前伪法院起诉，尚未判决，上海地方法院检察官依复员后刑事补充条例重新侦查起诉。

1946年11月8日，上海地方法院判决：周×章有配偶而重为婚姻，处有期徒刑5个月，缓刑2年。理由：周×章系三轮车夫，全家靠他养活。

38. 王×铭妨害婚姻案，档案号：Q185-2-3522和Q186-2-7885（重复）。

告诉人：朱×娟（即朱×弟），女，20岁，绍兴人，住长寿路致和里。

第一被告：王×铭（又名王×坚），男，26岁，常州人，职员[34]，住劳勃王路致和里。

第二被告:刘×,女,25岁,常州人,住果育堂街育德里××号。

以上当事人均无前科。

两被告共同保人:范×青,50岁,常州人,南市果育堂路育德里,职业:做纸盒。与被保人关系:亲戚。

理由是被告无前科,及告诉人祈求,全家靠第一被告养活。

事实:缘王×铭幼时在原籍常州与刘×订有婚约(凭媒),1945年1月16日因在沪工作,又经媒人介绍与朱×娟在丽都舞厅结婚(集团结婚),并生有1子。后于同年返回原籍与刘×重婚。婚后相皆来沪,住果育堂街育德里××号。朱×娟知悉后投告邑庙警局查获,移送侦查来案。

1946年7月9日,上海地方法院检察官以妨害婚姻为由提起公诉。

1946年8月14日,上海地方法院一审判决:王×铭有配偶而重为婚姻,处有期徒刑5个月。

王×铭提起上诉,1946年10月12日,上海高等法院二审判决:上诉驳回,缓刑3年。

39. 状告洪×弟等妨害婚姻案,档案号:Q185-2-4688和Q186-2-5353。

告诉人:吴×桂,男,31岁,盐城人,住闸北永兴路合仁里。

第一被告:洪×弟(即×洪氏),女,29岁,住南市巡道街引线弄南新建平房内,无门牌。

第二被告:洪×氏,女,68岁,住南市巡道街引线弄南新建平房内,无门牌。(后第三被告查找不到。)

第三被告:洪×元,男,28岁,盐城人,住闸北永兴路合仁里。

洪×元的保人:傅×生,56岁,镇江人,住闸北裕通路。职业:空白。根据上下文应是酱园主。

案情:洪×弟系吴×桂发妻,洪×氏是吴×桂岳母,向来同居一宅,一切生活费都靠吴×桂做工支付。1946 年 7 月 25 日洪×弟在香烟桥太平里居所拿走其夫吴×桂金戒指 3 只及衣物多件,偕同其母洪×氏离家出走,隐匿无踪,然后派遣表弟洪×元出面向吴×桂要求离婚,吴×桂不允。1946 年 10 月 21 日,吴×桂以通奸窃盗妨害婚姻为由,将洪×弟、洪×氏、洪×元三人向法院提起告诉。

1946 年 11 月 20 日,上海地方法院检察官以妨害婚姻及盗窃嫌疑为由向法院刑庭提起公诉。

1947 年 1 月 29 日,上海地方法院判决:右开三被告因大赦均免诉。

40. 状告朱×林妨害婚姻家庭案,档案号:Q185-2-5146 和 Q186-2-1067。

告诉人:祁×彭,男,41 岁,淮安人,住南市大境路。

第一被告:朱×林,男,22 岁,已婚,镇江人,业小贩,住紫莘路平安里,在保。

第二被告:蔡×珍,26 岁,淮安人,家务,住大境路,在保。

案情:蔡×珍 20 岁时与祁×彭结婚,婚后 6 年,有一 5 岁孩子(性别未提)。第二被告朱×林与蔡×珍于 1944 年 7 月至 8 月间,因同在外滩码头贩运白米发生奸情。1945 年 11 月 9 日,经蔡×珍之夫祁×彭发觉,曾将朱×林扭送黄浦分局训诫开释。蔡×珍为恋奸情热于 11 月 20 日前往朱×林家与之同居,被蔡×珍之夫祁×彭查知,于 12 月 6 日上午 4 时趁朱×林等尚未起床之时报警将被告等在床上抓获。1946 年 1 月 16 日祁×彭又向法院提起附带民事诉讼,要求两被告返还蔡×珍从祁×彭处窃走之现金及其他衣物等。1945 年 12 月 14 日,祁×彭以通奸窃盗为由将朱×林蔡×珍向法院提起告诉,同时还以隐匿蔡×珍为由将朱×耕、×氏作为第三、第四被告一同告诉。

1945 年 12 月 27 日，上海地方法院检察官以妨害婚姻家庭嫌疑对朱×林蔡×珍起诉。虽然法院审判时法庭进行了调解，但当时没有成功。

后经双方亲友调解，当事人和解。1946 年 2 月 5 日，告诉人为了息讼而撤回告诉。1946 年 2 月 6 日，上海地方法院判决不受理。理由：按告诉之罪告诉人于第一审辩论终结前得撤回其告诉，故作此判决。

41. 薛×氏等妨害婚姻案，档案号：Q185-2-7890 和 Q186-2-8244。

告诉人：薛×贵，35 岁，高邮人，车夫，住南市局门路张家浜。

第一被告：薛×氏，女，28 岁，高邮人。

第二被告：武×林，男，27 岁，盐城人，未婚，纱厂工人，剪花样。

第三被告：×学忠，男，24 岁，高邮人，踏三轮车，三被告同住新疆路满洲里。

以上当事人均无前科。

案情：薛×氏于 1934 年 9 月间凭媒与薛×贵结婚，婚后薛×贵无力抚养其妻，于是薛×氏出外谋生，先出来帮佣，后于 1942 年 6 月私自离家往麦根路鸿章纱厂做工，做工时与同厂工人武×林结识，于 1943 年 4 月开始同居，现已育两个孩子，经其夫发觉后告诉来院。

1946 年 8 月 10 日，上海地方法院检察处以两被告通奸为由提起公诉。1946 年 9 月 10 日，薛×贵复具状提出撤诉。

1946 年 9 月 12 日，法院判决：薛×氏有配偶与人通奸，武×林与有配偶人通奸，各处有期徒刑 4 个月。结果：薛×氏武×林被执行徒刑。

42. 陈×才等妨害婚姻案，档案号：Q185-2-6720。

告诉人：陆×馨，43 岁，绍兴人，住长寿路，职业：洗染。

第一被告:陈×才(即陈×良)匿居泰山路。年籍住址不详。

第二被告:陆×氏,女,35 岁,绍兴人,住址同上。婚后 14 年,生过小孩(性别不详),皆夭亡。当事人均无前科。

案情:陆×馨与陆×氏结婚已经 14 年,陆×氏因陆×馨纳妾后外出帮佣,与陆×馨的朋友陈×才同居。1946 年 4 月 11 日,经陆×馨告诉到案。1946 年 5 月 9 日,上海地方法院检察官公诉。

后两被告逃亡被通缉。该案不了了之。

43. 赵×祥妨害婚姻案,档案号:Q185-2-6796。

告诉人:赵×氏,32 岁,徐州人,住华兴路华兴坊口草棚户。

第一被告:赵×祥,住海宁路。职业:水上警察队警长。

第二被告:马×妹,不详。

案情:赵×祥与赵×氏结婚 11 年,先后生育五个孩子,已夭亡四个,仅存一子患病无钱医治。赵×氏以赵×祥遗弃自己和 2 岁的病儿,致其衣食无着为由将其诉至法院。不久,2 岁子因患病无钱医治而夭亡。

1946 年 5 月 23 日,上海地方法院检察官公诉。

结果:被告逃亡后被通缉。

44. 李×元妨害婚姻案,档案号:Q185-2-7301。

告诉人:朱×宝,27 岁,盐城人,做扫帚生意,住闸北潘家湾路。

被告:李×元,男,所在不明(同时其妻提出与其离婚)。

法院审理时当事人均未到庭。案卷中记载双方的婚姻系父母作主,凭媒结婚(系表兄妹),婚后即得知其妻有情人在华中铁路任黑帽子的。与情人同逃。

1946 年 6 月□日,上海地方法院检察官以妨害家庭提起公诉,因被告逃匿,结果:通缉。

45. 刘×再等妨害婚姻案,档案号:Q185-2-7463。

告诉人:蒋×文,男,46 岁,浙江慈溪人,职业:船(洋商船上充当机器间头目)，住南成都路锯兴里。

第一被告：刘×再(妻沈×林，系沈×宝之姊)，男，其他不详，在逃。

第二被告：沈×宝，女，36岁，浙江慈溪人，住杨树浦路福禄行信托里。律师撰状。被保，担保人不详。

以上当事人均无前科。

(通奸原因：被告称系丈夫失踪，不养她)

案情：告诉人与第二被告在女方17岁、男27岁时，凭阿姨做媒在原籍乡间结婚。婚后18年，生有子女四名，仅存活一子，现年11岁。告诉人出外在洋商船上服务。后告诉人辞职返沪后回家，但家里已人去楼空，多方探询，得知第二被告已与其姊夫通奸并携带家里所有东西搬至杨树浦路福禄行信托里××号居住，并已与其姊夫育有二子一女，告诉人报警，其妻被捕，刘×再闻风而逃。1946年5月10日，蒋×文提交诉状，理由：被告等通奸妨害家庭、窃占家财。

1946年6月29日，上海地方法院检察官以妨害家庭提起公诉。因为第二被告沈×宝愿意跟丈夫回家，告诉人对其撤回告诉。

因第一被告刘×再在逃，法院训令：通缉。

46. 朱×生等妨害婚姻案，档案号：Q185-2-7232。

告诉人：卫×妹，女，23岁，浦东人，住浦东东卫巷。

第一被告：朱×生，男，其他情况不详。

第二被告：×英，女，其他情况不详。

案情：朱×生与卫×妹于1941年2月结婚，婚后1年曾生一女，已夭折。后与×英姘居，将发妻赶回娘家居住。因朱×生当时充当伪青年团员并投靠伪军队长龚中□(即小龚)为师，恃其有枪，其妻一家不敢吭声，抗战胜利后，其妻提起诉讼。

1946年6月17日，检察官以通奸起诉。

开庭时当事人均未到庭。后只告诉人到庭，声称与第一被告朱×生系正式结婚(案卷中说是为第一被告养过儿子的)，婚后丈夫朱×生即与情妇×英一同逃走。因被告逃亡，法院训令：通缉。

47. 谭×凤妨害婚姻案，档案号：Q185-2-6932。

告诉人：张×忻，男，32岁，上虞人，职业：橡胶业商人，住南市民珠街。

被告：谭×凤，女，34岁，住民珠街，无业。

保人：陈×昌，66岁，余姚人，住：东宁海路，延昌蛋行店主。关系：朋友。

案情：谭×凤与张×忻凭媒结婚，至今已17年了，已育有子女二人。婚后夫妻感情不睦。3年前，丈夫生了花柳病，并与其他女人同居，且生育1个孩子，同时又不顾妻子生活。谭×凤因生活无着，又恨丈夫的移情别恋，遂于1945年3月间与赵×宝姘识，嗣以怀孕，乃携带张×忻之大衣单裤及被单等件和金首饰(金戒指3枚，金条5根(2两重的)，金表，白金眼镜一副)，离家与赵×宝同居后生一女孩。1946年2月间，谭×凤产后未满1月遂被张×忻探得告诉到案。

1946年5月15日，检察官以通奸为由对谭×凤起诉。

因被告谭×凤愿意和原配张×忻过日子，张×忻于1946年5月28日，1946年7月8日两次具状对其妻撤回告诉，不愿深究。后张×忻起诉离婚。

1946年7月15日，上海地方法院判决：本件公诉不受理。理由：按告诉乃论之罪，告诉人于第一审辩论终结前得撤回其告诉，故作此判决。

48. 王×氏妨害婚姻案，档案号：Q185-2-6847和Q186-2-7301。

原告：徐×元，男，26岁，江北人，车夫，住胶州路金家巷。

被告：王×氏[35]，女，22岁，高邮人，文盲，住[36]无，在押。无前科。

案卷中有“准交店保”的批示，但因无人担保，后还押。后又觅得保人：赵有福，32 岁，高邮人，住虹口邢家宅路。中南烟号店主。关系：友谊。

案情：经男家、女家两个媒人介绍，秦父不顾本案被告王×氏本人的反对将其包办与徐×元结婚。婚后，王×氏并不开心，于 1944 年 4 月 14 日乘徐×元外出作工时，潜窃婚书，回返高邮原籍，私与王×铃姘居，并生一女，现已 7 月，并坚决不回徐×元家里。1946 年 5 月 14 日，在大西路为徐×元撞获扭局解案。

1946 年 5 月 29 日，上海地方法院检察官以妨害婚姻罪起诉。

1946 年 6 月 22 日，上海地方法院作出刑事判决：王×氏有配偶而与人通奸减处有期徒刑 1 个月。理由：本件被告与徐×元曾经结婚，不但有徐×元及证人刘福财指证历历，即被告亦供认有此事实，查被告本系有夫之妇，而又私与他人姘居且生育一女孩，已逾 7 月，则其与人通奸之事实，至为显明，自应依法问罪，唯查被告与徐×元结婚非出于自己（本人）之意愿，此次与人姘度情节尚属可原，酌予减轻其刑，用示怜恤。

49. 福×林等妨害婚姻案，档案号：Q185-2-7543。

告诉人：张×怀，29 岁，扬州人，文盲，木匠，住长宁路表叔家。

第一被告：福×林，29 岁，扬州人，文盲，住径济桥径济路。5 年前逃走。逃走后已育两孩，大的 5 岁，小的 2 岁。

第二被告：汪×盛，29 岁，扬州人，文盲，（职业）做木锅盖，住径济桥径济路。

案情：张×怀和福×林 1936 年凭媒在扬州结婚，婚后第二年生一女孩，现已 9 岁，在扬州男方家里，因夫妻感情不睦加上家里生活困难，福×林 1941 年出去跑单帮，同时带走家里 5 万元储备券[37]

及衣物。跑单帮时认识了汪×盛,汪×盛认识张×怀,也知道福×林是张×怀妻子,但是自愿与福×林同居。

1946 年 7 月 18 日,上海地方法院检察官以妨害婚姻罪起诉。1946 年 9 月 14 日,因经友人调解,双方和解,张×怀与福×林离异,张×怀具状提出撤诉,不愿深究。

1946 年 9 月 18 日,上海地方法院判决:本件公诉不受理。理由:因通奸罪系不告不理,告诉人已撤诉。按告诉之罪告诉人于第一审辩论终结前得撤回其告诉,故作此判决。

50. 状告汪×林等妨害婚姻案,档案号:Q185-2-3902。

告诉人(被害人):王×锁,男,33 岁,南通人,三轮车夫,住闸北宝昌路中兴里。

第一被告:王×氏(从小就到王×锁家当童养媳),女,27 岁,南通人,家务,住香山路中兴里。

第二被告:汪×林,28 岁,南通人,三轮车夫,住中兴路,丧偶。

以上当事人均无前科。

案情:王×氏系王×锁发妻,婚后 8 年,育有子女各一,子才 2 岁。王×氏与汪×林认识两年后秘密相偕旅馆通奸。事后王×氏怕丈夫打她,于是与汪×林相偕潜逃。因有两个孩子,王×氏愿意回家与前夫同居。

1946 年 8 月 13 日,上海地方法院检察官以妨害家庭罪起诉。

1946 年 10 月 21 日,王×锁对王×氏撤诉。理由:因被告改过自新。1946 年 11 月 21 日,上地方法院判决:本件公诉不受理。理由:按告诉之罪告诉人于第一审辩论终结前得撤回其告诉,故作此判决。

51. 陈×泉等妨害婚姻案,档案号:Q185-2-1009 和 Q186-2-487。

告诉人:陈×英,女,23 岁,泗阳人,家务,住长寿路。

第一被告人:陈×泉,年 30 岁,江北人,住长寿路在保。前科:因盗窃(累犯)被判处有期徒刑8个月,因抢夺被判处有期徒刑4个月。

第二被告人:秦×瓶,23岁,徐州人,住长寿路,在保。

案情:陈×泉与陈×英结婚6年。1945年5月间,因陈×泉与年轻的寡妇秦×瓶同路居住,两人一起跑单帮而相恋爱,旋即发生肉体关系。经陈×英报警于1945年10月26日在秦×瓶家中将被告等抓获解送到案。

1945年10月31日,上海地方法院检察官以妨害婚姻罪起诉。

1945年12月6日,上海地方法院判决:本件公诉不受理。理由通奸罪系不告不理,告诉人已撤诉。

52. 严×氏诉严×鸿离婚案,档案号:Q185-3-14834。

告诉人:严×氏,26岁,阜宁人,住星加坡路新名余姚路仁和祥丝厂对过。

被告人:严×鸿,男,24岁,阜宁人,住哈尔滨路阳恩路瑞兴里。

案情:1947年7月26日,严×鸿的妻子严×氏以其夫与人通奸恶意遗弃为由向上海地方法院请求民事调解与其夫离婚。在1947年8月28日调解笔录上因为当事人双方均未到庭,庭谕本案视为调解不成立。

53. 余×娣诉颜×渊离婚案,档案号:Q185-3-15080。

告诉人:余×娣,24岁,镇江人,假(借)住劳合路太和大楼周骁律师事务所。

被告:颜×渊,男,25岁,上海人,无业,住梵王渡路。

案情:颜×渊等妨害婚姻案结案后,因为颜×渊与妻之继母通奸,1947年10月14日,余×娣即向上海地方法院提出离婚申请。但是,后来因双方均未到庭,法院视为调解不成立而结案,其实是不了了之。

54. 倪×氏诉倪×亚离婚案,档案号:Q185-3-6923。

告诉人:倪×氏,26岁,无锡人,住文监师路,文件送浙江北路

138弄29号贾耀西律师代收。

被告:倪×亚,男,岁,住贵州路厦门路角,系旧铁店店主。

案情:倪×亚妨害婚姻案结案后,因为倪×亚与人重婚,1946年10月17日,倪×亚发妻倪×氏即向上海地方法院提出调解离婚,并给付赡养费,返还妆奁。1946年10月29日倪×氏及其律师到庭,但因被告不到庭,法院以调解不成立为由而结案。

55. 张×忻诉谭×凤离婚案,档案号:Q185-3-1355。

告诉人:张×忻,32岁,上虞人,住民珠街,文件由南京路哈同大楼218号平章法律事务所代收。

被告:谭×凤,34岁,上虞人,住所不明,请求公示送达。

案情:谭×凤妨害婚姻案结案后,因为谭×凤与人通奸并生育一女,1946年4月15日,张×忻即向上海地方法院提出离婚并要求对方负担诉讼费。1946年5月31日,告诉人又以已寻回被告、双方同意签订两愿离婚协议为由,请求撤诉,至此本案终结。案卷最后一页是附加的当时报纸,载有告诉人请律师写给被告的一份启事。

56. 姚×林诉胡×林子女婚姻纠纷案,档案号:Q131-5-8550。

查姚×林诉王×香(17岁,童养媳)窃盗及妨害家庭一案,因童养媳现行法律并无规定,而失窃亦因无案可稽,且事隔数年,证据不足,奉刑事警察处批示准予不受理在案。其他信息很少。Q131-5-7130敌伪政治档案案卷内容包括妨害婚姻家庭及妨害公务等通缉书。

57. 郭×松诉郭×氏离婚案,档案号:Q185-3-2161。

原告:郭×松,36岁,盐城人,住合肥路。

被告:郭×氏,33岁,盐城人,住同右。

诉讼代理人:鲍铮律师。

案情:因为郭×氏妨害婚姻案结案后,郭×氏在上海监狱服刑。1946年6月24日,郭×松即以其妻先后与两人通奸为由向上海地方法院提出离婚。1946年8月14日，上海地方法院判决准予离婚，诉讼费用由郭×氏负担。

押在上海监狱的郭×氏委托律师于1946年9月3日、1946年10月7日两次具状提出上诉，不同意离婚。1946年12月3日，上海高等法院二审判决“上诉驳回。第二审诉讼费用由上诉人负担。幼女由其夫监护。”理由：幼女由其夫监护以免染上恶习。

58. 周×诉何×英离婚案，档案号：Q185-3-2371。

告诉人：周×，43岁，无锡人，住慈溪路。

被告：何×英，36岁，湖北人，住西藏南路会稽街慎馀里。

案情：何×英的丈夫周×以其妻与人通奸并吸食鸦片为由，于1946年7月12日向上海地方法院提出离婚、返还衣饰等物及负担诉讼费用。1946年8月29日，上海地方法院判决，准予离婚，诉讼费用由被告负担。

注　释

[1] 案卷中，有时称其为被害人。

[2] 在刑事指纹记录单中记录为江北人，在上海地方法院监察处的询问笔录中记录是阜宁人。在自诉状中又记录为盐城人。

[3] 在告诉人的起诉状中结婚日期为民国31年12月12日即1942年12月12日，日期前后不一，可能记忆或记录有误。

[4] 在告诉人询问笔录中，说吃过四桌酒席，两次结婚都拜过堂，案卷中反复询问当事人是否拜堂，可见在当时拜堂是合法婚姻的最重要标志。

[5] 后面在嫌疑人曹×氏的询问笔录中说是“出外从军”，后告诉人在诉状中说为躲避新四军，又说“因受家乡共军痛苦太深乃来沪……”由此推断可能是参加国民党军。在法院的审判笔录中说是“出外经商”。

[6] 案中称：曹家仅薄田五亩，而家里人口众多，不堪维持生活。

[7] 邻居介绍，父母作主，而由此看民间对当时的法律规定是不知晓的，或者当时的

百姓对此是非常理解的，否则邻居就不会介绍，父母也不会做主的。

[8] 在上海市警察局卢湾分局的讯问笔录中，年龄为30岁。后面的案卷中又记载35岁，因其姐姐34岁，所以他应该是30岁。

[9] 在调查报告书第一号中，职业为司机。

[10] 在1946年6月11日的上海市警察局卢湾分局的嫌疑人讯问笔录中，职业为帽店职员。

[11] 1942年，伪上海特别市推行居民身份证制度，伪警察局规定凡居住上海市年满14周岁以上市民必须申领居民身份证（易庆瑶主编：《上海公安志》，上海社会科学院出版社1997年版，第21页）。1948年10月，上海市警察局进行全市人口清查，换发国民身份证，共核发5 228 489张。（易庆瑶主编：《上海公安志》，上海社会科学院出版社1997年版，第23页）

[12] 在档案中的告诉人提交的刑事诉状中，均未写性别、年龄、籍贯和职业。文中性别等资料为作者根据案情事实所加。

[13] 上海市警察局泰山分局的嫌疑人讯问笔录记载。

[14] 案卷中记录不一，前面说是无业，后面又说是小工，这可能是他的职业不稳定，时而失业，时而小工。

[15] 野鸡，野生之鸡也，虽在田野间常见野鸡飞来飞去，但无一定踪迹，如果你想在某地点某时间，定要看见一只飞空的活野鸡，那是做不到的一件事。因为野鸡的来去无踪，所以上海地方凡是无固定住址，而含有临时性质的东西，都拿他们当作野鸡看待。又如：在马路上兜揽生意的马车或包车，叫做野鸡车。参见汪仲贤撰文、许小霞绘图：《上海俗语图说》，民国史料笔记丛刊，上海书店出版社1999年版。

[16] 以上是告诉人刑事诉状中的资料。在上海地方法院的起诉书中被告住址也是这个，但在被告的答辩状中，被告住址则写与告诉人一样。

[17] 由此可见，本案的当事人系社会的中上层，属于经济条件较好的富裕人家。

[18] 参见案例索引21。在上海地方法院检察处的侦查卷宗第一页刑事诉状中，两被告的住址是“均在押普陀路警察分局”，后卢小×子及蔡×氏被捕后被人力车行主保出。这里的当事人的基本情况是根据上海地方法院刑事判决中所记录的情况。

[19] 与后面住址不符，后面是住忆定盘路赵家径。应该是搬迁了。

[20] 在告诉人的诉状中，反复提到在上海住在娘家，可见告诉人严×氏应为上海本地人，嫁到乡下的。所以其权利保护意识较强。

[21] 这些续状中不甚明确，只是反复强调严×氏有家难回，“生活极度困难势难维持

现状”，将“流为饿殍”。要求“传被告等到案依法侦查起诉”。这当是告诉人的附带民事诉讼请求。

[22] 侦查案卷中称为嫌疑人。

[23] 根据 1945 年 2 月 18 日的调查报告书中记录。

[24] 根据 1945 年 2 月 18 日的调查报告书中记录为南汇人，而在 1945 年 5 月 7 日的审判笔录中记录为浦东人。

[25] 根据 1945 年 2 月 9 日的讯问笔录中杨×风的陈述。然在 1945 年 5 月 7 日的审判笔录中王×娟否认和杨×风正式结婚，只是说：“他先和我发生关系，后来他带我到天主堂里去走了一转就算结婚了”，而当时她出来做佣人时。前面的侦查案卷中说，她一从堂里出来，就和杨×风结婚了，前后矛盾。

[26] 参见 1945 年 3 月 30 日的《上海地方法院检察官起诉书》。

[27] 案卷中有告诉人呈附的一列失单。

[28] 告诉人陈×弟在 1946 年 1 月 26 日的由律师邓嘉炳撰写的刑事告诉状中，年龄为“念五”岁，这是上海方言 25 岁的意思。

[29] 这里的当事人的基本情况是根据 1946 年 3 月 6 日下午四时的审判笔录中的记载。前后住址不一。在 1946 年 2 月 11 日的法院的讯问笔录中记载为：住高象记牛奶棚。根据案卷，全称应是沪西周家桥高家巷高象记牛奶棚。

[30] 根据 1946 年 12 月 12 日的《上海高等法院刑事判决书》的记载。

[31] 系 1945 年 7 月 27 日老闸分局犯罪事实报告书的记录。

[32] 见上海地方法院检察官起诉书。

[33] 见 1945 年 7 月 27 日的上海老闸分局民三四年度刑字第一三〇五号的犯罪事实报告书。

[34] 初在和利糖果厂任职员，后在被告讯问笔录中，写着，无业。可能是失业了。

[35] 在上海地方法院检察处的侦查卷宗中，分局送案单上写着：王×氏（小粉子），在上海市警察局提篮桥分局公函中，写着“王×小粉子”。

[36] 在上海市警察局提篮桥分局调查报告书中，住海拉尔路草棚子。

[37] 原文中括号注明伪币，并据张×德说是卖掉租田三亩预备做生意用的。

附录二

案件判决结果一览表

序号	案卷名称	案由	档案号	一审判决结果	二审判决结果	易科计算	执行情况	备注
1	秦×林等妨害婚姻案	通奸	Q185-2-7047	各处有期徒刑 2 个月		500 元折算 1 日	罚金	
2	状告王×莘妨害婚姻案	通奸	Q185-2-5204	王×莘有期徒刑 4 个月,沈×萍有期徒刑 6 个月		500 元折算 1 日	罚金	
3	朱×生等妨害婚姻案	无罪	Q185-2-7374 和 Q186-2-7214					
4	状告钱×阮妨害婚姻案	妨害自由	Q185-2-3903	罚金 15 000 元		500 元折算 1 日	罚金	
5	状告顾×氏妨害家庭婚姻案	和诱	Q185-2-3901	有期徒刑 4 个月			执行徒刑	

(续表)

序号	案卷名称	案由	档案号	一审判决结果	二审判决结果	易科计算	执行情况	备注
6	彭×源妨害婚姻案	无罪	Q185-2-1840					
7	陈×兆等妨害婚姻案	重婚	Q185-2-3483 和 Q186-2-3949	有期徒刑 6 个月			执行徒刑	
8	徐×俊等妨害婚姻案	通奸	Q185-2-7465	各处有期徒刑 3 个月			徐×俊被执行徒刑，徐×氏被赦免	
9	谭×贵妨害婚姻(家庭)案	通奸	Q185-2-6396					通缉
10	状告李×惠妨害婚姻案	通奸	Q185-2-5931	各处有期徒刑 2 个月		200 元折算 1 日	罚金	
11	王×根等妨害婚姻案	通奸	Q185-2-6850 和 Q186-2-7428	各处有期徒刑 3 个月		500 元折算 1 日	罚金	
12	吴×秀英等妨害婚姻案	通奸	Q185-2-7245	各处有期徒刑 2 个月			执行徒刑	
13	状告沈×挺等妨害婚姻案	通奸	Q185-2-5106 和 Q186-2-1846	各处有期徒刑 4 个月		500 元折算 1 日	?	

（续表）

序号	案卷名称	案由	档案号	一审判决结果	二审判决结果	易科计算	执行情况	备注
14	沈×生等妨害婚姻案	重婚	Q185-2-2526	施×珍有期徒刑 6 个月			缓刑 3 年	
15	郭×氏妨害婚姻案	通奸	Q185-2-5832 和 Q186-2-6541	各处有期徒刑 6 个月			执行徒刑	
16	傅×泉等妨害婚姻案	通奸	Q185-2-6788	傅×泉处有期徒刑 2 个月，吴×氏所在不明，待缉获另判			傅×泉被执行徒刑	
17	陆×年等妨害婚姻案	通奸	Q185-2-5764 和 Q186-2-6034	不受理				
18	倪×亚等妨害婚姻案	通奸	Q185-2-7161	各处有期徒刑 6 个月		500 元折算 1 日	罚金	
19	状告顾×宾妨害婚姻案	重婚	Q185-2-4522	各处有期徒刑 6 个月，缓刑 2 年				
20	周×刚妨害婚姻案	通奸	Q185-2-5944 和 Q186-2-1726	周×刚免诉，附带民事诉讼驳回				经大赦
21	卢小×子妨害婚姻案	通奸	Q185-2-2879 和 Q186-2-3410	无罪				

（续表）

序号	案卷名称	案由	档案号	一审判决结果	二审判决结果	易科计算	执行情况	备注
22	陈×方妨害婚姻案	重婚	Q185-2-2966 和 Q186-2-3477	无罪				以重婚起诉,判决无罪
23	张×氏等妨害婚姻案	通奸	Q185-2-7153	各处有期徒刑 2 个月			执行徒刑	
24	严×鸿妨害婚姻案	重婚	Q185-2-6539	严×鸿处有期徒刑 3 个月,施×萍无罪			执行徒刑	
25	王×娟妨害婚姻案	重婚	Q185-2-2823 和 Q186-2-3075	王×娟处有期徒刑 4 个月,缓刑 2 年,尹×山无罪				
26	洪×泉等妨害婚姻案	重婚	Q185-2-468	各处有期徒刑 4 个月,缓刑 2 年	免诉			大赦
27	徐×标等妨害婚姻案	重婚	Q185-2-7308 和 Q186-2-3956	各处有期徒刑 2 个月	免诉			大赦
28	李×炳等妨害婚姻案	通奸	Q185-2-7095 和 Q186-2-7591	皆处有期徒刑 6 个月	免诉			大赦

（续表）

序号	案卷名称	案由	档案号	一审判决结果	二审判决结果	易科计算	执行情况	备注
29	高×禹等妨害婚姻案	重婚	Q185-2-2409	免诉				大赦
30	孙×龙等妨害婚姻案	通奸	Q185-2-7086	不受理				撤诉
31	陈×荪妨害婚姻案	通奸	Q185-2-5629 和 Q186-2-2679	不受理				撤诉
32	江×亭等妨害婚姻案	通奸	Q-185-2-6309	不受理				撤诉
33	黄×生等妨害婚姻案	通奸	Q185-2-6492 和 Q186-2-3198	不受理				已过诉讼时效
34	颜×渊等妨害婚姻案	通奸	Q185-2-7600	不受理	各处有期徒刑 4 个月		执行徒刑	
35	薛×氏等妨害婚姻案	通奸	Q185-2-7890 和 Q186-2-8244	各处有期徒刑 4 个月			执行徒刑	
36	王×氏妨害婚姻案	通奸	Q185-2-6847 和 Q186-2-7301	王×氏有期徒刑 1 个月				
37	朱×和妨害婚姻案	通奸	Q185-2-5724	各处有期徒刑 3 个月		500 元折算 1 日	任×氏交了罚金易刑，朱×和被执行徒刑	

（续表）

序号	案卷名称	案由	档案号	一审判决结果	二审判决结果	易科计算	执行情况	备注
38	状告周×章妨害婚姻案	重婚	Q185-2-3966 和 Q186-2-2424	周×章处有期徒刑 5 个月，缓刑 2 年				
39	王×铭妨害婚姻案	重婚	Q185-2-3522 和 Q186-2-7885	王×铭有期徒刑 5 个月	缓刑 3 年			
40	状告洪×弟等妨害婚姻案	通奸	Q185-2-4688 和 Q186-2-5353	免诉				大赦
41	江×元等妨害婚姻案	通奸	Q185-2-7462	不受理				撤诉
42	状告朱×林妨害婚姻家庭案	通奸	Q185-2-5146 和 Q186-2-1067	不受理				撤诉
43	状告汪×林等妨害婚姻案	通奸	Q185-2-3902	不受理				撤诉
44	陈×才等妨害婚姻案	通奸	Q185-2-6720					通缉

（续表）

序号	案卷名称	案由	档案号	一审判决结果	二审判决结果	易科计算	执行情况	备注
45	赵×祥妨害婚姻案	通奸	Q185-2-6796					通缉
46	李×元妨害婚姻案	通奸	Q185-2-7301					通缉
47	刘×再等妨害婚姻案	通奸	Q185-2-7463					通缉
48	朱×生等妨害婚姻案	通奸	Q185-2-7232					通缉
49	谭×凤妨害婚姻案	通奸	Q185-2-6932	不受理				撤诉
50	福×林等妨害婚姻案	通奸	Q185-2-7543	不受理				撤诉
51	陈×泉等妨害婚姻案	通奸	Q185-2-1009 和 Q186-2-487	不受理				撤诉

参考文献

一、著作及译著类

1. 李秀华:《妇女婚姻家庭法律地位实证研究》,知识产权出版社 2004 年版。

2. 伊庆春、陈玉华主编:《华人妇女家庭地位》,社会科学文献出版社 2006 年版。

3. 王新宇:《民国时期婚姻法近代化研究》,中国法制出版社 2006 年版。

4. 肖爱树:《20 世纪中国婚姻制度研究》,知识产权出版社 2005 年版。

5. 王跃生:《十八世纪中国婚姻家庭研究》,法律出版社 2000 年版。

6. 徐安琪、叶文振:《中国婚姻研究报告》,中国社会科学出版社 2002 年版。

7. 陶毅、明欣:《中国婚姻家庭制度史》,东方出版社 1994 年版。

8. 汪玢玲:《中国婚姻史》,上海人民出版社 2001 年版。

9. 陈顾远:《中国婚姻史》,商务印书馆 1998 年版(影印本)。

10. 陈鹏:《中国婚姻史稿》,中华书局 1990 年版。

11. [芬兰]E. A. 韦斯特马克:《人类婚姻史》,李彬译,商务印书馆 2002 年版。

12. 邵雍:《中国近代妓女史》,上海人民出版社 2005 年版。

13. 林吉玲:《二十世纪中国女性发展史论》,山东人民出版社 2001 年版。

14. 张志永:《婚姻制度从传统到现代的过渡》,中国社会科学出版社 2006 年版。

15. 史尚宽:《亲属法论》,中国政法大学出版社 2000 年版。

16. 程超泽:《婚外情这东西》,江苏文艺出版社 2002 年版。

17. 宋凯楚:《违法婚姻论》,人民法院出版社 1990 年版。

18. [美]雪儿·海蒂:《海蒂性学报告》,林瑞庭、谭智华译,海南出版社 2002 年版。

19. 马尚龙:《上海女人》,文汇出版社 2007 年版。

20. 程乃珊:《上海女人》,浙江摄影出版社 2003 年版。

21. [日]渡边淳一:《男人这东西》,文化艺术出版社 2003 年版。

22. [日]渡边淳一:《丈夫这东西》,上海人民出版社 2004 年版。

23. [美]路易斯·亨利·摩尔根:《古代社会》,商务印书馆 1977 年版。

24. [英]霭理斯:《性的道德》,潘光旦译,青年协会书局 1934 年版。

25. 王立民:《上海法制史》,上海人民出版社 1998 年版。

26. 曹聚仁:《上海春秋》,上海人民出版社 1996 年版。

27. 薛理勇:《上海闲话》,上海社会科学院出版社 2000 年版。

28. 朱国栋、刘红、陈志强:《上海移民》,上海财经大学出版社 2008 年版。

29. 祈平:《从上海发现历史——现代化进程中的上海人及其社会生活》,上海人民出版社 1996 年版。

30. 余之:《摩登上海》,上海书店出版社 2003 年版。

31. 邓伟志、胡申生:《上海婚俗》,文汇出版社 2007 年版。

32. 徐小群:《民国时期的国家与社会》,新星出版社 2007 年版。

33. 麦惠庭:《中国家庭改造问题》,商务印书馆 1930 年版。

34. 吕燮华:《妾在法律上的地位》,上海政民出版社 1934 年版。

35. 刘引玲:《配偶权问题研究》,中国检察出版社 2001 年版。

36. 胡平:《精神损害赔偿制度研究》,中国法制出版社 2004 年版。

37. 林山田:《刑罚学》,台湾商务印书馆 1983 年版。

38. 张明楷:《刑法的基础观念》,中国检察出版社 1995 年版。

39. [意]杜·帕多瓦尼:《意大利刑法学原理》,陈忠林译,法律出版社 1998 年版。

40. 陈兴良:《刑法哲学》,中国政法大学出版社 1997 年版。

41. 邱兴隆:《关于惩罚的哲学》,法律出版社 2000 年版。

42. 邱兴隆:《刑罚理性导论》,中国政法大学出版社 1998 年版。

43. 翁国梁:《中国刑法总论》,台湾正中书局 1970 年版。

44. 林山田:《刑法特论》,台湾三民书局 1979 年版。

45. 陈焕生:《刑法分则实用》,台湾汉林出版社 1979 年版。

46. 赵琛:《刑法分则实用》,台湾梅川印刷有限公司 1956 年印。

47. 赵琛:《刑法分则实用》(下册),台湾梅川印刷有限公司 1979 年印。

48. 李立景:《亲告罪要论》,中国人民公安大学出版社 2003 年版。

49. 孙力:《罚金刑研究》,中国人民公安大学出版社 1995 年版。

50. 徐式圭:《中国大赦考》,商务印书馆 1934 年版。

51. 陈朴生:《刑事诉讼法实务》(增订版),台湾五南图书出版公司 1981 年版。

52. [日]田口守一:《刑事诉讼法》,法律出版社 2000 年版。

53. 陈朴生:《刑事诉讼法论》,台湾正中书局 1970 年版。

54. 林钰雄:《刑事诉讼法》,中国人民大学出版社 2005 年版。

55. 王伯庭、陈伯诚、汤茂林:《刑事证据规则研究》,吉林人民出版社 2002 年版。

56. 樊崇义等:《刑事证据法原理与适用》,中国人民公安大学出版社 2001 年版。

57. 王永臣、范春明:《刑事附带民事诉讼与自诉案件的审判》,中国法制出版社 1995 年版。

58. 陈朴生:《刑事证据法》,台湾三民书局 1979 年版。

59. 梁迎修:《法官自由裁量权》,中国法制出版社 2005 年版。

60. 荀恒栋:《军人婚姻法律问题》,法律出版社 1994 年版。

61. [美]房龙:《宽容》,迮卫、靳翠微译,台湾三联书店 1985 年版。

62. 贺来:《宽容意识》,吉林教育出版社 2001 年版。

63. [南非]图图:《没有宽恕就没有未来》,江红译,上海文艺出版社 2002

年版。

64. 斯·茨威格:《异端的权利》,台湾三联书店 1986 年版。

65. [美]安·沃特纳:《烟火接续:明清的收继与亲族关系》,曹南来译,浙江人民出版社 1999 年版。

66. [日]野野山久也:《美国的离婚再婚和同居》,杜大宁、路侃、崔智友编译,新华出版社 1989 年版。

67. [英]杰克·多米尼安:《结婚·离婚——男人和女人神圣情感的隐痛》,陕西人民出版社 1989 年版。

68. 王立民:《法律思想与法律制度》,中国政法大学出版社 2002 年版。

69. 张晋藩:《中国法律的传统与转型》,法律出版社 2005 年版。

二、编著类

1. 张晋藩主编:《中国法制通史》第 9 卷(清末·中华民国),法律出版社 1999 年版。

2. 刘惠吾编著:《上海近代史》,华东师范大学出版社 1985 年版。

3. 施宣圆主编:《上海 700 年》,上海人民出版社 2000 年版。

4. 朱邦兴、胡林阁、徐声合编:《上海产业与上海职工》,上海人民出版社 1984 年版。

5. 中共上海市委宣传部编:《海纳百川——上海城市精神研究》,上海人民出版社 2003 年版。

6.《上海百年文化史》编纂委员会编:《上海百年文化史》第 3 卷,上海科学技术文献出版社 2002 年版。

7. 刘宁元主编:《中国女性史类编》,北京师范大学出版社 1999 年版。

8. 祝瑞开主编:《中国婚姻家庭史》,学林出版社 1999 年版。

9. 张国刚主编:《家庭史研究的新视野》,北京三联书店 2004 年版。

10. 罗婷主编:《社会性别文化的历史与未来》,中国社会科学出版社 2006 年版。

11. 高铭暄主编:《刑法学》,法律出版社 1984 年版。

12. [日]木村龟二主编:《刑法学词典》,顾肖荣、郑树周译,上海翻译出版公司1991年版。

13. [苏]H. A. 别利亚耶夫、M. N. 科瓦廖夫主编:《苏维埃刑法总论》,马改秀、张广贤译,群众出版社1987年版。

14. 陈光中、徐静村主编:《刑事诉讼法学》,中国政法大学出版社2002年版。

15. 杨迎泽主编:《公诉人出庭公诉操作实务》,中国检察出版社2000年版。

16. 陈卫东主编:《羁押制度与人权保障》,中国检察出版社2005年版。

17. 陈瑞华主编:《未决羁押制度的实证研究》,北京大学出版社2004年版。

18. 赵秉志主编:《侵犯公民民主权利和妨害婚姻家庭罪》,中国人民公安大学出版社2003年版。

19. 钱国耀、黄双全主编:《诉讼法大辞典》,复旦大学出版社1993年版。

20. 樊爱国主编:《转型期中国人的爱情与婚姻》,中国妇女出版社1998年版。

21. 俞钟骆、吴学鹏编:《国民政府统一解释法令汇编》。

22. 谢振民编著:《中华民国立法史》(下),中国政法大学出版社2000年版。

23.《婚姻法教程》编写组:《婚姻立法资料选编》,法律出版社1983年版。

24. 麦林华主编:《上海监狱志》,上海社会科学院出版社2003年版。

25. 刘迎迎:《争取强制权利》,载陈卫东主编:《保释制度与取保候审》,中国检察出版社2003年版。

三、报刊类

1. 王跃生:《民国时期婚姻行为研究》,《近代史研究》2006年第2期。

2. 彭贵珍:《民国时期社会转型中的城市婚姻纠纷》,《广西社会科学》2006年第8期。

3. 逯静静:《浅谈民国时期的城市婚姻》,《学术之窗 · 南方论刊》2007年第4期。

4. 艾萍:《民国时期上海的集团结婚》,《华东师范大学学报》(哲学社会科学版)2006 年第 6 期。

5. 张伟:《近代中国不同城市离婚原因略论》,《人口学刊》2001 年第 1 期。

6. 谭志云:《民国南京政府时期的妇女离婚问题》,《妇女研究论丛》2007 年第 4 期。

7. 周玉珍:《关于古今离异之伦理比较》,《山东社会科学》2004 年第 4 期。

8. 安秀玲:《二十世纪初中国婚姻变动初探》,《长春师范学院学报》2003 年第 2 期。

9. 王歌雅:《离婚损害赔偿的伦理内涵与制度完善》,《北方论丛》2005 年第 5 期。

10. 沈峻:《五十年来婚姻家庭中妇女地位的变化和面临的挑战》,《天津师大学报》2000 年第 3 期。

11. 徐胜萍:《五四时期中国妇女地位的变迁》,《东北师大学报》2000 年第 6 期。

12. 王晓露:《从离婚权看民国时期城市妇女地位》,《兰州商学院学报》2003 年第 4 期。

13. 刘凤兰:《浅论 20 世纪以来中国妇女的地位变迁》,《山西高等学校社会科学学报》2004 年第 10 期。

14. 西同华:《中国古代妇女地位低下原因剖析》,《鲁行经院学报》2001 年第 2 期。

15. 李涯:《苏区妇女解放实践初探——以川陕根据地为例》,《西南交通大学学报》(社会科学版)2004 年第 4 期。

16. 莫晓斌:《浅议唐代婚姻制度与社会习尚的矛盾现象》,《长沙大学学报》2003 年第 3 期。

17. 赵瑛:《从婚姻家庭看布朗族妇女的社会地位》,《云南民族学院学报》2002 年第 4 期。

18. 华强:《辛亥前后上海青年妇女的解放运动与从军运动》,《史林》2002 年增刊。

19. 张伟:《近代城市女工状况初探》,《西南民族学院学报》(哲学社会科学版)2000 年第 12 期。

20. 是龙:《自由女子新婚谈》,《申报》1912 年 9 月 19 日第 3 张第 3 版,“自由谈”。

21.《四十二对新人缔结胜利良缘》,《申报》1945 年 4 月 26 日第 5 版,“本埠新闻”。

22. 黄魁、杨鸽君:《邹忌“妾”之新解》,《晋中学院学报》2006 年第 1 期。

23. 季雅群、朱文苍:《畸形婚姻藩篱内的女性异化——论中国文学作品中的童养媳形象》,《西南民族大学学报》(人文社科版)2007 年第 10 期。

24. 侯爱梅:《失林婚书案文卷》,《宁夏社会科学》2007 年第 2 期。

25. 丁凌华:《宗祧继承浅说》,《史学集刊》1992 年第 4 期。

26. 陈橹、唐李:《论清末民国时期苏北人进入上海的途径、过程与规模》,《南京理工大学学报》(社会科学版)2007 年第 2 期。

27. 何勤华:《鸦片战争后外国法对中国的影响》,《河南省政法管理学院学报》2002 年第 4 期。

28. 姚秀兰:《中国近代律师制度探析》,《河北法学》2004 年第 9 期。

29. 陈同:《在法律与社会之间:民国时期上海本土律师的地位和作用》,《史林》2006 年第 1 期。

30. 陈同:《民国时期上海本土律师的法律业务》,《社会科学》2006 年第 5 期。

31. 冯军、王成:《罪刑法定原则的价值、困境及其出路》,《河北大学学报》(哲学社会科学版)2007 年第 6 期。

32. 周孝灿:《刑事强制措施概念之反思》,《新学术》2008 年第 1 期。

33. 蔡国芹:《美国缓刑制度概览》,《犯罪与改造研究》2007 年第 10 期。

34. 王刚、沈莺:《论不告不理原则的由来》,《湖南省政法管理干部学院学报》2002 年第 6 期。

35. 朱玉玲:《对中国取保候审制度的反思及完善》,《社科纵横》2007 年第 11 期。

36. 李邦友、姚兵:《轻罪和解模式研究》,《法学杂志——刑事和解制度专题研究》2006年第6期。

37. 向朝阳、马静华:《刑事和解的价值构造及中国模式的构建》,《中国法学》2003年第6期。

38. 陈兴良:《刑法谦抑的价值蕴含》,《现代法学》1996年第3期。

39. 张明楷:《论刑法的谦抑性》,《法商研究》1995年第4期。

40. 刘泽玉:《传统诉讼观及其现实价值》,《法制天地》2006年第9期。

41. 吴勇:《传统无讼思想的产生及其历史根源》,《广西社会科学》2005年第7期。

42. 李文玲:《中国古代的"无讼"理念与现代"和谐"社会》,《甘肃社会科学》2006年第5期。

43. 任志安:《无讼:中国传统法律文化的价值取向》,《政治与法律》2001年第1期。

44. 张文香、萨其荣桂:《传统诉讼观念之怪圈——"无讼"、"息讼"、"厌讼"之内在逻辑》,《河北法学》2004年第3期。

45. 叶传星:《论我国社会转型对法律治理的挑战》,《法商研究》2009年第2期。

46. 洪浩:《非讼方式:农村民事纠纷解决的主要途径》,《法学》2006年第11期。

47. 邓建鹏:《清代诉讼费用研究》,《清华大学学报》(哲学社会科学版)2007年第3期。

四、文集类

1. 何勤华、李秀清主编:《民国法学论文精萃》第4卷(刑事法律篇),法律出版社2004年版。

2. [明]张澍:《养素堂文集·无讼论》,载屈万里主编:《明清未刊稿汇编初辑》。

五、学位论文类

1. 王亚敏:《民国婚姻法律的基本变迁》,中国政法大学2007年硕士学位论文。

2. 王新宇:《民国时期婚姻法近代化研究》,中国政法大学2005年博士学位论文。

3. 王歌雅:《中国婚姻伦理嬗变研究》,黑龙江大学2006年博士学位论文。

4. 张志永:《建国初期河北省婚约制度改革研究》,复旦大学2003年博士学位论文。

5. 匡丹丹:《上海工人的收入与生活状况(1927—1937)》,华中师范大学2008年硕士学位论文。

6. 叶梅兰:《南京国民政府时期的上海劳工运动(1927—1936)》,台湾政治大学1992年硕士学位论文。

7. 龚汝富:《明清讼学研究》,华东政法大学2005年博士学位论文。

8. 孟红:《罪刑法定原则与近代中国刑法之变迁》,华东政法大学2007年博士学位论文。

9. 郭云忠:《刑事诉讼谦抑论》,中国政法大学2005年博士学位论文。

10. 诸华军:《通奸罪与民国社会》,四川大学2007年硕士学位论文。

六、中文网站类

1. 《中华民国刑法》、《中华民国刑事诉讼法》及司法解释。

2. http://www.6law.idv.tw/aa.htm S-link 六法电子全书。

3. 中国期刊网、上海教育网络等。

七、历史文献类

1. [宋]陈襄:《州县提纲》卷三《健讼者独匣》,载刘俊文、张忱石、田涛等编:《历代官箴书集成》第1册,黄山书社1997年版。

2. [元]张养浩:《为政忠告·听讼第三·亲族之讼宜缓》,载刘俊文、张忱石、田涛等编:《历代官箴书集成》第1册,黄山书社1997年版。

3. [明]《刘基集》卷四(跋)《书苏伯修御史断狱记后》,浙江古籍出版社1999年版。

4. [清]刘衡:《州县须知》之《劝民息讼告示》,载刘俊文、张忱石、田涛等编《历代官箴书集成》第 6 册,黄山书社 1997 年版。

5. [清]何品玉:《两龙琐志》卷七杂联,光绪二十六年刊本。

八、中译论文类

[苏格兰]布莱恩·吉尔勋爵:《量刑轻缓化趋势与非监禁刑》,郭志媛译,《中国刑事法杂志》2001 年第 3 期。

后　记

本书原为我在华东政法大学（“华东政法学院”）毕业时的博士论文。

博士论文的写作非常艰苦，不仅仅因为论文涉及的内容广泛，需要处理的历史文献资料繁多琐细，加上诸多的方言俚语的难以理解，而且在论文的写作过程中，我作为一个初为人母的高龄母亲，家庭及工作等诸多压力使我的早已透支的身体实在不堪重负，健康状况非常糟糕，甚至我几度都曾试图放弃，最终在老师、同学及朋友们的激励下，我决心将它作为我一生中最后一次全力拼搏，让它顺利完成并且尽力让它独具特色。

本书的写作，首先要感谢我的导师徐永康教授。在选题时就曾告诉我不要仅仅追求时尚、随波逐流，写成的东西要有一定的生命力；在写作过程中，徐老师就题目的确定、资料的收集、提纲的拟定乃至行文中的某些观点、语法修辞和论文格式等方面不厌其烦地对我加以批评和引导，才使我的论文得以保质保量。

我要感谢我的好友陈慧敏女士对我论文格式的指导和帮助。还要感谢我的同学和好友在我写作过程中给予的无私的鼓励和帮助。

关于本书的出版，我要感谢上海市学术著作出版资助评审委员会专家们的独具慧眼，使我得到了上海市第十五次社会科学博士文库的出版资助，才使得本书得以面世。

此外，由于本书涉及许多方面的知识，不止是法史学，还有刑法学、民法学、刑事诉讼法学、民事诉讼法学和婚姻法学的知识，以及社会学的知识，并且需要处理的历史文献资料基本都是原件，一个案件就是厚厚的一本甚至是几本卷宗，里面的文字都是手写体，既无标点符号，又不分段，即使少数有标点的也不规范，许多地方只是一个点而已，或许因为当时工作人员对当事人口述的记录有速度的要求以及当事人口头表述的缘故，有些地方甚至存在不少矛盾和笔误，故解读和处理十分费时费力。对此，笔者虽然已经尽力，但错误一定还不少，恳请读者诸君指正。

倪万英

2013年7月

图书在版编目(CIP)数据

二十世纪中期上海婚姻刑案研究:以1945—1947年上海部分婚姻刑案为例/倪万英著. —上海:上海人民出版社,2013
ISBN 978-7-208-11564-4

Ⅰ.①二… Ⅱ.①倪… Ⅲ.①破坏婚姻家庭罪-案例-上海市-1945～1947 Ⅳ.①D927.510.434.5

中国版本图书馆CIP数据核字(2013)第170111号

责任编辑　秦　堃

二十世纪中期上海婚姻刑案研究
——以1945—1947年上海部分婚姻刑案为例
倪万英 著
世 纪 出 版 集 团
上海人民出版社出版
(200001　上海福建中路193号　www.ewen.cc)
世纪出版集团发行中心发行
上海商务联西印刷有限公司印刷
开本635×965　1/16　印张19.25　插页4　字数226,000
2013年8月第1版　2013年8月第1次印刷
ISBN 978-7-208-11564-4/D·2316
定价 42.00元

马克思主义研究　哲学社会科学研究　第二十五辑　(2013年8月)

公有制高绩效论　曹雷 著

反倾销及其动因研究　鲍晓华 著

中国区域人力资本与经济增长研究　陈洪安 著

我国适度普惠型社会福利制度发展研究　曹艳春 著

博士文库　第十五辑　(2013年8月)

社会主义核心价值体系三个基本问题研究　沈卫星 著

科学、知识与行动——柯林斯的科学哲学思想研究　张帆 著

重释与批判——鲍德里亚的后现代理论研究　张劲松 著

开放条件下的中国经济周期特征与国际协同研究　贺书锋 著

劳动力流动、产业集聚和工资“俱乐部”——来自中国的理论和经验研究　谢露露 著

二十世纪中期上海婚姻刑案研究——以1945—1947年上海部分婚姻刑案为例　倪万英 著

慈惠与规控:近代上海的社会保障与官民互动(1927—1937)　汪华 著

流动妇女婚姻质量研究　曹锐 著

断裂与建构:净明道的历史与文献　许蔚 著